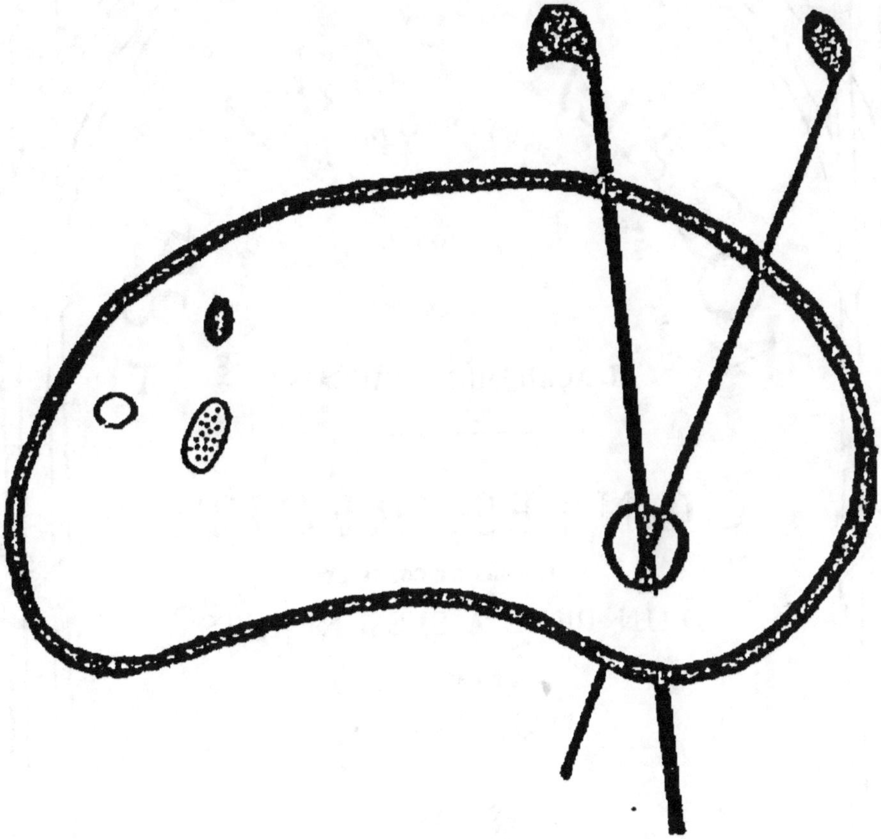

COUVERTURE SUPERIEURE ET INFERIEURE
EN COULEUR

DIXIÈME ÉDITION

MORALE FAMILIÈRE

TIRÉE DU MAGASIN D'ÉDUCATION ET DE RÉCRÉATION

COURONNÉ

PAR

L'ACADÉMIE FRANÇAISE

CONTES, RÉCITS

SOUVENIRS ET CONSEILS

D'UN PÈRE A SES ENFANTS

PAR

P.-J. STAHL

BIBLIOTHÈQUE
D'ÉDUCATION ET DE RÉCRÉATION
J. HETZEL ET Cie, 18, RUE JACOB
PARIS

Tous droits de traduction et de reproduction réservés.

VOLUMES IN-18
Brochés, **3 fr.** — Cartonnés toile, tranches dorées, **4 fr.**

	vol.		vol.		vol.
AMPÈRE (A.-M.) Journal et Corr	1	LEGOUVÉ (E.). Pères et Enfants	1	STAHL (P.-J.) Maroussia	1
ANDERSEN. Nouv. Contes sued.	1	— Conférences parisiennes	1	STAHL (P.-J.) et DE WAILLY.	
BERTRAND (J.). Les Fondateurs		— Nos Filles et nos Fils	1	Riquet et Madeleine	1
de l'astronomie	1	— L'Art de la lecture	1	— Mary Bell, William et La-	
BIART (L.) Jeune naturaliste	1	LOCKROY (Mme). Contes	1	faine	1
— Entre frères et sœurs	1	MACAULAY. Histoire et Critique	1	STAHL et MULLER. Le nouveau	
BLANDY. Le Petit Roi	1	MACÉ (Jean). Bouchée de pain	1	Robinson suisse	1
BOISSONNAS (Mme B.). Une Famil.		— Les Serviteurs de l'estomac	1	SUSANE. Hist. de la cavalerie	3
pendant la guerre 1870-71	1	— Contes du petit château	1	THIERS. Histoire de Law	1
BRACHET (A.). Grammaire his-		— Arithmétique du grand-papa	1	VALLERY RADOT (René) Jour-	
torique (ouvr. couronné)	1	MALOT (Hect.). Romain Kalbris	1	nal d'un volontaire d'un an	1
BÉHAT (DE). Petit Parisien	1	MAURY (comm.). Géogr. phys.	1	VERNE (Jules). Aventures du	
CANDÈZE. Avent. d'un grillon	1	— Le Monde où nous vivons	1	capitaine Hatteras	2
CARLEN (E.). Un Brill. mariage	1	MÜLLER (E.). La Jeunesse des		— Enfants du capitaine Grant	3
CHAZEL (P.). Chalet des sapins	1	hommes célèbres	1	— Autour de la lune	1
CHERVILLE (DE). Histoire d'un		— Morale en action par l'hist.	1	— 3 Russes et 3 Anglais	1
trop bon chien	1	ORDINAIRE. Dict. de myth.	1	— Cinq Semaines en ballon	1
CLÉMENT (Ch.). Michel-Ange,		— Rhétorique nouvelle	1	— De la Terre à la Lune	1
Raphaël, etc	1	RATISBONNE. Comédie en-		— Découverte de la terre	3
DESNOYERS (L.) J.-P. Choppart	1	fantine (ouvr. couronne)	1	— Grands navigateurs	2
DURAND (Hip.). Grands Poètes	1	RECLUS (E.). Hist. d'un ruisseau	1	— Le Pays des fourrures	2
— Les Grands Prosateurs	1	RENARD. Le Fond de la mer	1	— Tour du monde en 80 jours	1
ERCKM.-CHATRIAN. L'Invasion	1	ROULIN (F.). Histoire naturelle	2	— 20,000 lieues sous les mers	2
— Madame Thérèse	1	SANDEAU (J.) La Roche aux		— Voyage au centre de la terre	1
— Hist. d'un paysan (compl.)	4	mouettes	1	— Une Ville flottante	1
FATH (G.). Un drôle de voyage	1	SAVOUS. Conseils à une mère	1	— Le docteur Ox	1
FOUCOU. Histoire du travail	1	— Principes de littérature	1	— Le Chancellor	1
GÉNIN (M.). La Famille Martin	1	SIMONIN. Histoire de la terre	1	— L'Ile mystérieuse	3
GRAMONT (Cte DE). Les Vers		STAHL (P.-J.) Contes et Récits		— Michel Strogoff	2
français et leur Prosodie	1	de moral. familière (ou-		— Les Indes-Noires	1
GRATIOLET (P.). Physionomie	1	VRAGE COURONNÉ)	1	— Hector Servadac	2
GRIMARD. Hist. goutte de sève	1	— Hist. d'un âne et de deux		— Un Capitaine de 15 ans	2
— Jardin d'acclimatation	1	jeunes filles (ouvr. cour.)	1	— 500 millions de la Bégum	1
HIPPEAU (Mme). Econom. domest	1	— Famille Chester	1	— Tribulations d'un Chinois	1
HUGO (V.). Les Enfants	1	— Les Patins d'argent	1	ZURCHER et MARGOLLÉ. Les	
IMMERMANN. La blonde Lisbeth	1	— Mon 1er voyage en mer	1	Tempêtes	1
LAPRADE (DE). Livre d'un père	1	— Les Histoires de mon par-		— Histoire de la navigation	1
LAVALLÉE (Th.). Hist. Turquie	2	rain	1	— Le Monde sous-marin	1

SÉRIE DES VOLUMES IN-18, AVEC GRAVURES
Brochés, **3 fr. 50**. — Cartonnés, tr. dorées, **4 fr. 50**

	vol.		vol.		vol.
ANQUEZ. Histoire de France	1	MAYNE-REID. William le Mousse	1	MICKIEWICZ. Hist. de Pologne	1
AUDOYNAUD. Cosmographie	1	— Les Jeunes Esclaves	1	MORTIMER D'OCAGNE. Grandes	
BERTRAND (Alex.). Lettres sur		— Le Désert d'eau	1	Écoles civiles et militaires	1
les révolutions du globe	1	— Les Chasseurs de girafes	1	NODIER (Ch.). Contes choisis	1
BOISSONNAS (B.). Un vaincu	1	— Naufragés de l'île de Bornéo	1	PARVILLE (DE). Un habitant de	
FARADAY Hre d'une chandelle	1	— La Sœur perdue	1	la planète Mars	1
FRANKLIN (J.). Vie des animaux	6	— Les Planteurs de la Jama.	1	SILVA (DE). Livre de Maurice	1
HERTZ (Mlle). Méthode de		— Les deux Filles du squatter	1	SUSANE. Histoire de l'artillerie	1
coupe et de confection	1	— Les Jeunes voyageurs	1	TYNDALL. Dans les montagnes	1
LAVALLÉE (Th.). Les Frontières		— Robinsons de terre ferme	1	WENTWORTH HIGGINSON. Hist.	
de la France	1	— Chasseurs de chevelures	1	des États-Unis	1

SÉRIE IN-18. — PRIX DIVERS

	fr.		fr.		fr.
BLOCK (Maurice). Petit Manuel		CLAVÉ (J.). Économie politique	5	MACÉ (Jean). Théâtre du pe-	
d'économie pratique	1	DUBAIL. Géographie de l'Al-		tit château	1
BRACHET. Dictionnaire éty-		sace-Lorraine	3	— Arithmétique du grand	
mologique (ouvrage cou-		GRIMARD (Ed.). La Botanique		papa (édit. popul.)	1
ronné)	8	à la campagne	5	— Morale en action	1
HENEVIÈRES (DE). Aventures		LEGOUVE (E.). Petit Traité de		SOUVIRON. Dictionn. des ter-	
du petit roi saint Louis	3	lecture	1	mes techniques	6

Paris. — Imp. Gauthier-Villars.

MORALE FAMILIÈRE

OUVRAGES DE P. J. STAHL
POUR L'ENFANCE ET LA JEUNESSE

Contes et Récits de morale familière (*couronné par l'Académie française*) in-18. 1 vol. . . . . 3 fr.
Histoire d'un Âne et de deux jeunes filles (*couronné par l'Académie française*), in-18. 1 vol. . . . 3 fr.
Les Patins d'argent (*couronné par l'Académie française*), in-18. 1 vol. . . . . 3 fr.
Mon premier voyage en mer, in-18. 1 vol. . . . . . 3 fr.
Histoire de la famille Chester, in-18. 1 vol. . . . 3 fr.
Les Histoires de mon Parrain, in-18. 1 vol. . . . . 3 fr.
Maroussia, in-18. 1 vol. . . . . 3 fr.

Les mêmes ouvrages, in-8, illustrés. Brochés : 7 fr. le vol.

ALBUMS-STAHL ILLUSTRÉS IN-8°
Prix : Bradel, 3 fr. — Toile dorée, 5 fr.

- Mlle Lili aux eaux.
- Journée de Mlle Lili.
- Alphabet de Mlle Lili.
- Mlle Lili à la campagne.
- Premières Armes de Mlle Lili.
- La salade de la grande Jeanne.
- La jeunesse de Gribouille.
- Petits Robinsons de Fontainebleau.
- Mon petit frère.
- La petite Devineresse.
- Chiens et Chats.
- Commandements du Grand-Papa.
- Monsieur Toc-Toc.
- Premier cheval et première voiture.
- L'Ours de Sibérie.
- Histoire d'une Mère.
- Bonsoir, petit père.
- Cerf-Agile, histoire d'un petit sauvage.
- Le Petit Diable.
- Bonnes idées de Mlle Rose.
- Le Rosier du petit frère.
- Les Travaux d'Alsa.
- Les Petites Amies.
- L'A perdu de Mlle Babet.
- Jocrisse et sa Sœur.
- Pierrot à l'école.
- Les Méfaits de Polichinelle.
- La Boîte au lait.
- Histoire d'un pain rond.
- Caporal, le chien du régiment.
- Le Petit Tyran.
- Histoire d'un Perroquet.
- Histoire de Bob aîné.

Prix : Bradel, 5 fr. — Toile dorée, 7 fr. 50.

- Monsieur Jujules et sa sœur Marie.
- Petites Sœurs et petites Mamans.
- La belle petite princesse Ilsée.
- Voyage de découvertes de Mlle Lili.
- Voyage de Mlle Lili autour du monde.
- Le Royaume des Gourmands.
- Mlle Mouvette.
- La Révolte punie.
- La Chasse au volant.
- Le premier livre des petits enfants.
- Histoire d'un aquarium.
- Aventures de trois vieux marins.
- Les Métamorphoses de Pierre.
- Odyssée de Pataud et de son chien Fricot.

Br., 2 fr. — Toile dorée, 3 fr. 50.

- Mlle Pimbêche.
- Le Roi des marmottes.

ALBUMS-STAHL EN COULEURS IN-4°
Prix : Bradel, 1 fr. 50. — Toile dorée, 3 fr.

- Don Quichotte.
- La Pêche au Tigre.
- Métamorphoses du Papillon.
- Monsieur de Crac.
- La Bride sur le cou.
- Le Cirque à la maison.
- Monsieur César.
- Le Moulin à paroles
- Le Pommier de Robert.
- Jean le Hargneux.

RONDES ET CHANSONS DE L'ENFANCE

Au clair de la Lune. — La Boulangère a des écus. — Le Bon roi Dagobert. — Cadet-Roussel. — Il était une Bergère. — Girofle-Girofla. — Malbrough s'en va-t-en guerre. — La Marmotte en vie. — Monsieur de la Palisse. — Nous n'irons plus au bois. — La Tour, prends garde.

2446 — Paris. Imp. Lalouxfils et Guillot, 7, rue des Canettes.

MORALE FAMILIÈRE

COURONNÉ
PAR
L'ACADÉMIE FRANÇAISE

CONTES, RÉCITS

SOUVENIRS ET CONSEILS
D'UN PÈRE A SES ENFANTS

PAR

P.-J. STAHL

DIXIÈME ÉDITION

BIBLIOTHEQUE
D'ÉDUCATION ET DE RÉCRÉATION
J. HETZEL ET Cie, 18, RUE JACOB
PARIS

Tous droits de traduction et de reproduction réservés.

PRÉFACE.

En me proposant, dans cette série de petits essais de *Morale familière*, de me renfermer dans cette partie de la morale qui intéresse plus particulièrement l'enfance et la jeunesse, je me suis rendu compte une fois de plus que la morale comme la raison est de tous les âges; que ce qui est vrai pour l'enfant, le jeune homme et la jeune fille, est vrai pour tous, et que prétendre parler aux uns un langage qui ne serait pas digne des autres serait manquer à sa tâche.

C'est donc dans le choix seulement de mes sujets que j'ai eu à me préoccuper de l'âge de mon public. Mais, une fois le sujet admis, j'ai bientôt compris que celui qui parle à des enfants parle déjà à des hommes.

Je désire que les mères et les pères qui feront place à ce livre dans la bibliothèque de la famille soient avertis dès les premières lignes que c'est un ami qui parle à leurs enfants, non un maître. Je n'ai jamais été le maître de personne; c'est en père que j'aime l'enfance et que j'ai le souci de son avenir. Ces petits sermons du coin du feu, entremêlés, quand la matière s'y prêtait, de contes et de récits, n'ont d'autre but que celui d'aider mes jeunes lecteurs et mes jeunes lectrices à se dire avec plus de netteté, à l'occasion, ce qu'ils pensent soit d'eux-mêmes, soit des autres, et de développer au profit de leur esprit ce qui ne se trouve encore qu'à l'état de germe dans leur cœur.

J'ai écrit pour les plus petits et, sans le vouloir, pour les plus grands aussi, car j'ai eu la famille tout entière sous les yeux en composant page à page ce petit livre pour les lecteurs du *Magasin d'éducation et de récréation.*

Depuis la petite fille jusqu'à la grande et belle demoiselle, depuis le père jusqu'à la mère, dont ce livre pourra, je l'espère, faciliter la tâche, tous s'apercevront, en me lisant, que j'ai, en l'écrivant, pensé à eux et avec eux. La leçon impersonnelle qui se dégage d'un livre frappe plus quelquefois que celle dont on est le but à soi tout seul. Elle blesse moins, en tous cas. La petite personnalité de l'individu n'a point à se récrier contre la page qui vous dit votre fait en même temps qu'à tout le monde. Si l'on se sent atteint par un passage qu'on pourrait croire écrit pour soi spécialement, c'est qu'on le choisit dans sa conscience et qu'on s'approprie ainsi soi-même la part de la leçon dont on a besoin. L'ami inconnu qui vous a parlé dans le livre ne saurait être accusé de vouloir vous chagriner. On ne peut le taxer ni d'injustice ni de sévérité. Si c'est en vous parlant de ce qu'il croit être les défauts des autres seulement qu'il vous éclaire sur les vôtres, ce n'est pas sa faute, à lui, c'est celle de vos secrets défauts qui vous forcent à vous sentir en cause. La leçon du livre profite donc d'autant mieux qu'elle ne pense pas à s'imposer, qu'elle ne pèse pas sur nous directement.

J'ai plus d'un petit ami, plus d'une jeune amie dans le monde à qui je n'ai jamais parlé de ce qui, dans ce livre, se trouvera, sans que je l'aie prévu, aller à leur adresse; s'ils reconnaissent, en le lisant, que j'étais bien bon de savoir tout cela sans leur en avoir jamais rien dit, et s'ils profitent de mes conseils écrits mieux qu'ils n'auraient profité de mes conseils parlés, mon livre sera justifié.

Je le mets, ce petit livre, sous la sauvegarde de la bonne foi de ses jeunes lecteurs. Il n'est pas plus facile de se tromper longtemps soi-même que de tromper toujours les autres. La conscience n'accepte pas de démentis. Elle a une voix qui finit toujours par se faire entendre. Les plus sourds ont des oreilles pour cette voix, si douce, si complaisante, ou si terrible qu'elle se fasse. Les jours où ils écouteront cette voix, mon petit livre sera leur ami. Il sera leur ennemi les autres jours. Dieu veuille, pour eux et pour lui, que ces jours-là soient rares!

Il est des sujets que je n'ai pas cru devoir aborder. Les uns m'ont paru trop intimes, les autres trop sacrés pour qu'il me parût possible de les traiter sans empiéter sur la part de la tâche qui revient, qui appartient soit au père et à la mère seulement, soit à ceux qui ont mission ici-bas de parler des choses saintes.

Je me suis donc tenu dans la morale, et j'ajoute dans ce que la morale a de plus simple et de plus familier. Ma tâche ainsi a été diminuée, peut-être même rapetissée; mais, devenue plus facile, j'ai pu l'accomplir avec plus d'aisance. Mon envie a été de montrer à mes lecteurs que la morale, si ferme qu'elle doive être, n'est exclusive ni de la bonne humeur, ni même de la gaieté. Les vérités n'ont pas besoin d'être empesées pour être respectables. Elles ne perdent pas à se présenter sans raideur, sans déclamation et, si l'on veut bien me permettre un mot qui rendra seul toute ma pensée, *sans amidon.*

P. J. STAHL.

MORALE FAMILIÈRE

PREMIÈRE PARTIE

CONTES ET RÉCITS

LES QUATRE CRI-CRIS

DE LA BOULANGÈRE

Mon ami Jacques entra un jour chez un boulanger pour y acheter un tout petit pain qui lui avait fait envie en passant. Il destinait ce pain à un enfant qui avait perdu l'appétit et qu'on ne parvenait à faire manger un peu qu'en l'amusant. Il lui avait paru qu'un pain si joli devait tenter même un malade.

Pendant qu'il attendait sa monnaie, un petit garçon de six ou sept ans, pauvrement, mais proprement vêtu, entra dans la boutique du boulanger.

« Madame, dit-il à la boulangère, maman m'envoie chercher un pain... »

La boulangère monta sur son comptoir (ceci se passait dans une ville de province), tira de la case aux miches de quatre livres le plus beau pain qu'elle y put trouver et le mit dans les bras du petit garçon.

Mon ami Jacques remarqua alors la figure amaigrie et comme pensive du petit acheteur. Elle faisait contraste avec la mine ouverte et rebondie du gros pain dont il semblait avoir toute sa charge.

« As-tu de l'argent ? » dit la boulangère à l'enfant.

Les yeux du petit garçon s'attristèrent.

« Non, madame, répondit-il en serrant plus fort sa miche contre sa blouse, mais maman m'a dit qu'elle viendrait vous parler demain.

— Allons, dit la bonne boulangère, emporte ton pain, mon enfant.

— Merci, madame, » dit le pauvre petit.

Mon ami Jacques venait de recevoir sa monnaie. Il avait mis son emplette dans sa poche et s'apprêtait à sortir, quand il retrouva immobile derrière lui l'enfant au gros pain qu'il croyait déjà bien loin.

« Qu'est-ce que tu fais donc là ? dit la boulangère au petit garçon, qu'elle aussi avait cru parti. Est-ce que tu n'es pas content de ton pain ?

— Oh ! si, madame, dit le petit, il est très-beau.

— Eh bien, alors, va le porter à ta maman, mon ami. Si tu tardes, elle croira que tu t'es amusé en route, et tu seras grondé. »

L'enfant ne parut pas avoir entendu. Quelque chose semblait attirer ailleurs toute son attention. La boulangère s'approcha de lui et lui donna amicalement une tape sur la joue :

— A quoi penses-tu, au lieu de te dépêcher ? lui dit-elle.

— Madame, dit le petit garçon, qu'est-ce qui chante donc ici ?

— On ne chante pas, répondit la boulangère.

— Si, dit le petit. Entendez-vous : Cuic, cuic, cuic, cuic ? »

La boulangère et mon ami Jacques prêtèrent l'oreille, et ils n'entendirent rien, si ce n'est le refrain de quelques grillons, hôtes ordinaires des maisons où il y a des boulangers.

« C'est-il un petit oiseau, dit le petit bonhomme, ou bien le pain qui chante en cuisant, comme les pommes ?

— Mais non, petit nigaud, lui dit la boulangère, ce sont les grillons. Ils chantent dans le fournil, parce qu'on vient d'allumer le four et que la vue de la flamme les réjouit.

— Les grillons ! dit le petit garçon ; c'est-il ça qu'on appelle aussi des cri-cris ?

— Oui, » lui répondit complaisamment la boulangère.

Le visage du petit garçon s'anima.

«Madame, dit-il en rougissant de la hardiesse de sa demande, je serais bien content si vous vouliez me donner un cri-cri...

— Un cri-cri ! dit la boulangère en riant ; qu'est-ce que tu veux faire d'un cri-cri, mon cher petit ? Va, si je pouvais te donner tous ceux qui courent dans la maison, ce serait bientôt fait.

— Oh ! madame, donnez-m'en un, rien qu'un seul, si vous voulez ! dit l'enfant en joignant ses petites mains pâles par-dessus son gros pain. On m'a dit que les cri-cris, ça portait bonheur aux maisons ; et peut-être que, s'il y en avait un chez nous, maman, qui a tant de chagrin, ne pleurerait plus jamais. »

Mon ami Jacques regarda la boulangère. C'était une belle femme, aux joues fraîches. Elle s'essuyait les yeux avec le revers de son tablier. Si mon ami Jacques avait eu un tablier, il en aurait bien fait autant.

« Et pourquoi pleure-t-elle, ta pauvre maman ? dit mon ami Jacques, qui ne put se retenir davantage de se mêler à la conversation.

— A cause des notes, monsieur, dit le petit. Mon

papa est mort, et maman a beau travailler, nous ne pouvons pas toutes les payer. »

Mon ami Jacques prit l'enfant, et avec l'enfant le pain, dans ses bras; et je crois qu'il les embrassa tous les deux.

Cependant la boulangère, qui n'osait pas toucher elle-même les grillons, était descendue dans son fournil. Elle en fit attraper quatre par son mari, qui les mit dans une boîte avec des trous sur le couvercle, pour qu'ils pussent respirer; puis elle donna la boîte au petit garçon, qui s'en alla tout joyeux.

Quand il fut parti, la boulangère et mon ami Jacques se donnèrent une bonne poignée de main.

« Pauvre bon petit ! » dirent-ils ensemble.

La boulangère prit alors son livre de compte; elle l'ouvrit à la page où était celui de la maman du petit garçon, fit une grande barre sur cette page, parce que le compte était long, et écrivit au bas : *Payé.*

Pendant ce temps-là mon ami Jacques, pour ne pas perdre son temps, avait mis dans un papier tout l'argent de ses poches, où heureusement il s'en trouvait beaucoup ce jour-là, et avait prié la boulangère de l'envoyer bien vite à la maman de l'enfant aux cri-cris, avec sa note acquittée et un billet où on lui disait qu'elle avait un enfant qui ferait un jour sa joie et sa consolation. On donna le tout à un garçon boulanger, qui avait de grandes jambes, en lui recommandant d'aller vite. L'enfant, avec son gros pain, ses quatre grillons et ses petites jambes, n'alla pas si vite que le garçon boulanger; de façon que quand il rentra il trouva sa maman, les yeux, pour la première fois depuis bien longtemps, levés de dessus son ouvrage et un sourire de joie et de repos sur les lèvres.

Il crut que c'était l'arrivée de ses quatre petites bêtes noires qui avait fait ce miracle, et mon avis est qu'il n'eut pas tort.

Est-ce que sans les cri-cris et son bon cœur cet heureux changement serait survenu dans l'humble fortune de sa mère?

LES AVENTURES D'UNE POUPÉE

ET D'UN SOLDAT DE PLOMB.

« Je ne t'aime plus ! » dit à sa poupée la petite Bébé, qui n'était pas bonne tous les jours. Et l'ayant jetée dans un coin, elle alla se coucher, parce qu'il était temps.

La pauvre poupée, étant tombée sur le nez, se l'était cassé.

Mais, comme elle était la douceur même, elle souffrit sans mot dire et resta patiemment à la place où elle était tombée.

Pendant ce temps-là Bébé dormait.

Et voilà ce qui se passa :

« Que je suis malheureuse! dit la poupée quand elle vit que tout le monde reposait et qu'elle pouvait parler sans danger, que je suis malheureuse! Parce que je ne parle presque pas, parce que je ne mange jamais trop, parce que je ne casse rien, que je me prête à tout, et que je ne pleure jamais, c'est-à-dire parce que je ne suis ni bavarde, ni gourmande, ni maladroite, ni turbulente; parce que je n'ai point de défauts enfin, on s'imagine que je ne pense pas, que je ne vis pas et que je ne sens rien! On a bien tort!

— Je le crois fichtre bien qu'on a tort! » dit, après lui avoir demandé poliment la permission de lui couper la parole, un petit soldat de plomb qu'elle n'avait point aperçu, et qui se trouvait dans le même coin qu'elle, parce que, dans un moment de mauvaise humeur, Paul, le frère de Bébé, l'y avait jeté lui aussi. « Mais qu'y faire? ajouta-t-il. Les enfants croient tous que, du moment où on ne crie pas comme eux, c'est qu'on ne souffre pas. Nous souffrons, pourtant! » dit-il encore après un moment de silence et en poussant un profond soupir.

Voyant que le petit soldat de plomb, tout soldat qu'il était et quoiqu'il eût presque commencé par jurer, avait l'air de savoir à peu près ce qu'on doit aux dames, et lui parlait respectueusement, la poupée, qui n'était pas fâchée d'avoir un peu de compagnie, lui fit une réponse obligeante, de façon que la connaissance fut bientôt faite. La conversation continua ainsi :

« Être battue du matin au soir, quel triste sort! disait la poupée de Bébé; c'est bien la peine d'avoir des yeux à coulisse, des joues bien peintes et des pantalons de gaze pour être traitée ainsi. Bien sûr, j'en mourrai. Voyez plutôt mon nez, dit-elle.

— Je vous plains bien, madame la poupée, répondit le petit soldat de plomb en regardant d'un air attendri le nez qu'on lui montrait. Mais qu'y faire? J'essayerais en vain de vous consoler et de rajuster votre nez : je suis aussi infortuné que vous, et notre malheur est sans remède!

— Non pas le mien, monsieur le militaire, » dit alors la poupée d'un air mystérieux, « ni le vôtre non plus, je l'espère. » Et comme elle voyait à son air que le petit soldat de plomb était curieux : « Voulez-vous que je vous raconte mon histoire? ajouta-t-elle.

— J'aime beaucoup les histoires, » répondit galamment le petit soldat de plomb.

(Pendant ce temps-là Bébé dormait toujours ; mais comme elle remuait beaucoup en dormant, on aurait presque dit qu'elle rêvait.)

La poupée parla alors en ces termes :

« Telle que vous me voyez, dit-elle, je n'ai pas toujours été une poupée de peau rose et de papier mâché comme aujourd'hui. J'étais, il n'y a pas bien longtemps encore, une belle petite fille heureuse, choyée par tout le monde, mais un peu gâtée ; ce qui veut dire que tout le monde était si bon pour moi, qu'on me passait tous mes caprices. Une brave petite fille n'aurait abusé de la bonté de personne, et se serait dit : Plus on sera bon pour moi, plus je serai bonne pour les autres; mais bah! je ne me disais rien du tout, je n'en faisais qu'à ma tête, je battais tout le monde, j'étais insupportable, en un mot je ne valais pas grand'-chose. — Si bien qu'un jour que j'avais été cent fois plus méchante encore qu'à l'ordinaire, une fée qui pouvait tout me changea en poupée : — « Et poupée tu seras, ajouta-t-elle d'une voix for-« midable, tant qu'une petite fille aussi méchante « que toi ne t'aura pas fait souffrir comme tu as « fait souffrir les autres et ne se sera pas corri-« gée. » — Or, dit la petite poupée, je crois bien que Bébé est aussi méchante que je l'étais; mais se corrigera-t-elle ? »

(Pendant ce temps-là Bébé dormait toujours;

mais son sommeil était de moment en moment plus agité.)

« Madame la poupée, dit alors le soldat de plomb, votre histoire ressemble extrêmement à la mienne. J'ai été un méchant garçon très-turbulent ; je ne rêvais que sabres de bois, canons de vingt-cinq sous, meurtre et carnage, plaies et bosses, la guerre partout et toujours ! J'aurais voulu manger des Prussiens, des Anglais, et même des Mexicains, si j'avais eu les dents assez longues. Un beau matin je me réveillai changé en soldat de plomb. Nous étions plus de deux cents dans du papier de soie au fond d'une boîte de bois blanc, animés de la même sotte colère contre tout ce qui n'était pas Français, et décidé à conquérir l'univers ; mais, aujourd'hui, mes compagnons d'armes sont tous morts, et leurs membres épars jonchent le parquet ; les uns ont été foulés aux pieds, et les autres, fondus à la chandelle de la cuisine quand la bonne avait le dos tourné !!! Celui qui a fait tout ce mal, c'est Paul, le frère de votre Bébé..... »

En ce moment Bébé se réveilla en sursaut, et elle regarda partout ; mais elle ne vit rien et n'entendit rien ; sa poupée était toujours sur son nez, et voilà tout. Elle vit bien que tout ce qui venait de se passer n'était qu'un rêve, mais c'est égal, elle se leva, et étant allée réveiller son frère

Paul, elle lui raconta ce que vous venez de lire.

Paul l'ayant écoutée avec beaucoup d'attention : « Je n'ai pas peur que tu deviennes une poupée, ni de devenir moi-même un soldat de plomb, lui dit-il : je sais bien que c'est impossible ; mais, pourtant, corrigeons-nous, car ta poupée t'a dit des choses très-sensées et très-vraies cette nuit. »

Et après avoir relevé, lui son soldat de plomb, et Bébé sa poupée, ils s'assirent tous les deux devant leur table ; et quoiqu'il fût de bonne heure pour travailler, ils se mirent à écrire chacun une belle page en tête de laquelle on lisait ces mots.

« *Page pour faire plaisir à maman.* »

Et quand elle fut écrite, leur maman étant venue, elle fut si contente, qu'elle les embrassa de tout son cœur.

Bébé et Paul ont tenu parole : ils se sont corrigés. Bébé est devenue sage comme une image, Paul vient d'avoir quatre ou cinq prix à sa pension. — Et ceci prouve qu'on peut écouter les rêves — quand, par hasard, ils ont le sens commun.

HISTOIRE D'UN PETIT BERGER

ET D'UNE VIEILLE CARPE.

Par un de ces beaux jours qui font des bords du Rhin une série d'enchantements pour les voyageurs de tous les pays, le petit Peters, qui aimait beaucoup à voir l'eau couler, était descendu tout doucement avec ses quatre chèvres des plateaux en arrière de Saint-Goar que domine le beau rocher de la fée Lorely, sur les rives de son fleuve bien-aimé. Pendant que son petit troupeau broutait l'herbe rare qui croît entre les fentes des rochers, l'enfant allait de ci de là sur la berge neuve à l'endroit même où, dans les temps légendaires, la bonne fée Lorely, dont on a si injustement essayé de faire une méchante fée, veillait complaisamment du haut de son roc pour avertir, par la voix de ses sept échos, les voyageurs et les bateliers des dangers de la route.

Peters n'avait guère que sept ans ; il était aussi enfant que ses chèvres et avait comme elles le goût des endroits escarpés et des passages difficiles. Aussi ce qu'il aimait le plus au monde c'était le lieu d'aspect rude et sauvage où il se trouvait. Quand il était parvenu à y conduire ses chèvres, il y oubliait un peu ses peines. Déjà il en avait. Ses grands yeux bleus suivaient alors sans se lasser les flots jaunes du grand fleuve, cherchant leur chemin à travers les hautes barrières de rochers qui, à cet endroit du parcours, resserrent le vieux Rhin et lui font comme une prison de pierre de leurs abruptes parois.

Voir couler l'eau, pour les riverains d'un beau fleuve comme le Rhin, c'est une joie toujours nouvelle : on suit la vague et sa blanche écume, la pensée roule ou glisse ou s'endort avec elle, une autre vient, on recommence. Cela a l'air d'être toujours la même chose, mais, comme ce n'est pas la même vague, il est clair que ce n'est pas non plus la même idée. Il suffit d'un brin d'herbe égaré sur les flots, d'une fleurette imprudente qui a quitté la rive, d'un oiseau rapide traversant et rasant les eaux, d'un souffle du vent qui change les plis des flots et les agite, d'un regard du soleil qui apaise tout cela, d'un nuage qui assombrit le tableau mouvant, pour qu'à chaque instant l'aspect en soit renouvelé. Ah! ceux qui savent regarder l'eau couler, ceux-là sont bien heureux. Ces fleuves qui s'en vont, ce clair et profond chemin qui marche, comme on l'a dit, c'est le miroir de nos jours, c'est l'image de la vie qui s'écoule, elle aussi, et on peut penser à bien des choses, de ce monde et de l'autre, en voyant comment une goutte d'eau, fille du ciel, s'en va avec ses compagnes rejoindre la mer immense.

Pendant que nous parlons, Peters s'est arrêté. Son regard, incertain jusque-là, s'était tout à coup animé et fixé, sa bonne petite figure avait perdu l'air triste qui semblait lui être habituel, et un sourire de malice et même de gaieté avait un instant entr'ouvert et comme éclairé ses lèvres. Peters, avec ses yeux d'enfant, avait distingué un bon gros poisson aux écailles brunes et brillantes qui passait et repassait comme à dessein devant lui.

J'ai oublié de dire que le petit Peters tenait dans sa main un gros morceau de kougloff.

« Est-ce moi que tu regardes, ou n'est-ce pas plutôt mon bon kougloff? Tu es peut-être une grosse gourmande, madame la carpe, dit gaiement l'enfant au poisson.

— Gourmande, oui, mon petit Peters, dit le poisson, gourmande comme toi des bonnes choses et des belles choses, curieuse aussi par conséquent. Je me promène sur les bords de mon fleuve comme toi, mais mes promenades ne sont pas toujours gaies comme les tiennes. Mon beau rocher de Lorely a été bien abîmé par les ingénieurs; et le terrible chemin de fer devant lequel tout cède, et cette route creusée dans les flancs de la montagne, toutes ces choses peuvent être utiles aux hommes qui les ont faites, mais cela gâte bien le pays, je t'assure, pour nous autres vieux enfants du vieux Rhin. Quand le grand roc coupait à moitié le fleuve et le fermait presque en le dominant comme une grande forteresse de pierre, c'était bien plus beau! Les poissons pouvaient se promener, vivre en sûreté sous ses abris gigantesques; les pêcheurs et les bourgeois d'Oberwesel ne pouvaient pas, de la côte, venir jeter leurs filets dans nos eaux, et il n'était ligne à pêcher si longue qui du haut du rocher de la Fée pût venir nous tendre son appât perfide. Les bateliers eux-mêmes, tenus à distance par les roches à fleur d'eau, nous laissaient tranquilles dans nos profondes retraites. On pouvait vieillir en ce temps-là, et grossir, et songer tout à son aise. Aujourd'hui ce n'est qu'avec de grandes précautions, et au péril de ses jours, que les grands poissons comme moi, que les vieilles carpes et les saumons, peuvent quitter de temps en temps le fond sombre du fleuve. C'était pourtant bien bon d'avoir un espace où l'on pût venir prendre l'air et la lumière, où l'on pût admirer le beau ciel, et s'endormir en sécurité sur l'eau chauffée par le soleil, en rêvant aux temps anciens et aux choses d'autrefois. Les chemins de fer, les bateaux à vapeur de la compagnie de Cologne et de Dusseldorf, nous font une vie bien dure, mon petit

Peters. Tout cela n'est pas au bénéfice des poissons.

— C'est vrai, dit Peters attendri. Et cela fait bien peur aux chèvres. Tout tremble quand cela passe, et j'ai eu de la peine, moi aussi, à m'y habituer. Mais que veux-tu, madame la carpe, c'est la volonté de Dieu qu'il en soit ainsi, et il se peut que ce qui nous gêne, toi et moi et mes chèvres, soit utile pour tous les autres. La maîtresse de la ferme, qui n'avait pas vu ces changements de bon œil dans les commencements, en est contente aujourd'hui. Il paraît que cela répand la prospérité dans le pays; — et tiens! madame la carpe, tous les dimanches, quoiqu'elle soit un peu chiche, elle me donne maintenant un gros morceau de kougloff à la place du schwartz-brod d'autrefois. Et c'est bon le kougloff; veux-tu y goûter? Vois ce morceau, il est doré comme tes écailles; ou bien aimes-tu mieux la mie? Si tu n'as pas de bonnes dents, madame la carpe, la mie fera peut-être mieux ton affaire.

— Cher petit Peters, répondit la carpe, ton kougloff est superbe, il m'a l'air cuit à point, il est rissolé et très-appétissant, il doit être excellent, et par conséquent il me plaît. Mais toi, mon petit Peters, tu me plais encore plus que lui, bien que Dieu ne t'ait pas fait pour être mangé comme les kougloff, et aussi, hélas! comme les poissons. Tu me plais avec ta mine rose, tes bons grands regards innocents qui me disent que tu n'es pas méchant du tout; aussi je te considérais, cher petit Peters, avec plus de plaisir encore que ton kougloff.

— Ah! dit Peters, tu n'es pas un méchant poisson, toi non plus, quoique tu sois déjà bien grosse, et si tu veux rester là et faire un petit déjeuner, je vais te jeter miette à miette la moitié de mon kougloff. Pendant que tu le mangeras, je regarderai tes belles couleurs et tes jolis mouvements sous l'eau. »

Peters jeta alors un beau petit morceau de son kougloff au poisson.

« Ne crains rien, dit-il à la carpe, il n'y a point d'hameçon dans mon kougloff, tu peux le manger avec tranquillité; » et s'asseyant sur la rive en face de la carpe, le déjeuner des deux amis commença.

« Quel âge as-tu, madame la carpe? dit Peters entre deux bouchées.

— J'ai cent ans, dit la carpe.

— Cent ans! dit Peters, est-ce bien vrai?

— Cent ans, répondit la carpe. Les carpes ne mentent jamais.

— Cent ans, reprit l'enfant tout attristé, cent ans comme grand'mère, quand elle est morte. Ah! pauvre carpe, est-ce que tu vas donc mourir aussi? Quand grand'mère m'a quitté pour retourner au bon Dieu, on m'a dit, pour me consoler, que personne ne pouvait vivre plus de cent ans.

— Et cela t'a consolé? dit la carpe.

— Oh! non, dit l'enfant. Je pense à grand'mère tous les jours, et je ne l'oublierai jamais! »

Le cœur de Peters s'était gonflé à ce souvenir, ses yeux s'étaient remplis de larmes, et il fut obligé de tirer son mouchoir de sa poche pour s'essuyer les yeux et se moucher.

« Chère grand'mère, reprit-il, ce n'est pas sa faute si elle n'est plus auprès de moi, elle ne voulait pas mourir. « Tu es trop petit encore, me di-« sait-elle. Pauvre Peters, qui aura soin de toi? tu « n'as plus ni père ni mère, tu n'avais plus que moi, « mon pauvre enfant, et je sens que Dieu va me rap-« peler. » C'est alors que la fermière a dit à grand'-mère : « Je prendrai Peters pour berger de mes « chèvres, tranquillisez-vous, je lui ferai gagner son « pain. » Alors grand'mère a fait de la tête un geste de merci à la fermière, ses yeux m'ont regardé, d'un air encore content, et puis elle n'a plus bougé, plus parlé ; je l'ai appelée, elle n'a plus répondu. Ah! grand'mère était morte, et elle est morte encore aujourd'hui! Ah! madame la carpe, pourquoi la mort de ceux qu'on aime tant dure-t-elle toujours, et pas leur vie ? »

Peters s'était remis à pleurer. La bonne carpe aurait voulu avoir des bras pour l'attirer à elle et le consoler, ou des jambes pour monter la berge et aller l'embrasser.

« Mon Peters, lui disait-elle, mon Peters, tu as de la peine, notre conversation t'a affligé, bon petit Peters. Comme ta grand'mère devait t'aimer!

— Ah! oui, dit Peters, elle m'aimait bien, grand'mère. Mais aujourd'hui personne ne pense plus à m'aimer. Madame la fermière n'est pas mauvaise, mais elle n'est pas bien bonne non plus. Il est triste de n'être l'enfant de personne, madame la carpe, et de ne pas pouvoir dire « maman » à quelqu'un. »

La bonne grosse carpe fit un si gros soupir que l'eau jaillit tout autour d'elle. Ah! pensait-elle, pourquoi, au lieu d'être l'aïeule et la trisaïeule de tant de carpillons qui courent d'un bout à l'autre du Rhin sans se soucier de moi, pourquoi ne suis-je pas la mère de ce petit Peters qui a un si bon cœur!

Les deux amis étaient si absorbés dans leur chagrin, qu'ils n'avaient pas seulement remarqué que depuis déjà longtemps il y avait, non loin de là, à quelques pas à peine, quelqu'un qui les écoutait.

Ce quelqu'un, c'était une belle jeune dame à l'air doux et compatissant, qui s'était approchée pendant qu'ils parlaient. Son beau visage était pâle d'une pâleur qu'expliquaient ses vêtements de deuil. Elle était venue par le revers du rocher et, entendant parler, elle s'était arrêtée au tournant pour ne pas troubler les confidences du petit berger et de la bonne carpe.

Pourtant, quand elle vit que Peters, suffoqué par ses sanglots, s'était laissé glisser tout de son long sur la terre pour pleurer plus à son aise, elle ne put se retenir de courir à lui.

Peters fut d'abord bien effrayé, mais la dame avait l'air si bon, et ses yeux le regardaient d'un air de si tendre pitié, qu'il fut bientôt rassuré.

« Pauvre orphelin, dit la dame à Peters, j'ai entendu ce que tu viens de dire aux poissons du Rhin, comment tes plaintes n'auraient-elles pas été jusqu'à mon cœur? Qui mieux que moi peut comprendre ta peine? J'ai perdu, il y a un an, un beau petit garçon de ton âge, veux-tu essayer de me le remplacer, petit Peters? Quant à moi, je tâcherai d'être pour toi une bonne maman. »

Peters, timide encore, n'osait pas répondre.

« Ose, lui dit une voix, ose et dis oui, cher Peters, c'est le ciel qui t'envoie ce cœur vide d'affection comme le tien; en unissant vos deux chagrins vous parviendrez à les adoucir. »

Peters crut reconnaître la voix de la carpe son amie. Il tendit sa petite main à la jolie dame et lui dit :

« Je veux bien être votre petit garçon, mais pour vous aimer je n'aurai pas besoin d'oublier grand'-mère, n'est-ce pas?

« — Non, non, mon cher enfant, répondit la dame en le serrant dans ses bras, est-ce que j'oublierai mon enfant, moi ! »

La carpe, ravie, ne se tenait plus de joie ; elle avait le corps à moitié hors de l'eau, et ne pouvait rien dire, si ce n'est :

« Ah ! la bonne dame ! ah ! le bon petit garçon ! quelle grâce d'en haut qu'ils se soient rencontrés ! »

Quand elle se fut un peu remise et qu'elle vit que le petit Peters la cherchait des yeux :

« Adieu, mon petit Peters, lui dit-elle, adieu, je vois bien que le présent vaut le passé, et qu'il y a toujours de bonnes fées sur le Rhin. »

Rapprochant alors par une brusque secousse sa tête de sa queue, comme on l'eût fait des deux extrémités d'un arc, elle exécuta, en forme de salut, un si grand saut hors de l'eau, que Peters ne sut jamais si sa vieille amie s'était envolée dans les airs ou avait disparu subitement au plus profond des eaux.

Et comme la dame le voyait tout interdit, elle passa doucement sa main sur sa joue de même que l'eût fait autrefois sa grand'mère. Cette petite caresse le réveilla comme d'un songe. Peters, qui jusque-là n'avait jamais parlé avec un poisson, ne savait, en effet, s'il avait rêvé ou s'il était bien éveillé.

Ce dont il ne pouvait douter cependant, c'est

que la belle dame, c'est que sa mère adoptive était là qui lui tendait les bras.

Vous croyez bien qu'il ne se fit pas prier pour s'y jeter. Le vieux Rhin n'avait jamais vu deux cœurs émus d'une plus douce émotion.

« Tu m'appelleras ta mère, lui disait la belle jeune femme, et je t'appellerai mon cher enfant.

— Oui, oui, oui, disait Peters tout étourdi de son bonheur. Oui, oui, oui, madame, tu es ma mère, et je suis ton petit garçon. »

Peters était un honnête petit homme. Quand sa nouvelle maman et lui furent un peu remis :

« Maman, dit-il, il faut que je reconduise mes chèvres à madame la fermière, il faut que je prenne congé d'elle, car sans elle grand'mère aurait été bien plus triste en mourant. »

On vit alors la jolie dame prendre, comme Peters, une petite baguette, et à eux deux ils ramenèrent le petit troupeau.

La fermière, comprenant que c'était pour le bonheur de Peters, lui donna congé d'aller où il voudrait.

Voulez-vous savoir ce qu'est Peters au moment où je vous écris ? C'est un beau et grand jeune homme de dix-huit ans, le plus savant élève de la savante université d'Heidelberg. Il a été un si bon fils pour sa mère adoptive, qu'elle se fâcherait si l'on s'avisait de lui dire que Peters n'est pas son vrai fils.

On a remarqué une singularité dans Peters : il n'a jamais voulu manger de carpe. Il n'a point oublié que c'était pendant qu'il admirait la belle carpe de Lorely et que, s'étant endormi, il avait cru causer avec elle, que sa seconde mère l'avait rencontré et recueilli.

LA RÉVOLTE DES FLEURS.

I

Il y a bien des siècles ! les petites fleurs qui fleurissaient solitaires et paisibles dans la forêt de *** s'avisèrent de se plaindre de leur solitude et de leur délaissement.

« C'est bien la peine, disaient-elles, d'être fraîches, d'être jolies et parfumées, pour vivre et mourir au fond d'un bois, et pour donner au vent, qui n'en sait que faire, nos plus doux parfums. Oh ! que les fleurs des jardins sont heureuses ! La culture les embellit, on les admire, et leur vie est une fête continuelle ! Notre exil dure depuis trop longtemps ; il faut nous plaindre, et demander à celui qui nous a créées de nous tirer d'où nous sommes : c'est à y mourir d'ennui.

— Y pensez-vous, mes filles, de vouloir quitter cette sûre retraite pour aller vivre au milieu du monde ? reprit une fleur déjà un peu fanée et qui avait quelque expérience de la vie. Croyez-moi, Dieu fait bien ce qu'il fait, et s'il nous a semées ici, c'est que nous y sommes mieux qu'ailleurs. Où est le bonheur, si ce n'est à l'ombre de ces beaux arbres dont le vert feuillage vous protége contre le vent du nord ou contre les ardeurs de l'été, et qui ne s'entr'ouvre sur vos têtes que pour vous laisser apercevoir le ciel ? Où retrouverez-vous ce merveilleux tapis de mousse qui va si bien à vos couleurs ?

« Vous vous plaignez de votre isolement ! N'est-ce donc rien que de vivre pendant le jour en compagnie avec des papillons toujours amoureux, et aussi d'être visitées pendant la nuit par les esprits invisibles qui habitent les forêts, et qui pour vous n'ont point de secrets ?

« O mes filles ! le monde est plein d'embûches pour les pauvres fleurs. Heureuses celles qui, comme nous, vivent dans des retraites où le souffle du mal n'a jamais pénétré ! »

Un petit chuchotement qui courait de fleur en fleur suivit ce long discours. Il est facile de deviner tout ce qui se dit à cette occasion, et avec quelle irrévérence furent écoutés par de jeunes fleurs fraîches écloses les sages conseils d'une vieille fleur... La jeunesse est la même partout et agit toujours à l'étourdie.

Quelques-unes cependant, et des plus raisonnables, — parmi elles se trouvaient la vertueuse Menthe, l'honnête Fougère et le constant Asphodèle, — disaient, mais pas bien haut, qu'il fallait réfléchir, — qu'il se faisait tard, — que l'heure était venue de dormir, et qu'il fallait prendre conseil de la nuit, — que la chose était assez grave pour qu'on ne se décidât pas à la légère, etc. Elles disaient, enfin, ce qu'on dit quand on a peur et qu'on veut gagner du temps.

Mais les plus impatientes répondaient qu'il n'est jamais trop tôt pour bien faire, que la vie est courte, que les fleurs n'ont que des jours et point de lendemain, et qu'il fallait enfin jouir au moment même.

II

« Ouf! j'ai cru que cette vieille racine de Patience n'en finirait jamais, dit avec aigreur une grosse Bourrache à un Grateron qui s'agitait à ses côtés.

— Ma chère, disait à une Valériane un Coquelicot — quand on craint le danger, c'est qu'on le connaît, et je gagerais la plus rouge de mes feuilles que la vieille Patience a été, dans son temps, faire un tour dans les villes, où elle aura trouvé pour l'endormir quelques-uns de ces Pavots blancs dont la pâleur a eu, vous le savez, un moment de succès.

— Ne me parlez pas des vieilles gens, criait une de ces petites fleurs jaunes qui se mangent en salade, et qui ont donné, on ne sait pourquoi, leur nom à de certains petits garçons. — Ne me parlez pas des vieilles gens : ils disent tous la même chose. »

Comme toujours, enfin, c'étaient ceux qui auraient mieux fait de se taire qui parlaient le plus haut.

III

Pendant tous ces débats la nuit était venue, et avec elle son compagnon le sommeil. Tous les deux étendaient leurs ailes sur la nature. Déjà les petites fleurs penchaient leurs calices vers la terre, et commençaient à s'endormir ; il y en avait même qui dormaient tout à fait.

Mais pourtant le désir veillait en elles, et il sortit du fond de leurs pauvres petits cœurs désolés, mêlé à leurs plus doux parfums.

IV

Le parfum des fleurs, c'est leur prière et l'encens qu'elles offrent au ciel.

Ce soir-là, il y monta plus suave encore que de coutume, et arriva jusqu'au pied du trône de Dieu, apporté sur les ailes de leurs anges gardiens.

Dieu écouta la prière des petites fleurs des bois, — et, voulant leur être agréable, il dit :

« Qu'il soit fait comme elles l'ont voulu ! »

V

En un instant, toutes celles qui avaient maudit leur destinée furent transplantées, comme par miracle, au milieu du monde et dans un grand jardin ; — le Lierre lui-même avait quitté l'Ormeau, le Roseau l'harmonieux murmure de sa source, et la Pervenche ses doux souvenirs ; — et quand elles l'éveillèrent le lendemain dès l'aube du jour, et qu'après avoir secoué leurs petites robes toutes couvertes de perles de rosée, elles reconnurent que leur vœu le plus ardent était exaucé, elles demeurèrent si émerveillées, qu'elles ne pouvaient croire à tant de bonheur.

VI

« Oh! qu'il fait beau ici! s'écrièrent-elles, ravies, dès qu'elles furent remises de leur étonnement. Quelle différence de ce beau jardin qui reçoit la lumière éclatante du soleil avec notre noire forêt!

« On pourra du moins être jolie à son aise ici, et s'étaler, et se faire voir, et se faire aimer, et se faire admirer enfin! » (Les folles ignoraient qu'on n'aime pas, hélas! tout ce qu'on admire.)

Toutes relevaient fièrement la tête et essayaient de se grandir et de se hausser pour égaler leurs redoutables rivales. Mais en vain! le bon Dieu les avait semées petites fleurs, et petites elles restaient. Pour comble de malheur, elles ne pouvaient se plaindre les unes aux autres, car on les avait séparées : les sœurs étaient loin des sœurs, il n'y avait plus ni lien ni famille. La symétrie le voulait ainsi; chacune avait sa place marquée. Il s'agissait bien d'être heureuses, vraiment! mais d'être belles et de servir à l'ornement de ce beau lieu.

VII

Les voilà bien tristes, — mais pourtant se consolant un peu avec l'idée que bientôt on va les trouver superbes et le leur dire, et ce bonheur ne leur semble pas trop chèrement acheté. Elles l'appellent de tous leurs vœux. — Il va venir. — Elles s'y préparent, et font de leur mieux pour être avenantes.

VIII

Mais, ô surprise! ô douleur! ô disgrâce! ô confusion! elles n'attirent point les regards, on ne les remarque pas, et, si elles n'étaient point en sûreté dans les plates-bandes, on les écraserait peut-être; — les Roses à cent feuilles les plus épanouies, celles qui montrent leurs fastueux attraits, les Dahlias qui cachent sous leur robe d'un gros rouge leur orgueilleuse nullité, et toutes les fleurs qui n'ont d'autres charmes que leur toilette, que leur éclat, sont les seules fleurs dont on s'occupe et semblent seules les reines de ce jardin; elles sont là chez elles, recevant les hommages d'une cour empressée et paraissant s'en soucier à peine.

Et, je vous le demande, quelle figure pouvaient faire les simples Liserons, la naïve Argentine, la douce Mauve, le bon petit Perce-Neige, l'estimable Sauge, la Brize tremblante, la folle Ancolie, l'humble Primevère, l'imperceptible Muguet, l'innocent Bluet, l'étourdi Sainfoin, la Scabieuse en deuil, la Mandragore elle-même malgré sa rareté, la Rose sauvage et la sentimentale Pâquerette, à côté de l'orgueilleuse Reine-Marguerite, et des Roses musquées, et des Roses pompons, et des Roses des quatre saisons, et des Roses à mille feuilles, et des Roses mousseuses, et des Roses-Roi, et des sept mille neuf cent sept variétés de Roses, enfin, qui font la gloire des jardins cultivés, — sans oublier les Dahlias, les Camélias, les Hortensias, les Belles-de-jour, les Belles-de-nuit, et les Narcisses, et les Soleils, et les Oreilles-d'ours, et les Gueules-de-loup... et tant d'autres!...

IX

Ah! qu'il y eut alors de pleurs versés, de calices desséchés, et comme les petites fleurs regrettaient leur ombre des bois, et la mousse, et le silence, et le repos! Ce fut bien pis quand le jardinier vint a passer la bêche à la main tout près d'elles! Pas une n'avait une goutte de sang dans les veines, et toutes tremblaient si fort, qu'elles auraient voulu être à cent pieds sous terre. Mais elles en furent quittes pour la peur. L'heure de la mort n'était pas encore venue pour elles, mort violente, mort affreuse dont elles n'avaient pas l'idée; car, dans les forêts, les fleurs meurent toutes de leur belle mort et seulement quand il plaît à Dieu, qui est le maître de tout ce qui vit.

X

Mais, pour n'être pas mortes, elles n'en valaient guère mieux.

Le soleil de midi qui tombait d'aplomb sur elles, accoutumées à ne recevoir ses rayons qu'à travers un voile de verdure, les brûlait sans merci, et autour d'elles pas une source qui apportât à leur pied desséché un peu de fraîcheur ! — Sans doute on leur jetait bien de temps en temps un peu d'eau, mais quelle eau ! Et d'ailleurs ce secours n'arrivait jamais à point, et plus d'une fut en danger de mourir pour avoir été arrosée hors de propos. — Pas un pauvre petit brin d'herbe ni de mousse dans le voisinage, et il fallait se résigner à pousser dans une terre aride et noire, remuée et tourmentée tous les jours, dans la crainte qu'une plante amie ne vînt à y germer d'aventure.

XI

« Ah ! fuyons ce sol inhospitalier, dirent un beau matin les plus sincères, et retournons dans notre pays ; — partons. » Mais comment se mettre en route quand on n'a pas l'habitude de marcher? Une fois encore les voilà toutes en prières; chacune fit son vœu (le vœu du naufragé!) en attendant le miracle qui devait les tirer de ce lieu maudit. Mais de miracle, point. — Il ne s'en fait pas autant qu'on en voudrait, et les anges de bonne volonté ne sont pas toujours prêts à se faire les serviteurs des habitants de la terre. Ils essayèrent pourtant d'obtenir de Dieu le retour des pauvres exilées dans leur forêt natale; Dieu fut sourd à leurs prières.

XII

C'est depuis ce temps qu'il y a des fleurs des bois dans les jardins, et, comme si la malédiction du ciel pesait sur leur race infortunée, jamais les pauvrettes n'ont pu s'élever ni devenir plus belles; elles sont encore et seront toujours ce qu'elles étaient au moment où elles ont quitté leurs bois, et la culture n'a jamais pu parvenir à les changer. Dieu l'a voulu ainsi pour les punir de leur envie de courir et de leur vanité...

XIII

C'est ainsi que l'orgueil et la curiosité, qui ont perdu le premier homme, ont perdu aussi les fleurs des bois et les fleurs des champs.

Et ayant ainsi parlé, la bonne vieille se leva, disparut, et on ne trouva à sa place qu'une fleur des champs un peu fanée, de celles dont on fait de la tisane pour les enfants qui ne peuvent pas rester en place.

UN ANNIVERSAIRE A LONDRES

C'était jour de fête à Londres, dans l'hôtel Harrisson, Gregory Sullivan et Ce. Les bureaux avaient été fermés. Il y avait grand gala dans la maison. Cent personnes se trouvaient réunies dans la vaste salle à manger. Quarante des convives étaient les parents, frères, fils, filles, petits-fils et petites-filles, neveux ou nièces du riche négociant. Les soixante autres étaient les employés à tous les degrés de la maison Harrisson, Gregory Sullivan et Ce, une des plus considérables, une des plus honorables maisons de la cité.

Le dîner avait été abondant. La bonne humeur était générale, et Gregory, la figure épanouie, avait eu pour chacun de ses hôtes un sourire, une parole aimable.

L'heure des toasts, heure sérieuse chez nos voisins d'outre-Manche, était arrivée.

« Mes enfants, dit Gregory Sullivan en s'adressant aux membres de sa belle famille, mes autres enfants, dit-il en s'adressant à ses employés, je crois bon aujourd'hui de vous dire à tous ce que la plupart d'entre vous ignorent encore, c'est-à-dire l'origine de ma fortune. Je me croirais indigne de ma prospérité si j'oubliais en ce jour de vous faire savoir d'où et de qui elle me vient.

Le double toast que je vais porter s'adresse à deux mémoires qui me sont également chères, et qui devront vous être tout à l'heure également sacrées.

C'est à mon père Daniel Sullivan, c'est à James Harrisson que nous allons boire, mes enfants...

« Hurrah pour Daniel Sullivan !

« Hurrah pour James Harrisson ! »

Quand l'enthousiasme se fut calmé :

« Mon père, mon bon père, dit Gregory Sullivan dont la voix s'altéra en répétant ce mot de père, mon père Daniel Sullivan était avant ma naissance un brave, un courageux, un très-pauvre ouvrier irlandais.

Lorsque je vins au monde, il dut quitter Dublin, où le travail lui manquait, pour venir avec ma mère et moi demander à Londres de quoi faire vivre sa femme et son enfant. Ma mère m'a dit souvent que leur cœur avait été bien gros quand il leur avait fallu abandonner leur verte et charmante île. Mais la nécessité ne tient pas compte des soupirs. Heureusement mon père, avec sa loyale figure et sa taille athlétique, trouva, dès son arrivée, à s'employer dans un de ces docks de la Tamise où les bras robustes ont toujours de la besogne. Pendant huit ans tout alla bien. Mon père faisait gaiement ce rude métier, si bien nommé, d'homme de peine, qui consiste à porter tant que dure le jour des fardeaux, et à charger et décharger des navires. Ma chère et tendre mère, toute à son mari et à son ménage, ajoutait au bien-être commun par des travaux à l'aiguille. Tous deux étaient heureux de cet innocent bonheur des gens humbles qui laissent candidement à Dieu le souci du lendemain. Vous étiez l'un après l'autre arrivés en ce monde, vous Joë et Jonathan, vous Jenny et Bertha, dans les quatre années qui avaient suivi notre établissement à Londres; vous grandissiez et vous grossissiez à la joie de nos parents, et quand venait le dimanche, il fallait voir comme notre père et notre mère étaient fiers de pouvoir nous montrer bien débarbouillés et bien endimanchés à tout le voisinage.

Une si modeste félicité aurait dû être à l'abri des coups du sort. Il n'en fut rien.

Un jour, un triste jour, notre père s'en revint à la maison, laissant pour la première fois inachevé son labeur quotidien. Il était pâle, et tenait sur ses lèvres un mouchoir taché du sang qui s'échappait de sa bouche.

En portant une charge trop lourde, devant laquelle ses camarades avaient reculé, il s'était rompu un vaisseau dans la poitrine.

Daniel Sullivan se mit au lit en disant : « Cela ne sera rien. » Mais le lendemain il ne put se lever. « Cela ne sera rien, dit-il encore en nous embrassant. Quelques jours de repos et il n'y paraîtra plus. » Cependant, sur un signe de ma mère, j'étais allé chercher le médecin des pauvres. Le docteur examina l'état de mon père. Il lui tâta le pouls, il regarda et palpa sa vaste poitrine, il lui dit de tousser pendant qu'il l'écoutait, et, son examen fait, il s'en alla.

Ma mère, qui l'avait reconduit jusqu'au haut de l'escalier de la cave un peu sombre où nous demeurions, ne rentrait pas. « Va donc la chercher, » me dit mon père.

Je la trouvai assise derrière la porte sur une des marches et tout en larmes. « Gregory, Gregory, me dit-elle en me serrant sur son sein, ne dis pas à ton père que j'ai pleuré, et ne pleure pas, ajouta-t-elle en m'essuyant les yeux. Ne pleure ni devant lui, ni devant tes frères et tes sœurs. »

Le médecin revenait tous les deux ou trois jours. Ma mère l'attendait comme le Messie. Chaque fois, en le reconduisant, elle causait un peu avec lui derrière la porte, et rentrait le sourire sur les lèvres. Ce sourire ne me contentait pas, et j'aurais bien voulu savoir ce que le médecin lui avait dit. Mais ma mère se taisait. Elle allait droit à son mari, l'embrassait et l'arrangeait dans son lit, puis reprenait son ouvrage, sans que je pusse deviner si elle était pour de bon consolée ou affligée.

Jenny et moi, pour l'aider, nous faisions le ménage. Jenny habillait les petits et préparait le repas; j'allais aux provisions. Les autres jouaient dans un coin.

En nous voyant tous autour de lui, mon père était content. « C'est bon d'être un peu malade, disait-il en prenant les mains de ma mère, ça repose. »

Quelquefois il l'appelait : « Tu es un bonne femme, tu vas me gâter; si j'étais riche, je ne voudrais plus guérir. »

Ma mère alors riait en l'appelant grand paresseux, et nous allions tous l'embrasser. Nous étions un peu jaloux. Quand l'un avait eu son baiser, les autres voulaient tout de suite le leur.

Je remarquai un soir que ma mère avait les yeux bien rouges. Cela m'empêcha de dormir, et je vis ce que je n'avais pas vu jusque-là, c'est qu'elle ne se couchait pas et travaillait toute la nuit, soit pour veiller notre père, soit pour avancer son ouvrage.

Le matin de ce jour-là, j'allais lui parler de ce que j'avais découvert, quand elle me prit à part, et, m'emmenant sur l'escalier : « Gregory, me dit-elle, tu es un petit homme, tu as bientôt dix ans, tu as du courage et de la raison ; va trouver John Maxwell et dis-lui que je veux le voir. Je te dirai après quelque chose. »

John était un policeman du quartier et notre cousin. Il causa assez longtemps avec ma mère, qui était allée au haut de l'escalier comme pour prendre l'air. Quand elle revint, elle me fit signe qu'elle avait à me parler. Mais ce n'était pas facile, car mon père ne la quittait pas des yeux. Heureusement sur le soir il s'endormit.

« Mon Gregory, me dit ma mère, ton père ne peut plus gagner d'argent ; il faut que tu travailles, mon enfant ; il faut que tes frères et tes sœurs elles-mêmes travaillent aussi. Dans deux jours il n'y aura plus un penny à la maison. J'ai eu beau faire, je n'y suffis pas.

— Oh ! mère, lui dis-je en me jetant à son cou, je suis fort ; qu'est-ce qu'il faut faire ?

— Demain, me répondit ma mère, tu iras trouver John ; il te conduira au bureau des balayeurs, dont son beau-frère est un des chefs ; puis, de là, il t'accompagnera, avec les trois petits, dans un quartier qu'on vous aura choisi, et là, mon pauvre Gregory, avec un balai qu'on vous donnera à chacun, vous ferez des petits chemins bien propres en travers des rues pour les passants qui ne veulent pas se crotter. Tu auras bien soin de tes frères et de ta sœur, Gregory; tu es le plus grand, ne les laisse pas s'écarter; Jenny est étourdie, veille sur elle; les voitures me font peur, non pour toi qui es réfléchi, mais pour les autres. Ah! mon pauvre petit garçon, ajouta-t-elle en me regardant jusqu'au fond du cœur, que ne puis-je aller balayer à ta place!

— Je balayerai, je balayerai très-bien, mère, lui dis-je; cela n'est pas difficile, et les petits ne risqueront rien avec moi. Mère, essuie donc tes yeux!

— Ah! mon enfant, mon enfant, me dit-elle, nous étions donc trop heureux!... »

Après quelques bons baisers :

« Cela me rend le courage de t'embrasser, me dit ma mère. Je n'ai plus rien à te recommander, sinon d'être bien poli avec les dames et les messieurs, mon Gregory; mais ne les importune pas, ne tends pas trop la main, mon enfant. Remercie bien ceux qui te donneront quelque chose; mais ne te chagrine pas contre ceux qui ne te donneront rien, car tout le monde ne peut pas donner.

« A deux heures, vous irez manger où John vous dira, chez de bonnes gens qui tiennent une petite taverne. Vous n'écouterez pas les grandes personnes qui parlent quelquefois, dans ces endroits-là, de ce que les petits ne peuvent pas entendre; vous resterez entre vous, n'est-ce pas, sans vous séparer jamais? Le soir, vous reviendrez. Ah! Gregory, que Dieu t'assiste! »

Ma mère avait, depuis quinze jours déjà, son idée dans la tête. Le matin, elle nous donna de gros vêtements, qu'elle avait préparés en arrangeant pour nous pendant ses nuits ceux que mon père ne portait plus. Il y avait bien des pièces et des morceaux dans ces vêtements, mais ils étaient chauds et commodes. Nous partîmes tous les cinq, le cœur content, par la pensée d'être utiles, et moi très-fier d'avoir été jugé digne par ma mère de pouvoir déjà l'aider. Ma mère vint sur la dernière marche et nous suivit des yeux tant qu'elle put. Quand nous eûmes tourné le coin de la rue, mon cœur se serra; mais je pensai que j'étais le chef et que je devais donner l'exemple de la bonne humeur aux autres. Je leur expliquai, pendant le chemin, ce que nous allions faire. Je leur répétai les paroles de notre mère. Ils me promirent de m'obéir, et tout se passa comme il avait été convenu.

Le soir, nous revînmes avec deux schellings, bien fatigués, mais satisfaits et bien portants. Ma mère nous attendait sur la porte. Quelle fête elle nous fit!

Mon père, qui avait appris d'elle dans la journée ce que nous avions dû faire, nous fit asseoir sur son lit l'un après l'autre, moi le dernier.

« Gregory, me dit-il tout bas, ce jour doit être un grand jour pour toi; tu sais, dès aujourd'hui, que l'homme doit et que l'homme peut vivre de son travail. C'est de bonne heure que tu apprends cela, c'est peut-être tant mieux. Il n'est jamais trop tôt pour regarder la vie bien en face. Tu m'as remplacé aujourd'hui auprès de ta mère et de tes frères et sœurs; promets-moi qu'aussi longtemps qu'il le faudra, et toujours, si c'est toujours, tu seras pour eux ce que tu as été aujourd'hui; promets-moi que, quand tu seras grand, tu ne les abandonneras jamais— de même que je ne les aurais jamais abandonnés, moi, si cela eût dépendu de moi...

— Oh! père, lui dis-je, tu vas guérir.

— Que la volonté de Dieu se fasse! Gregory, me répondit-il.

— Quant à moi, père, repris-je, pour ce qui est de mes frères et de ma chère maman, sois tranquille.

— Je le suis, dit-il en essuyant la sueur qui coulait de son front. Oui, je le suis; je vois que tu es un solide petit garçon, Gregory, et c'est une grande consolation pour moi. »

Il y avait quinze jours que nous faisions notre métier. Les petits allaient bien, — moi aussi, —

quoiqu'il fût rude quelquefois de balayer par tous les temps, et par le mauvais plutôt que par le bon, car nous vivions surtout du mauvais temps. Mais quand, ayant gagné quelque chose par notre petit travail, nous pouvions aller dans la taverne chaude manger un bon morceau de pain, et boire, à nous quatre, une pinte d'ale, il fallait voir comme nous nous redressions ! Il y avait là de plus grands ouvriers que nous; mais il n'y en avait pas de plus fiers ni de plus contents. « Bravo! nous disait le bon tavernier; buvez bien, mangez bien, puisque vous avez bien travaillé; — et sèche-toi un peu près du poêle, disait-il à Jenny, car tes habits sont tout trempés, ma mignonne. » Jenny était la plus délicate, mais non la moins active, et sa petite figure aimable nous valait plus d'une bonne aubaine; c'était presque toujours à elle que les dames donnaient.

« Tu t'en souviens, Jenny?

— Oui, frère, répondit Jenny. — Je n'ai rien oublié, et je suis heureuse que nos prospérités n'aient effacé aucun de ces souvenirs dans votre cœur.

— Oh! les bonnes gens, les braves âmes ! » disaient tout bas les employés.

Gregory Sullivan reprit : « Nous rapportâmes une fois six schellings. La journée avait été bonne, il n'avait pas cessé de pleuvoir, et les chemins se

défaisaient presque aussi vite qu'ils se faisaient.
— Mais quelle bonne journée! Nous étions revenus crottés jusque par-dessus la tête, mais si joyeux, que ma mère n'avait pu s'empêcher de rire et de pleurer en nous voyant rentrer, parlant tous à la fois et lui montrant notre trésor.

Ma mère nous avait dit la veille : « Si j'avais quatre schellings, je ferais du bon bouillon de bœuf à votre père. »

J'avais prié le bon Dieu pour lui demander de la pluie et de la boue : Dieu m'avait exaucé.

Mon père trouva le bouillon très-bon. Chacun de nous en avait eu une petite tasse; il en restait pour le lendemain. Je dormis tout d'un somme après cette belle journée.

Malheureusement, le lendemain soir, quand nous revînmes, le père n'allait pas bien. — Le petit mieux du bouillon n'avait pas duré.

Ma mère ne se coucha pas et me dit que peut-être bien, de bon matin, elle m'enverrait chercher le médecin. Je ne sais pas comment elle y tenait. C'est la première fois que j'ai senti qu'en ce monde le courage peut tout remplacer, même la force.

J'avais dormi très-tourmenté; je me réveillai le premier. Ma mère dormait, le visage appuyé sur le rebord du lit, dans le milieu de la main de mon père. Je crois qu'elle s'était endormie en la baisant. Je croyais que mon père reposait aussi.

Je me levai tout doucement; mais à mon premier mouvement, je vis que je m'étais trompé; les yeux de Daniel Sullivan étaient à demi ouverts. Son regard était abaissé sur les joues pâlies de notre mère, avec une expression si triste et si tendre que je tombai à genoux au bas de mon petit lit.

Je pleurais en priant; mon père m'entendit. « Cher petit Gregory ! » me dit-il tout bas. Et, mettant le doigt de son autre main sur sa bouche, il me fit signe de ne pas faire de bruit pour laisser dormir notre mère. Je réveillai avec précaution mes frères et mes sœurs, et nous partîmes tous sur la pointe du pied, avec un sourire de notre père pour adieu, sans que maman se fût réveillée.

Le temps heureusement était, ce jour-là, très-mauvais; c'était la bonne saison tout à fait. La journée avait déjà bien rapporté, et, animés par le profit, nous étions au travail, quand vers la fin du jour, au moment de donner un grand coup de balai dans le macadam délayé par la pluie, au coin de Pall-Mall et de Regent-Street, — je vois encore la place, — j'aperçus tout près de moi quelque chose qui était par terre et qui n'avait pas pu tomber du ciel. C'était un portefeuille noir, ni petit ni gros. Comme il était encore très-propre et à peine mouillé du côté où il n'était pas tombé, je me dis que bien sûr il ne pouvait pas y avoir longtemps qu'il était là, et tout en le ramassant je cherchai des yeux à qui il pouvait appartenir. Joë me dit qu'il croyait bien qu'il avait dû tomber de la poche d'un grand monsieur qui lui avait donné, en grondant d'un air assez bourru, une petite pièce blanche d'un demi-schelling.

Joë était ravi; mais où était le grand monsieur?

Je mis le portefeuille dans ma poche de dessous, et nous rentrâmes plus tôt que de coutume à la maison.

Je montrai, dès que je fus arrivé, ma trouvaille à mon père.

Il l'ouvrit. Il y avait des papiers dedans. Mon père et ma mère tremblaient en les lisant. Quand ils les eurent tous regardés, ma mère les remit dans le portefeuille, le ferma, l'entoura de papier avec soin, le ficela bien proprement, écrivit, sous la dictée de mon père, une adresse dessus, et mon père me dit : « Gregory, fais bien attention à ce petit paquet-là; c'est très-précieux. Tu vas aller Norfolk-Street, Harrisson-Hôtel, n° 11. Tu demanderas M. James Harrisson; tu diras que c'est à lui-même qu'il faut que tu parles pour une commission bien importante.

« Quand tu seras devant lui, tu lui demanderas s'il a perdu quelque chose dans la journée. S'il te répond oui; s'il te dit : C'est un portefeuille (Joë, qui t'accompagnera, verra bien si c'est le grand monsieur qui lui a donné ses six pence), et quand tu seras ainsi bien sûr que tu es en présence du propriétaire de ce que tu as trouvé, tu lui remettras le paquet en lui faisant savoir comment et où tu as ramassé son contenu.

— Il est un peu tard, dit ma mère.

— Ce n'est pas trop loin, dit mon père, heureusement. Va donc tout de même et tout de suite, mon garçon.

— Vois-tu, femme, dit-il à ma mère, il ne faut pas que cela reste ici vingt-quatre heures.

— Tu as raison, Daniel, » répondit-elle.

Elle nous débarbouilla, nous brossa un peu, nous fit le plus propres qu'elle put, Joë et moi, et nous partîmes.

Une heure après, nous étions dans un beau salon, devant un grand monsieur qui, comme l'avait dit Joë, avait l'air très-bourru. Joë me dit tout bas, dès le premier regard, que c'était bien le monsieur aux six pence.

« Qu'est-ce que c'est? nous dit le monsieur d'une voix brève.

— Monsieur, lui dis-je, nous sommes les petits balayeurs du coin de Pall-Mall et de Regent-Street. Vous souvenez-vous d'avoir donné vers quatre heures un demi-schelling à Joë?

— Eh bien! dit-il, est-ce que ce n'était pas assez?

— Oh si! lui dis-je tout intimidé; mais c'est que, après, nous avons trouvé par terre quelque chose qui est peut-être bien à vous. »

Le monsieur se leva, me prit par la main, m'amena sous la lumière d'une lampe, et, me regardant dans le blanc des yeux :

« Tu as une bonne petite figure, me dit-il, et si tu es en train de faire une bonne action, cela me fera plaisir. J'ai perdu en revenant de la Cité un portefeuille en maroquin noir. Est-ce là par hasard ce que tu as trouvé, mon garçon?

— Tout juste, lui dis-je bien content, et papa, à qui je l'ai montré, m'a dit de vous le rapporter bien vite. Il a vu votre adresse dedans.

— Ah! dit le monsieur, il a donc ouvert le portefeuille?

— Pour voir l'adresse, » dis-je les larmes aux yeux.

Le monsieur me regarda encore une fois bien fixement.

Mais cette fois-là je n'avais plus peur, et à travers mes larmes je soutins son regard.

« Voyons ça, » me dit-il.

Je tirai de ma poche le papier ficelé et je le remis au monsieur. Il le déficela d'un air bien tranquille; il ouvrit le portefeuille; il en fit sortir, comme avait fait mon père, les papiers qu'il renfermait, les regarda, les compta, sans se presser, les uns après les autres, les remit dans les poches du portefeuille, mit le portefeuille dans sa poche, me demanda mon nom, celui de mon petit frère, celui de papa, celui de maman, s'informa de ce qu'ils faisaient tous les deux, et prit une prise de tabac pendant que je lui répondais.

Je répondis le plus nettement que je pus à ses questions. Quand ce fut fait, il écrivit trois mots au crayon sur un des papiers qui couvraient la table de son bureau, me tapa sur la joue et me dit : « C'est bon, mon garçon ; tu peux t'en aller. »

Je ne me le fis pas dire deux fois. Le regard froid et le ton presque dur avec lequel le monsieur nous avait interrogés avaient tout à fait interdit le pauvre Joë, qui était tout tremblant et me tirait depuis le commencement par derrière, en me disant tout bas : « Gregory, allons-nous-en. »

Quand la grande porte de l'hôtel se fut refermée sur nous, et que nous nous vîmes en liberté, sur le trottoir, nous nous mîmes à courir. Il faisait nuit tout à fait lorsque nous revînmes à la maison.

Ma mère, inquiète, nous attendait.

« Eh bien ! mon Gregory, me dit mon père, qu'est-ce que tu as donc? tu es tout essoufflé. Et toi, mon Joë, pourquoi es-tu si rouge?

— Laissons-les parler, » dit ma mère.

Je racontai ce qui s'était passé. Quand j'en fus

arrivé à la tape sur la joue, mon père me dit tout bas :

« Et après ?

— Après, lui dis-je, mon papa, il m'a dit : « Va-t'en, mon garçon. »

— Et c'est tout ? dit ma mère.

— Tout, » lui répondis-je.

Notre père jeta sur ma mère un regard dont je n'ai bien compris que depuis, par le souvenir, la divine mansuétude. Puis :

« C'est bien, mon enfant, me dit-il, tu as fait ton devoir. » — Et il ferma les yeux.

« Avez-vous faim ? me dit ma mère après quelques minutes de silence.

— Oui, dit Joë.

— Oui, répondis-je.

— Tu as l'argent, me dit ma mère d'une voix douce, car, dans notre hâte de t'envoyer reporter le paquet, nous avons oublié de te demander ce que tu avais gagné ; va vite chez le boulanger et rapporte aussi d'à côté un peu de bière ; cela vous fera du bien après cette grande course.

— J'ai presque quatre schellings, » lui dis-je.

Et, mettant ma main dans ma poche, j'y cherchai le gain de notre journée.

« Eh bien ! qu'as-tu ? » me dit-elle.

Je n'avais rien trouvé dans la poche où je mettais d'ordinaire, dans un petit sac en cuir, les profits de notre travail. Je cherchai dans mes autres poches. J'y cherchai en vain, j'avais perdu ma petite bourse.

Je fondis en larmes.

« Mère, dis-je, mère, je ne sais pas comment cela a pu se faire! Mère, je ne l'ai pas fait exprès...

— Ah! mon enfant, dit ma mère, je le sais bien.

— Mère, dis-je en rappelant mes souvenirs, c'est peut-être chez le monsieur, quand j'ai retiré le paquet. J'y retournerai demain, ce soir, si tu veux. Ça sera tombé, je n'ai pas entendu, il y avait un tapis.

— Non, dit ma mère vivement, non, Gregory, tu n'y retourneras jamais. »

Et se frappant le front :

« Mais, mes pauvres petits, il n'y a rien, rien, pas un morceau de pain ici, et nous n'avons pas de crédit chez le boulanger...

— Je n'ai pas faim, et Joë n'a pas faim non plus. Nous sommes fatigués, nous voulons dormir, dis-je en me jetant bien vite dans ses bras.

— N'est-ce pas, Joë?

— Oui, dit Joë en rougissant, nous dormirons bien tout de suite. »

Ma mère ne dit rien. De grosses larmes coulaient de ses yeux.

« Dépêchons-nous de nous coucher, dis-je à Joë, et faisons semblant de dormir. Quand nous dormirons, maman ne pleurera plus, et demain j'irai de bien bonne heure demander à John Maxwell un schelling — que nous lui rendrons le soir, sur notre travail. De cette façon-là, il y aura de l'argent à la maison, dans la journée, pour papa et pour maman. »

Mon bon petit Joë se le tint pour dit, et lorsque je me mis à côté de lui dans le petit lit qui nous servait à tous les deux, il s'endormit sur mon épaule.

Quand, plus tard, je sentis que le sommeil allait venir, comme je n'entendais plus de bruit dans la chambre, j'ouvris encore un peu les yeux. Ma mère était assise au chevet de mon père; ses paupières étaient à demi closes, son ouvrage avait échappé de ses mains. Mon père sommeillait, et excepté sa respiration, qui était lente et difficile, on n'entendait rien dans la chambre.

Je retrouvai le lendemain ma mère dans la même position. Je me levai sans bruit, j'allai trouver notre cousin John, qui me rendit le grand service que j'attendais de lui. Quand je rentrai, ma mère s'éveilla. Je lui dis ce que j'avais fait. Elle m'embrassa, ses lèvres étaient brûlantes :

« Ne sois pas malade, lui dis-je tout bas.

— Ne crains rien, me dit-elle, je ne le serai pas. »

Le surlendemain, mon père était plus mal.

Le jour d'après, plus mal encore. Il voulut nous tenir tous dans ses bras longtemps, avant de nous laisser partir.

« Veux-tu qu'ils restent? lui dit ma mère.

— Oui, oui.... » dit-il.

Mais, un instant après, il lui dit : « Non; » et, me souriant, il m'attira une fois encore vers lui.

« Mon Gregory, me dit-il, tu sais ce que tu m'as promis et pour tes frères, et pour tes sœurs, et pour ta mère?

— C'est promis, père, » lui répondis-je plus ému que de coutume, sans savoir pourquoi, par l'accent qu'il avait mis dans sa question.

La main de mon père était retombée toute blanche sur les draps de son lit, et non plus rouge comme au temps de sa santé et de son travail. Je la pris et je la baisai en lui disant : « Ah ! mon papa ! » cinq ou six fois.

« Mon chéri, me dit-il, je t'aime de tout mon cœur; vous êtes tous de bons petits enfants; ta mère et moi nous ne pouvions en désirer de meilleurs. »

Ma mère nous embrassa à son tour, et nous partîmes encore. Le soir, nous la trouvâmes sur les marches. Quoiqu'elle fût là pour nous attendre, elle ne bougeait pas. On eût dit une statue.

Je descendis avec précaution jusqu'à la marche

au-dessous pour la voir par devant. J'avais fait signe aux petits de s'arrêter.

Elle avait les yeux si grand ouverts, que j'en fus épouvanté. Je me mis à genoux devant elle : « Oh ! mère, lui dis-je, parle-moi donc !

— Gregory, me dit-elle sans paraître étonnée de me voir là, mes enfants, ne faites pas de bruit ; je crois que votre père, je crois encore qu'il dort.... »

Mon père, mes amis, dormait, mais pour toujours. Il dormait de l'éternel sommeil. »

M. Sullivan, qui avait parlé debout, à la façon anglaise, avait été obligé de se rasseoir après ces mots.

Il demeura quelque temps les coudes appuyés sur la table, sa figure cachée dans ses deux mains.

Tous les convives avaient les yeux humides et se taisaient, respectant son silence.

Au bout de quelques minutes, faisant un violent effort pour maîtriser son émotion, M. Sullivan se releva.

« On est un enfant à tout âge pour pleurer un père, dit-il, c'est un deuil que rien n'efface. Les années l'allongent, mais ne l'éloignent pas, et j'ai cru un instant que j'avais entrepris plus que mes forces en ramenant ce passé sous nos yeux. Mais je ne vous ai parlé que de nous et que de mon père. Je n'ai donc pas fini...

Trois jours après avoir conduit Daniel Sullivan

à sa dernière demeure, nous étions tous réunis, ma pauvre mère, mes frères, mes sœurs et moi, autour d'un petit repas auquel elle s'efforçait d nous faire prendre part, quand un cab s'arrêta devant notre maison. Un pas brusque se fit entendre dans l'escalier. La porte s'ouvrit; un grand monsieur entra.

Joë se mit à trembler : c'était le monsieur au portefeuille.

« Qu'est-ce qu'il veut, frère ? » me dit-il tout bas.

Il ne faisait pas très-clair dans notre cave. Le monsieur mit sa main au-dessus de ses yeux, comme pour assurer sa vue, et, m'ayant reconnu, il me salua d'une petite tape sur la joue, comme le soir où il m'avait si vivement congédié; puis, s'adressant à ma mère : « Voilà, madame, dit-il, un petit bonhomme qui vaut mieux que moi. Il m'a rapporté en courant, le soir même du jour où il l'avait trouvé, mon portefeuille et une fortune, et j'ai, moi, laissé passer une semaine avant de lui remettre sa bourse que son étourderie avait à son tour laissée à ma garde. »

Tirant alors de sa poche mon petit sac de cuir : « Reconnais-tu ça, me dit-il, monsieur le sans-soin ? Est-ce bien à toi, cet objet précieux ? Ah! ah! je ne suis pas fâché de voir qu'on manque de tête à tout âge. Quatre schellings ! Ah ça, tu roules donc sur l'or, mon garçon, que tu sèmes ainsi tes trésors chez des gens que tu ne connais pas? »

Nous nous taisions tout étonnés et presque blessés d'entendre parler avec cette bonne humeur dans une chambre qui renfermait tant de chagrin.

Le monsieur au portefeuille, qui n'avait pas sans doute compté sur notre silence, chercha des yeux autour de lui pour voir si quelque chose lui en apprendrait la raison.

« Qu'est-ce qu'il y a? nous dit-il en baissant la voix. Est-ce que je parle trop haut? Est-ce que quelqu'un dort ici, que je puis réveiller? »

Je l'arrêtai d'un geste désespéré.

James Harrisson, car c'était lui, James Harrisson avait tout compris. En une seconde ce fut un tout autre homme.

« Ah! madame, dit-il à ma mère en serrant ses deux mains amaigries, je vous demande pardon... J'espérais apporter à votre mari le bonheur et peut-être la santé, et j'arrive trop tard. Ah! je suis coupable! Pourquoi faut-il que le mal soit toujours plus pressé que le bien! Différer de bien faire, c'est un crime. Votre mari...

— Je n'ai plus de mari, dit ma mère, ces petits n'ont plus de père.

— Pauvre, pauvre femme! pauvres chers petits enfants! » s'écria M. Harrisson le visage tout bouleversé.

Je vous ai parlé longuement de mon père, parce que vous ne l'avez pas connu ; mais que vous dirai-je de James Harrisson que vous ne sachiez, que je ne puisse vous rappeler d'un seul mot ? James Harrisson, c'était le bon riche, comme Daniel Sullivan avait été le bon pauvre.

Tout ce qui pouvait être fait pour adoucir notre deuil, il le fit avec cette vivacité de cœur, avec cette froideur de raison qui étaient sa marque particulière.

« Ah! disait ma mère, quelquefois j'ai honte d'être presque heureuse. Si Daniel était là...

— Il y est, il y est, répondait James Harrisson. Les morts restent présents, quoique invisibles, partout où on les aime. Soyez heureuse tout à votre aise, votre mari prend de là-haut sa part de votre bonheur.

— M. Harrisson a raison, me disait ma mère en versant de douces larmes. Ton père est là ; je sens qu'il ne nous a pas quittés d'un instant.

— A la bonne heure, disait M. Harrisson, vous voilà raisonnable.

— Ah! le cher homme! pensais-je.

— Vous êtes un juste, lui disait ma mère.

— Les justes ne sont pas si rares qu'on le croit, répondait en riant James Harrisson. Votre mari en était un, et il avait cent fois plus de mérite à l'être que moi. Vous êtes un juste, vous aussi, mistress Sullivan, et vos petits enfants, c'étaient des justes aussi, à leur petite façon, quand ils balayaient des portefeuilles dans Regent-Street. Je me suis toujours étonné, soit dit entre nous, en lisant la Bible, que Dieu ait laissé brûler Sodome, faute de dix justes. Et si j'osais, je dirais qu'il n'avait peut-être pas bien cherché ce jour-là.

— Fi! disait ma mère en souriant, voilà que les justes ne vont plus l'être! Les jugements de Dieu, monsieur Harrisson, sont impénétrables, comme ses desseins; vous ne voudriez pas que ces enfants pussent en douter un seul jour?

— Non, certes, disait James Harrisson, j'ai voulu, par cette coupable plaisanterie, vous tirer de vos larmes, et rien de plus, mistress Sullivan. »

James Harrisson était sans famille, nous fûmes sa famille. Il fut pour nous un second père. Ma mère se rendit si utile dans le gouvernement de sa maison, que M. Harrisson disait qu'il proposerait à la chambre des communes de la faire nommer gouverneur des Indes. « Il est bien sûr, s'écriait-il quelquefois, qu'elle seule pourrait y remettre tout en ordre, et sans faire crier personne. »

Je devins, après mes études faites, son employé, puis, quelques années plus tard, son associé. Il établit Joë, il maria mes belles petites sœurs avec les bons maris qu'elles ont là, et qui veulent bien m'écouter. Et, pour tout dire, il n'a fait qu'un chagrin à la pauvre famille qu'il avait tirée de la misère et du désespoir, ce fut celui de la quitter à son tour pour aller recevoir dans le ciel la récompense de ceux qui ont été bons sur la terre.

Et encore, ajouta Gregory Sullivan, sa mort fut si belle, il partit si calme, qu'il trouva dans la sérénité de cette dernière heure la puissance d'adoucir pour nous jusqu'aux douleurs d'une si cruelle séparation. Il nous a prouvé que la mort même peut être digne d'envie. « Dans un instant, dit James Harrisson en regardant ma mère et en nous regardant, dans un instant, après avoir rendu mes comptes au souverain Juge, j'aurai à rendre compte à votre mari, à votre père, de la famille qu'il m'avait laissée par sa mort. Ce compte sera doux pour lui, mes amis; je vous dois les meilleurs jours de ma vie. Ah! on parlera de vous plus d'une fois là-haut, dit-il encore, ne l'oubliez pas... »

Ce fut son dernier mot. »

Gregory Sullivan avait achevé son récit. L'assistance, recueillie, semblait l'écouter encore.

Après quelques moments donnés à une légitime émotion, une bonne vieille dame, à la figure encore charmante, d'une mise simple, mais pleine de distinction, se leva en face de Gregory Sullivan.

« Gregory Sullivan, mon bon fils, dit-elle, tu as dignement parlé de nos défunts amis, et je t'en remercie. Ces petits enfants, ajouta-t-elle en indiquant de la main le bout de la table où les plus petits de la famille étaient réunis, ces petits enfants, notre orgueil et notre joie, se rappelleront tes paroles. Il est bon que leurs jeunes oreilles entendent de bonne heure des choses sérieuses ; il est bon qu'ils apprennent d'une bouche véridique et loyale comme la tienne qu'il ne faut pas fuir la mémoire de ceux qui vous ont chéri, qu'il faut garder avec soin et amour dans son cœur le culte des aïeux, et qu'après le récit d'une belle et honnête vie, celui d'une belle mort est le plus noble des enseignements. Grâce à toi, mon Gregory bien-aimé, ils sauront, par l'exemple de Daniel Sullivan, mon mari, et par celui de James Harrisson, notre bienfaiteur à tous, qu'une bonne conscience est un bon oreiller, alors même qu'il s'agit du dernier sommeil ; ils sauront en même temps que les méchants seuls doivent redouter l'heure de l'éternel repos. »

Prenant alors son verre demi-plein :

« A la mémoire de Daniel Sullivan ! et à la mémoire de James Harrisson ! dit-elle d'une voix dont elle s'efforçait en vain de dissimuler l'extrême émotion.

— Hurrah pour eux deux ! » s'écria l'assemblée.

Les larmes sont douces quand elles ont une noble source.

Le repas s'acheva aussi gaiement qu'il avait commencé.

Chacun se redisait à l'oreille quelque trait de la vie de ceux dont le souvenir venait d'être évoqué, et quand l'heure fut venue de se séparer, toutes les mains s'unirent dans un cordial adieu. On se quitta en se promettant de reprendre avec plus de zèle encore, le lendemain, la besogne quotidienne.

LA PEUR DES TÉNÈBRES

ET LA PEUR D'ÊTRE SEUL.

Pourquoi quelques enfants qui ne manquent pas de courage tant qu'il fait jour en manquent-ils subitement dès qu'il fait nuit, dans des circonstances même où le plus simple usage de leur petit bon sens pourrait leur montrer qu'il n'y a ni raison ni prétexte d'avoir peur?

Pourquoi d'autres ont-ils peur dès qu'ils se trouvent seuls, fût-ce en plein jour, et cela dans une chambre bien close, alors même que leurs parents ou les personnes préposées à la garde de leurs précieuses petites personnes se tiennent dans la chambre à côté, ou dans la maison, et leur ont dit qu'ils pouvaient être tranquilles?

Cela tient sans doute, en partie, à la sensibilité de l'organisation nerveuse des enfants, à leur faiblesse, au besoin touchant d'une incessante protection; mais cela tient surtout à ce qu'à force de leur montrer les craintes qu'on a pour leur fragilité, on leur ôte toute confiance en eux-mêmes; cela tient aussi à ce qu'on ne les a pas bien convaincus que, puisqu'on redoute autant et plus qu'eux le mal qui pourrait leur arriver, du moment où on les laisse seuls, c'est qu'ils peuvent y être laissés sans danger.

J'ai connu une petite fille, très-gentille cependant, qui se croyait perdue dès qu'elle était toute seule. Ses nerfs surexcités peuplaient de monstres le lieu qui lui était le plus familier, sa petite chambre. Il fallait toujours laisser la porte ouverte.

J'en ai connu une autre qui croyait qu'elle ne pouvait pas dormir sans que la lampe ou la bougie fût allumée. Mademoiselle voulait-elle voir clair en dormant, ou bien espérait-elle que, s'il arrivait quelque chose, cette bougie, cette lampe allumée la défendrait? Elle était trop raisonnable déjà pour le penser. C'est égal, il lui fallait de la lumière même pendant son sommeil.

J'en ai connu une, enfin, qui ne voulait jamais rester seule du tout avec ou sans lumière. Le soir, quand il s'agissait, à neuf heures, de la coucher, et après qu'elle avait été bien bordée dans son petit lit, bien embrassée par sa maman, si sa maman voulait passer au salon, pour y attendre l'heure de se coucher elle-même, c'étaient de vrais désespoirs.

Un jour ses parents furent forcés de faire une absence d'une semaine. Ce fut sa tante qui remplaça sa mère dans les soins à donner à Mlle Henriette. La tante résolut de profiter de l'occasion pour la guérir de ses frayeurs enfantines, et mettre fin aux exigences qui en étaient la suite.

Dès le premier soir, quand Mlle Henriette fut dans son lit, elle lui dit bonsoir, mit dans son petit bec rose un bonbon bien facile à faire fondre et fit mine de passer au salon.

« Je ne veux pas, je ne veux pas que tu t'en ailles, reste avec moi, tante Abeille, Henriette ne veut pas être seule quand elle dort.

— Les petits enfants ne sont jamais seuls, lui dit sa tante. Dès qu'ils sont endormis, le bon Dieu est là qui veille sur eux.

— Mais où est-il, le bon Dieu ? dit Henriette.

— Tiens, lui dit sa tante un instant embarrassée de la question, il est là. »

Et elle lui montra un petit crucifix d'ivoire qui était suspendu au mur à côté de son petit lit.

Mlle Henriette ne se tint pas pour battue. Re-

gardant le crucifix avec des yeux pleins de larmes:
« Oh! ma tante, s'écria-t-elle, il est trop petit ce
bon Dieu-là! Henriette aimerait mieux une grande
personne.

— Tu te trompes, dit la tante Abeille avec beaucoup de sang-froid. Ce petit bon Dieu-là est très-grand et si puissant que c'est lui qui veille sur ton papa et sur ta maman, sur moi aussi et sur toute la maison, et même sur tout l'univers. »

Et sans entrer dans des explications au-dessus de l'âge de Mlle Henriette, qui avait quatre ans à peine, la tante Abeille s'en alla le plus tranquillement du monde au salon.

Quand Mlle Henriette vit que décidément elle n'avait que le petit bon Dieu de sa tante pour sa sûreté, comme elle savait que sa tante ne mentait jamais, elle en prit son parti; elle récita au petit bon Dieu une prière que bien certainement il entendit, car elle s'endormit avant même qu'elle fût achevée, et à partir de ce jour la confiance que les enfants n'étaient jamais abandonnés de Dieu, même pendant leur sommeil, suffit à la rassurer. Elle n'eut plus jamais peur.

J'ai rapporté le petit propos de Mlle Henriette parce que je suis bien sûr qu'il n'a pas fâché le bon Dieu et qu'il n'a pu que faire sourire les âmes vraiment pieuses. Mais j'en veux prendre texte pour dire qu'on ne saurait trop tôt, par des moyens à la portée de leur âge, réagir contre les terreurs des enfants. Il faut, dès le berceau, habituer les plus petits à ne point s'inquiéter dès que les personnes qui les aiment leur ont dit : « Soyez tranquilles. » C'est par la confiance en ce qui leur est connu qu'ils seront débarrassés de leur peur de l'inconnu.

Cette confiance, il faut la mériter en ne la trompant jamais.

Ces terreurs irréfléchies poursuivent les enfants plus longtemps qu'on ne pense : elles troublent leur cerveau, elles agissent de la façon la plus fâcheuse sur leurs nerfs pendant de longues années. Il est beaucoup de jeunes filles, bien plus, beaucoup de jeunes garçons, qui arrivent tout près de l'âge viril sans avoir pu s'en défaire, et qui ne passeraient ni dans un grand bois, ni dans un lieu sombre sans frissonner.

Il importe donc de rassurer dès l'âge le plus tendre les enfants contre les périls imaginaires. La vie leur garde assez de dangers réels pour qu'ils n'usent pas leur courage contre les fausses peurs.

C'est à quoi on arrivera si, dès les premiers pas, on leur présente les choses sous leur jour le plus simple; si, à la première occasion, comme on le fait pour les jeunes chevaux ombrageux, on les conduit tout droit sur l'apparence, sur l'ombre qui les inquiète, et si on leur fait toucher du doigt que l'objet de leur peur n'est rien,—n'a rien qui doive les troubler.

On y parviendra enfin si on est calme et naturel avec eux, si on leur inspire une foi, une confiance absolue en Dieu, qui veille sur les plus petits du haut du ciel, et dans leurs parents, qui n'ont qu'une pensée, c'est qu'il ne leur arrive jamais de mal ici-bas.

LES PETITS RUISSEAUX

ET LES PETITS ENFANTS.

Les petits ruisseaux font les grandes rivières. Cela veut dire que les efforts individuels font les grands résultats, qu'il ne faut mépriser personne ni soi-même, qu'il faut amasser goutte à goutte les qualités morales, la science et le savoir, parce que c'est faire acte d'honnête homme que de s'efforcer de devenir un brave homme et un homme éclairé. L'avenir appartient aux écoliers. Si tous les écoliers travaillent, l'avenir du pays s'en ressentira. Les générations nouvelles ajouteront à la gloire et au bonheur de la patrie. C'en serait fait de la nation si pendant vingt ans tous les écoliers étaient des paresseux. Il n'est pas un pays au monde qui ne tombât en décadence si les petits enfants s'entendaient tous un beau jour pour être ignorants.

C'est donc être un mauvais citoyen, c'est ne pas aimer la France, c'est ne pas aimer l'humanité, dont le sort est lié à la France, que de ne pas apprendre sa leçon, que de ne pas faire son devoir, que de ne pas avoir, dès le collége, que dis-je, dès la petite école, l'amour du bien et du bon, l'amour du devoir.

Si toutes les gouttes d'eau de la Seine étaient empoisonnées, personne ne pourrait plus vivre sur ses bords, Paris cesserait d'être Paris. La qualité de la goutte d'eau n'est donc point indifférente à la qualité de la rivière. Le plus petit garçon est quelqu'un qui deviendra quelque chose d'important : un homme! un citoyen! La plus petite fille est une femme qui doit à tous et à toutes d'être un jour une bonne et utile femme, une femme exemplaire.

Quand un fruit se gâte à l'arbre, quand il se gâte dans un panier, il fait du tort aux autres que la contagion du mal peut gagner.

Un enfant qui se gâte ne fait donc pas de tort qu'à lui-même, il nuit à tous. Or, si par étourderie on peut oublier son propre bien, et ainsi faire une faute, — oublier le bien de tous en même temps, c'est faire une plus grande faute, et je dirais que c'est faire un crime si, étant averti du danger d'égoïsme qu'il y a à mal faire, on s'obstinait dans la voie du mal.

LES RICHES ET LES PAUVRES.

« Pourquoi tous les enfants ne sont-ils donc pas riches ? demandait un petit garçon à son père ; ça serait mieux !

— Mon fils, répondit le père, autrefois il n'y avait pas de pauvres ; tous les hommes étaient aussi riches les uns que les autres : Dieu l'avait voulu ainsi ; mais un jour qu'ils étaient méchants, ils se battirent entre eux, et le plus fort prit la part du plus faible.

« C'est alors qu'il y eut des hommes et des enfants pauvres. Les riches essayèrent de réparer le mal en s'imposant l'obligation de faire l'aumône à ceux qu'ils avaient dépouillés ; on nomma vertu ce qui n'était que devoir. Mon fils, quand tu fais la charité à un enfant pauvre, ne crois pas que tu donnes seulement ce qui t'appartient, tu lui rends un peu de ce que ses premiers parents ont perdu.

« Un grand saint l'a dit : l'aumône n'est qu'une restitution. »

LE MENDIANT ET L'ENFANT.

« Monsieur le pauvre, — pourquoi donc que tu es pauvre? disait un petit enfant à un vieillard qui tendait la main au coin d'une église. Est-ce parce qu'au commencement du monde, comme je l'ai lu l'autre jour, les hommes n'ont pas tous été bons et qu'ils se sont battus, et que les plus forts ont pris la part des plus faibles?

— Non, dit le pauvre, dont l'œil terne se ranima et sur les lèvres duquel, à cette question de l'enfant, passa un triste mais doux sourire. Non, mon enfant. Cette histoire des premiers temps de la vie de l'homme, cette histoire des temps où la civilisation n'avait pas corrigé la barbarie, n'est pas l'histoire des hommes qui vivent aujourd'hui. S'il y a eu des hommes autrefois qui ne sont devenus pauvres que parce qu'ils ont été vaincus, puis opprimés, que parce que la part de la terre, que Dieu avait faite assez grande pour qu'elle pût nourrir tous ses enfants, leur a été enlevée, il n'y en a plus guère aujourd'hui, il n'en est plus, du moins dans notre pays de France. Les pauvres d'aujourd'hui, les vrais pauvres ne le sont, pour la plupart, que par suite de revers de fortune, de maladresses, d'erreurs, de maladies et d'accidents, dont les autres hommes, leurs semblables, ne sont pas coupables. Quant à moi, mon enfant, et je vais te faire cette confession pour que tu t'en souviennes, si je suis pauvre et réduit à implorer la charité, — ce qui est dur, encore bien qu'on l'ait mérité, — c'est qu'en effet je l'ai mérité par ma mauvaise conduite.

« Mon père avait travaillé pour me donner le premier des biens, l'éducation. Il est mort croyant être arrivé à son but. J'étais instruit parce que Dieu m'avait doué d'intelligence et de facilité pour apprendre, mais j'étais paresseux. J'ai cru que comprendre était tout, qu'appliquer ce qu'on sait à un travail utile aux autres et fructueux pour soi-même était au-dessous de moi. — J'ai rougi du travail qui pouvait me faire vivre honorablement, j'ai oublié la loi de Dieu qui dit à l'homme : « Tu « gagneras ton pain, » et je n'ai pas eu le courage de gagner le mien. La faute de la paresse m'a conduit à beaucoup d'autres fautes ; la misère et l'opprobre, pire que la misère, sont bientôt tombés sur moi comme deux châtiments mérités. Je n'ai pas compris le vrai sens des leçons de la faim, et au lieu d'user de la force de mes bras pour un labeur honnête, un jour, jour fatal, j'ai eu la lâcheté de tendre la main.

« La mendicité, à partir de ce jour, a pour moi remplacé le travail; la pauvreté est devenue mon état; j'ai spéculé, en la trompant, sur la pitié publique; j'ai pris, moi, pauvre volontaire, pauvre par paresse, la part de la pauvreté involontaire. De ce jour-là j'ai vécu comme un criminel, car ce qu'on me donnait même ne m'appartenait pas. — Ce crime ne m'a pas porté bonheur. Bien qu'aujourd'hui je sois vieux et pour de bon hors d'état de travailler, ma conscience est incessamment bourrelée de remords. Je regrette amèrement ma vie si mal employée, et lorsque j'en suis réduit, comme aujourd'hui, à rougir devant la question naïve d'un enfant, je me dis que mon repentir même n'est point une expiation suffisante, car de fait, par mon passé, je ne mérite la pitié de personne.

— Faut-il donc, dit l'enfant, ne donner qu'à ceux qui sont malades, qui ont les bras cassés, ou les jambes, qu'aux estropiés ou aux aveugles, et si je te donne mon sou, je ne ferai donc pas une bonne action?

— Mon enfant, dit le vieillard, dont la voix

s'était altérée profondément, l'aumône, l'aumône sainte, encore bien qu'elle puisse tomber dans la main d'un indigne, est toujours pour celui qui la fait, une bonne action. Mais peut-être ferais-tu mieux, en effet, sachant ce que je viens de t'apprendre, de la donner à un moins coupable que moi. Tiens, vois là-bas, de l'autre côté de ce portique, cette femme qui est aveugle; elle a usé ses yeux par un travail surhumain pour nourrir son vieux père, qui était infirme; donne-lui ton sou — et oublie-moi !

— Ah! dit l'enfant, prends mon sou tout de même, monsieur le pauvre, car tu as l'air bien malheureux aussi, et je suis sûr, par ce que tu viens de me dire, que si les forces te revenaient tu ne serais plus paresseux. D'ailleurs, ajouta-t-il pour répondre au refus du vieillard, j'ai un autre sou dans ma poche pour la pauvre femme que tu me recommandes.

— Dieu te bénisse, enfant, dit le pauvre en cachant ses larmes dans ses mains; Dieu te bénisse ! tu comprends la charité mieux que je n'ai compris la vie. »

Le père de l'enfant était derrière lui pendant ce dialogue, sans que son fils l'eût aperçu.

« Ce pauvre t'a dit vrai, mon fils, lui dit-il, excepté sur un point cependant. Sans doute il n'y a plus autant d'iniquités sur la terre qu'aux temps où l'éducation et la religion n'avaient point encore éclairé les hommes. Mais malheureusement il est encore des contrées dans ce vaste monde où le faible est opprimé par le fort; il y a encore des vaincus, des proscrits, des esclaves, des races et des individus qui n'ont mérité ni leur défaite, ni la perte de leur patrie, ni celle de leurs biens, ni leur servitude. La perfection n'est pas de ce monde, mon cher enfant; mais si quelque chose pouvait nous en faire approcher, ce serait la bonté et la charité.—Ces questions, mon fils, sont bien graves pour tes jeunes oreilles, mais ton cœur t'apprendra à les comprendre. Il n'est permis à personne de fuir devant elles; et puisque l'occasion en est venue, je ne suis pas fâché qu'elles aient de bonne heure frappé ton jeune esprit. »

UNE PROMENADE

SUR LE CŒCILIENBERG.

I

L'ABBAYE, LE MOULIN ET LA MONTAGNE

A un quart de lieue de Baden, à l'extrémité de la belle allée de Lichtentahl, en regard des jolis jardins de l'hôtel de l'Ours, il y a une petite montagne qui, pour n'être surmontée d'aucune ruine ni égayée d'aucune restauration, ne mérite pas cependant l'oubli où la laissent les visiteurs attitrés de Baden; je parle des visiteurs qui estiment, en vrais Parisiens qu'ils sont, qu'il n'y a de lieux charmants que ceux dont on leur a trop parlé. Grâce à Dieu, il y a même à Baden des montagnes modestes, des montagnes-violettes, des montagnes ignorées, qui mettent autant de soin à garder leurs retraites que d'autres en prennent à les livrer.

Le Cœcilienberg n'a donc pas la célébrité de la montagne du Vieux-Château. Il ne donne ni à boire ni à manger; il n'a que ses ombres épaisses, que ses points de vue tour à tour souriants ou mélancoliques, que ses sentiers peu battus à offrir au promeneur.

Ce n'est pas un lieu profane, c'est une sorte de petit mont sacré. Si des chants pieux, si des chants célestes s'élèvent parfois de sa base à sa cime et se mêlent aux soupirs de ses arbres avant de s'en aller jusqu'à Dieu, c'est que la vieille église de Lichtentahl dort à ses pieds, c'est qu'il domine le couvent le plus artiste du monde, un couvent qui, de temps immémorial, est comme un conservatoire de musique à l'usage des nombreuses princesses allemandes qui fuient le monde et ses périls. Quand on veut voir tout de suite le Cœcilienberg par son meilleur aspect, on traverse la grande cour toujours ouverte de l'antique abbaye, on prend à droite de la vieille et jolie fontaine, du côté du moulin dont la roue discrète est chargée de moudre sans bruit le pain et les kougloffs des nobles religieuses, on entre dans la maison du meunier, et l'on se trouve inopinément au bout d'un passage un peu sombre, dans un des coins les plus pittoresques, dans un des asiles les plus mystiques du monde. Le monastère tout entier est derrière vous avec ses silences. Ses murs gris vous séparent subitement de l'univers habité, les eaux fraîches de l'Oosbach glissent à vos pieds, vous marchez sur une écluse, vous ne tenez plus au monde habité que par une planche, la montagne seule est devant vous avec ses pentes pittoresques. L'ascension n'est pas rude, elle est charmante. Le rideau vert des grands arbres se déchire, à chaque tournant, au profit de vos yeux; les rochers complaisants s'entr'ouvrent pour vous laisser passer. En cinq minutes, on est dans une solitude profonde, au cœur d'un des plus délicieux secrets que garde Baden pour les bonnes âmes que le tapage des jardins de la Conversation importune. Le pays d'alentour descend sous vos pieds à mesure que vous montez. Chaque regard en arrière soulève un voile et développe un horizon nouveau. Continuez cette facile grimpée, vous ne rencontrerez personne : vous êtes à une demi-heure de Baden, à cent lieues des jeux.

Il s'ensuit que le Cœcilienberg est une promenade en réserve pour les familles qui viennent demander autre chose que l'éclat des villes aux sapins de la Forêt-Noire. Il n'est pas mauvais qu'on sache qu'il se trouve, même à Baden, un certain nombre de gens avisés qui aiment Baden pour ce que Baden a de bon, qui veulent l'ignorer pour ce qu'il a de mauvais, qui passent par-dessus Baden comme si Baden n'existait pas, et s'en viennent tout droit à Lichtentahl, — pour y louer un chalet.

J'engage mes lecteurs, si l'envie leur prend d'être très-heureux, à user de cette recette. Qu'ils conduisent leurs petits enfants dans cet Éden, qu'ils donnent, s'ils le peuvent, ces vacances de choix à leurs écoliers fatigués, et je suis assuré d'avance que les plus difficiles s'écrieront : « Ah ! que Baden est charmant ! L'enthousiasme de certains chroniqueurs nous l'avait fait si inquiétant, si plein de bruits et de vilains bruits ! En vérité, ils lui avaient fait grand tort. »

Oui, grand tort. Mais patience : le démon qui a fait de Baden un lieu égal aux pires, l'abandonnera bientôt. Les jeux partis, rien ne sera comparable à ce pays enchanté. Vous reviendrez de la Suisse saxonne, des vallées de la Thuringe, des montagnes du Haarts, vous trouverez Baden exquis ; d'Italie ou de Suisse, Baden sera encore un petit lieu d'élection ; de n'importe où, Baden vous ravira.

II

UNE CANNE CASSÉE SUR LES REINS D'UNE FOURMI.

J'avais fait ce que je conseille ici à tous de faire je m'étais établi pour une saison à Lichtentahl j'avais depuis un mois promené à pied mon petit monde dans tous les coins et recoins de cet adorable pays. Ce jour-là, le temps était à demi beau, il ne fallait pas penser à une longue excursion. « Montons sur le Cœcilienberg, » avaient dit les enfants, et nous étions partis. Les jeunes jambes de Georges et de Raoul avaient devancé les miennes. « Papa, m'avait dit Georges, nous allons couper au court, monter à pic, pour avoir plus tôt la belle vue de là-haut, et pour aussi nous mieux reposer dès que nous serons arrivés.

— Soit, avais-je répondu : fatiguez-vous plus vite, pour vous reposer plus longtemps, ce calcul est de votre âge; et en tout cas monter à pic en est la gloire ! »

Les enfants étaient en avant, s'aidant sans besoin de leurs petits bâtons ferrés. Quand j'arrivai, après eux, au sommet, je ne les aperçus pas; mais en faisant quelques pas pour contourner un vieux roc, j'entendis deux voix très-animées qui n'étaient certes pas celles de deux mioches au repos. C'étaient pourtant celles de mes deux bambins.

Ils se chamaillaient. Qu'est-ce qui avait pu mettre la discorde entre ces frères, d'ordinaire si unis?

Quelques enjambées me conduisirent à côté d'eux sans qu'ils m'eussent vu venir.

Raoul, l'aîné et le plus froid des deux, son bâton à la main, frappait à tour de bras un monticule de fine terre que recouvrait une couche légère de brindilles sèches de sapin.

Raoul était furieux, — le petit Georges était exaspéré de la fureur de Raoul.

« Qu'y a-t-il? » dis-je aux enfants.

Raoul était trop en colère pour parler.

« Veux-tu que Georges me dise de quoi il s'agit?

— Oui, me répondit Raoul; mais après, s'il n'a pas bien dit, je répondrai.

— C'est entendu.

— Papa, me dit Georges, M. Raoul a de bien bonnes jambes, il a monté encore plus vite que moi; mais, lorsqu'il est arrivé, il était si essoufflé que, ne pouvant faire un pas de plus, il s'est laissé tomber, sans regarder, à la première place venue. Quand je l'ai rejoint, je l'ai retrouvé très en colère. Il s'était couché sur une fourmilière; il était couvert de fourmis, qui l'avaient piqué pour le forcer à aller plus loin et pour l'empêcher d'abîmer davantage leur maison.

« Afin de se venger des piqûres, Raoul a pris sa canne, et il a détruit en un instant cette belle grande fourmilière qui avait dû coûter bien de la peine à établir à toutes ces pauvres petites bêtes.

« J'ai voulu le retenir ; je lui ai dit : — Il fallait t'aller coucher plus loin. C'est toi qui as tort, les fourmis sont dans leur droit, elles ont raison. — Raoul n'est pas de mon avis. »

En ce moment, une fourmi plus rancunière encore que les autres, et qui s'était cachée entre la cravate de mon grand garçon et la peau fine de son cou, le piqua vigoureusement.

Mon arrivée avait suspendu les représailles de Raoul; mais, se sentant piqué, sa colère le reprit. Il donna un nouveau, un dernier, un si grand coup de canne sur la fourmilière, que sa canne se rompit net sous son effort. Un petit caillou, que la providence des fourmis avait sans doute placé à dessein sous l'extrémité de son bâton, avait reçu le coup ; la canne, portant à faux, s'était brisée.

Les fourmis étaient les plus fortes. Comme Gulliver vaincu par les Lilliputiens, Raoul, désarmé, était forcé d'avouer sa défaite. Il était rouge de dépit.

« Si tu crois, dit-il à Georges, qu'il est agréable de s'endormir sur un tas de fourmis!

— Mon petit Raoul, lui dis-je, si au lieu d'être dans un pays où l'homme, et même l'enfant, n'a rien à craindre des animaux, tu étais dans une contrée où il y a des éléphants, et si un éléphant, pendant que tu dors dans les hautes herbes, se couchait sur ton petit individu sans te voir ; si, de plus, en essayant de te débattre sous l'énorme masse, tu avais gêné son repos, et si l'éléphant te répondait : — « Si tu crois que c'est agréable d'essayer de dormir sur un petit garçon turbulent ! »

— Qu'est-ce que tu dirais du propos de l'éléphant ?

— Je dirais que l'éléphant est un très-méchant personnage, dit Raoul...

— Eh bien ! lui dis-je, pour les pauvres petites fourmis tu es l'éléphant égoïste et cruel. »

Raoul baissa le nez.

L'enfance a un grand tort, elle comprend bien mieux la gravité du mal qu'elle subit que la gravité de celui qu'elle fait souffrir aux autres.

Cette fois, le petit Georges avait raison. Raoul, qui était un brave garçon, ne demanda pas mieux que de le reconnaître.

III

LA LIGNE DROITE.

Le hasard fournit bientôt une revanche à Raoul. On était monté au plus haut du Cœcilienberg.

L'heure du dîner arrivait. La maman pouvait être inquiète d'une promenade trop prolongée. Il s'agissait de redescendre, et vite.

« Par où descendrons-nous? dirent les deux enfants.

— Par là, dit Georges, toujours à pic!

— Non, dit Raoul, par là nous trouverions nos rochers trop difficiles et une pente trop roide.

— Bah! dit Georges, ça ne fait rien; la ligne droite est toujours la meilleure. Je veux arriver avant papa pour prévenir maman. »

L'intention était bonne. Je laissai à chacun le choix de son chemin, tout en recommandant la prudence à maître Georges.

Raoul et moi nous prîmes le plus long. Le rendez-vous avait été donné au kiosque qui marque l'angle des deux vallées. Au lieu d'y trouver Georges, qui avait pris le plus court, nous arrivâmes les premiers.

Georges ne parut que dix minutes après. Il arrivait clopin-clopant. Pauvre garçon! Le plus court pour lui avait été le plus long: la ligne droite, cette fois, l'avait mal servi. Il avait rencontré une descente trop rapide; son pied avait glissé, il était tombé. Bref, il revenait très-endommagé.

« Assieds-toi, mon cher enfant, lui dis-je.

— Oh non! me dit-il vivement. Tout, excepté de m'asseoir! »

Je m'aperçus alors que le fond du pantalon de maître Georges avait extrêmement souffert dans l'aventure.

« La ligne droite, lui dis-je, mon cher mignon, est toujours la meilleure en morale, oui., et, quoi qu'il doive en coûter, il ne faut jamais s'en écarter; mais dans l'ordre matériel elle est fort sujette à caution, ne l'oublie pas. Quand on cite un axiome, il faut le comprendre. Lorsqu'un petit garçon veut enjamber une montagne, il n'a de grand que l'ambition. Si, au lieu de proposer l'impossible à ses petites jambes, il se contentait de tourner la montagne, il serait dans le vrai! De même pour les précipices: quand le pont manque, il faut le remplacer par la raison, qui fait sagement le tour des obstacles quand elle n'a pas d'autre moyen de les vaincre.

— Si j'avais eu mon vieux pantalon, me répondit maître Georges d'un air qu'il essayait de rendre crâne, ça m'aurait été bien égal, ce qui m'est arrivé! Mais qu'est-ce que maman va dire, qui m'avait défendu ce matin de mettre mon pantalon neuf?... »

La morale des faits, la morale des pantalons déchirés, la morale pratique des mères attentives, parlait plus haut que celle de mon sermon. J'avais eu le tort grave de l'oublier

IV

LE MILAN.

Georges avait su gré à Raoul de ne rien dire pendant que je l'avais prêché. La leçon finie, il s'était écarté pour remettre un peu d'ordre dans son esprit et des épingles dans certaines parties de sa toilette.

A l'endroit où elle devait se pratiquer, l'opération n'était pas facile sans secours. Georges, en tout cas, prenait son temps, et j'allais, pour l'abréger, dire à Raoul d'aller au secours de son frère, quand tout à coup nous entendîmes la voix très-émue de Georges :

« Papa ! Raoul ! s'écriait-il, venez bien vite, je vous en prie.

— Est-ce que Georges se serait piqué ? dit Raoul. Mais non, Georges est très-courageux, et il ne crierait pas comme cela pour une piqûre d'épingle. »

Quand nous fûmes arrivés au point d'où partaient les cris, nous aperçûmes Georges qui, une pierre dans chaque main, s'escrimait de son mieux à les lancer à la cime d'un gros arbre.

« Oh ! viens vite, papa, me dit-il, viens, Raoul ; c'est un méchant grand milan qui tournoie au haut de cet arbre. Il y a un nid : entends-tu le père et la mère qui n'ont que leurs cris pour défendre leurs petits? »

Nous prîmes tous des pierres; chacun de nous cria en outre de son mieux pour forcer à la fuite celui que les enfants appelaient le brigand de l'air, et nous eûmes la satisfaction de réussir.

Les enfants étaient ravis. Le milan ne l'était pas. Abandonnant sérieusement son projet, il avait disparu au loin derrière le Mercure.

Dans la joie du triomphe, Georges, oublieux de ses blessures, avait essayé une culbute.

« Aïe! aïe! » s'écria-t-il en se relevant avec l'élasticité d'une balle.

« Maudites épingles! » dit-il à Raoul en faisant une forte grimace.

Et comme j'allais le plaindre: « Bah! ajouta-t-il, ce n'est rien; ce qui est quelque chose, c'est que l'ennemi est en fuite. »

V

LA MATIÈRE ET L'ESPRIT.

Je ne voulus pas tout d'abord gâter la satisfaction de Georges et de Raoul. J'avais fait comme eux d'ailleurs, et si c'était à recommencer, je recommencerais, et cependant...

« Que cherchait le milan? me dis-je tout en redescendant jusqu'au chalet, où notre dîner nous attendait. Son dîner... celui de ses enfants peut-être !... Mais qu'est-ce que je fais dans ce moment, si ce n'est ce que faisait cet oiseau par nous si malmené tout à l'heure? Qu'aurons-nous sur notre table dans un instant? Du bœuf, du mouton, du poisson ! Est-ce que, il y a une heure ou quelques jours, tout cela ne vivait pas aussi bien que les oiseaux que le milan convoitait pour son repas d'aujourd'hui ? Sans doute, il y a un boucher, un pêcheur entre nous et les êtres à qui leur vie est ôtée pour conserver la nôtre! Sommes-nous pour cela en droit de dire aux aigles et aux vautours : Vous êtes des bandits? »

Et une voix secrète me disait : « De bandits, à aucun degré de l'échelle des êtres, il n'y a que ceux qui font le mal pour le mal lui-même, avec la conscience de le faire. Si depuis l'homme jusqu'à l'animal, si depuis l'animal jusqu'à la plante, jusqu'à l'herbe des champs, Dieu a chargé la mort de nourrir la vie, s'il lui a confié le soin de perpétuer l'univers qu'il a créé par la transformation, par la rénovation incessante de tout ce qui la compose, s'il a entendu que la matière vivante, comme le phénix, qui ne peut renaître que de ses cendres, ne pût se refaire, ne pût revivre qu'aux dépens de la matière qui a vécu, c'est donc qu'après la naissance, la mort est dans l'ordre matériel le plus normal, le plus nécessaire des faits normaux de la vie. Mais Dieu soit loué, dans l'ordre moral il n'y a point de mort, l'âme n'a rien à demander à la destruction ; elle n'a pas besoin que rien meure pour éterniser sa durée; elle est immortelle par son essence, par cela seulement qu'elle est immatérielle ; et si quelque chose pouvait prouver combien l'esprit l'emporte sur la matière, c'est à coup sûr cette immortalité naturelle des âmes qui ne coûte la vie à rien ni à personne. »

VI

LE JEU.

Nous approchions du chalet. — Je rencontrai le bon docteur K..., qui rentrait chez lui la tête inclinée sur la poitrine, le visage renversé. « Qu'avez-vous, lui dis-je, mon cher docteur?

— Ne me faites pas parler, me répondit-il tout bas. Je viens d'être appelé auprès d'un malheureux homme qui, après avoir perdu tout ce qu'il possédait à cette abominable roulette, a attenté dans son désespoir à ses jours. Il est mort repentant, mais il est mort. Il a fui devant la vie, quand c'est devant la faute qu'il aurait dû s'arrêter. Ah! c'est horrible! Le jeu jette de l'argent dans nos pays, c'est vrai, mais pour un peu de bien-être matériel qu'il nous apporte, que de passions mauvaises il développe dans nos pauvres campagnes ! Que de sinistres exemples, quel déficit, quelle ruine morale nous laissent ces gains sans travail, ces chutes qu'aucun combat ne relève ! Mais patience, dit-il encore, patience, et avec sa cause le mal disparaîtra peu à peu. Nous verrons bien si cette belle nature ne peut pas se passer pour plaire de ce que le plus exécrable des vices lui ajoute, et si vraiment on vient à Baden parce que Baden est un des plus doux pays de ce monde, ou parce qu'on en a fait le plus éclatant des tripots.

— Êtes-vous bien sûr, docteur, que le jeu, relégué loin des grandes capitales, surveillé d'ailleurs de façon à ce qu'il soit du moins, ses conditions acceptées, forcé d'être loyal, êtes-vous bien sûr qu'il faille l'anathématiser à ce point ? Qui est-ce qui perd ici son argent ? Des gens riches, des désœuvrés, des fous, des sots et quelques drôles qui le perdraient ailleurs.

— Si j'en suis sûr ! dit le docteur en bondissant. Si les oisifs, les fous, les sots, — je ne parle pas des drôles, dont personne n'a à s'inquiéter, — si ces gens-là ne venaient perdre dans les villes de jeu que leur argent, peut-être n'y trouverais-je rien à reprendre ; mais ils perdent mieux que cela, ils y perdent ce qui leur reste de raison et de cœur. Écoutez-moi. Il y a quelques années, un de mes amis, très-malade, me pria de l'accompagner dans une ville d'eaux qui n'est pas Baden, et où, à côté du jeu, certaines maladies trouvent du moins des eaux énergiques, salutaires, qui peuvent les guérir. Je passai cinq mois dans cette ville. Le hasard fit que j'assistai à ce qu'on appelle le dernier jour de la roulette, à la fermeture des jeux.

« Il venait d'être constaté que le bénéfice de la banque avait été de 1,800,000 francs.

« Des millions qui allaient se perdre, des centaines de mille francs qui allaient se gagner, avaient donc passé par là.

« Un tronc, un tronc très-visible, POUR LES PAUVRES, était placé au bas de l'escalier qui avait conduit les joueurs au trente-et-quarante et à la roulette. Ce tronc, qui ne s'ouvrait qu'une fois par année, qui avait toute une saison pour se remplir, ce tronc fut ouvert devant moi.

« Il n'est pas possible, me disais-je, que cette boîte de bois ne soit pas pleine jusqu'au bord de l'obole des heureux et des malheureux qui ont monté cet escalier, et nous allons voir là l'aumône du mal au bien.

« Ce tronc ouvert, on y trouva QUATORZE FRANCS, oui, *quatorze francs (historique)*!

« Une quête dans le plus humble cabaret eût produit davantage.

« Le joueur, mon ami, le joueur heureux, aussi bien que le joueur malheureux, croyez-moi, ce n'est plus un homme, c'est un être féroce; ce n'est plus de la chair, c'est du rocher. Non, non : condamnez le joueur à jouer dans l'ombre, dans le mystère, avec la peur de s'avilir, avec la terreur d'être volé : là est la morale. Quand on aura forcé les vices au secret, on aura du moins fait ce bien aux vertus, qu'elles ne rougiront pas de se faire voir et de prendre de temps en temps leur place au même soleil. »

SI LES PARENTS

ONT DES DÉFAUTS.

I

UN DÉJEUNER DANS LES BOIS DE BELLEVUE.

Quoi! les parents eux-mêmes pourraient avoir des défauts! Est-ce possible? Suis-je sage de poser cette question? Vaudrait il mieux ne pas la soulever ?

Si je la pose pour la résoudre négativement, pour me donner la joie de proclamer qu'un papa n'a jamais de défauts, qu'une maman est toujours parfaite, ferai-je l'affaire des papas et des mamans, qui savent bien, eux, qu'il n'est presque rien de parfait sous le soleil? Serai-je cru par eux ? Serai-je cru même par les enfants ?

Si je conviens, au contraire, qu'ils peuvent en avoir, est-ce que cet aveu ne va pas leur faire du tort dans l'esprit des enfants et ôter au respect qui leur est dû ? La situation, je dois le dire bien vite, ne me paraît pas aussi embarrassante qu'on pourrait le croire, et je m'en tirerai, comme on se tire de tout, par la vérité.

Et d'abord, je suis bien obligé de l'avouer, il y a en effet des parents qui n'ont aucun défaut, qui n'en ont absolument aucun, ni un gros, ni même un petit, et qui, sur ce point-là, défieraient les recherches d'un plus enragé chercheur de défauts que moi-même. Je sais des mères accomplies, je sais même des pères auxquels il n'y a rien à redire, et que leurs petits enfants devraient adorer à genoux, comme les vrais représentants de la bonté et de la perfection de Dieu sur la terre. J'en sais de nombreux comme cela, et mes petits lecteurs et mes petites lectrices en connaissent aussi, j'en suis sûr. Mais j'en sais, par contre, quelques-uns dont on ne peut pas, hélas! faire un éloge aussi complet.

Oui, il y a des papas, que dis-je? il y a même des mamans, il y a peut-être surtout de pauvres bonnes petites mamans qui ne sont pas tout à fait sans défauts.

Ces défauts ne sont pas nombreux, je le sais ; je crois même qu'en y regardant de près, on pourrait dire qu'elles n'en ont presque jamais qu'un, mais il est si gros, celui-là, si funeste, si dangereux, si terrible par ses conséquences, bien qu'il ait les doux airs et les bonnes petites mines d'une qualité, qu'à lui seul il contient tous les autres.

Si les enfants qui me lisent, aussi bien que les parents qui m'écoutent, avaient comme moi le sentiment du mal qu'il peut leur faire, je suis sûr qu'ils n'auraient rien de plus pressé que de s'entendre une bonne fois pour le chasser à tout jamais de la maison, ce défaut capital, comme le plus redoutable ennemi du bonheur.

Il n'est pas une famille, en effet, de celles où il a ses entrées, qu'il ne doive remplir tôt ou tard de deuil, ou tout au moins de chagrins.

Ce défaut, vous l'avez tous deviné, c'est la malheureuse faiblesse qu'ont tant de papas et de mamans de *gâter* horriblement messieurs leurs petits garçons et mesdemoiselles leurs petites filles ; c'est la *gâterie !!* oui la *gâterie*, que, malgré l'épouvante que le mot seul m'inspire, je suis bien obligé de nommer par son vilain nom.

Gater !! est-ce que cet horrible mot ne vous dit pas combien horrible est la chose ?

II

J'en étais là de ma démonstration quand il se fit subitement dans mon escalier un si grand vacarme que je crus que c'était pour le moins un régiment de cavalerie qui l'escaladait au grand galop.

En un instant, qui fut prompt comme l'éclair, j'entendis comme un grondement de tambours sur ma porte : « plan ! plan ! ran plan plan !!! » interrompu sans la moindre méthode par des coups de grosse caisse ou de canon : « boum ! boum ! pataboum !!! »

A cet avertissement terrible succéda un tapage infernal de voix claires et perçantes comme des trompettes, qui me criaient sur tous les tons à la fois :

« C'est dimanche ! c'est dimanche ! on ne travaille pas le dimanche ! le dimanche c'est pour s'amuser, papa ! Papa ! mon oncle ! parrain ! ouvre-nous ! C'est Suzanne, c'est Pierre et puis Philippe avec Léon, André, Raoul et le petit Toto qui viennent passer la journée, toute la journée à Bellevue. Es-tu content ? Tu vas venir dans le bois avec nous. C'est décidé. Nous déjeunerons sur l'herbe, du côté du Cèdre. Maman a dit oui. On est allé chercher l'âne pour porter les provisions, tu n'auras rien à porter. Dépêche-toi d'ouvrir, petit père, Suzanne veut t'embrasser tout de suite !...

— Oui, tout de suite, dit la voix de Mlle Suzanne. Ouvre donc ta porte, mon parrain, ce n'est pas joli de se faire prier par ses visites. Il fait très-beau : le jardinier a regardé en l'air, il ne pleuvra pas. Ouvre tout de suite, les autres aussi veulent te voir; tu nous couperas des baguettes, parrain; n'oublie pas ton couteau.

— Allez au... Allez vous promener sans moi, m'écriai-je, laissez-moi tranquille; je travaille; je ne sortirai pas.

— Oh! petit père! oh! parrain! oh! mon oncle! crièrent à l'unisson une demi-douzaine de petites voix qui m'allèrent au cœur plus vite que je n'aurais voulu. »

Mais bientôt une d'entre elles se détacha de l'ensemble, plus ferme, plus sévère que les autres : celle de Mlle Suzanne.

« Oh! que c'est laid, mon parrain, de nous laisser comme cela dans ton vilain escalier. Léon n'est pas sage, il va se casser le cou sur les marches, il monte sur la rampe et le petit Toto est déjà tombé deux fois. »

Je fis un soupir en regardant ma tâche inachevée, et j'ouvris ma porte...

III

L'avalanche joyeuse entra. Tout le monde m'embrassa. Je fus en un clin d'œil dans la situation désespérée de Gulliver investi par les Lilliputiens. J'avais des ennemis sur le dos, sur les bras, sur les genoux, dans les jambes. M. Toto s'était mis à cheval sur mon pied, les deux bras serrés autour de mon mollet. Mes deux joues étaient au pillage ; c'était bien bon toutes ces petites attaques, tous ces petits baisers-là. Mais cela ne faisait pas mon article.

« Tu viendras, dit Mlle Suzanne, une grande et jolie personne de dix ans qui sentait déjà son importance et son pouvoir.

— Tu viendras, me disaient du regard plus que de la voix mon Jules et ma Marie, qui laissaient par modestie les grands coups à porter aux autres.

— Tu viendras, tu viendras, tu viendras... criait le reste de la bande.

— Non, répondis-je, non, je ne viendrai pas ; il faut que je travaille.

— C'est-il une histoire que tu fais? dit Raoul, un jeune Barbiste de deuxième année, qui donne à la famille les plus grandes espérances. C'est-il une histoire pour le *Magasin d'Éducation?*

— Non, lui dis-je, c'est un sermon.

— Oh! pouah! s'écria M. Georges, autre Barbiste ; rester pour faire un sermon !

— Tu fais toujours des sermons à présent, dit Jules, mon propre fils. C'est pourtant plus amusant des histoires, mon papa.

— C'est vrai, dit Mlle Suzanne, qui s'était approchée de ma table de travail et qui déjà furetait dans mes papiers, c'est vrai ce que te dit Jules, mon parrain : nous aimons mieux les histoires, nous. Bien sûr il n'y a que les parents qui soutiennent les sermons.

— Ce n'est pourtant pas eux qui en ont besoin, répondis-je, et je connais des petites filles... »

IV

Un cri, un cri de surprise de Mlle Suzanne m'interrompit.

Mlle Suzanne tenait le premier feuillet de mon manuscrit, et venait de lire le titre de mon travail commencé.

« Oh ! dit-elle, oh ! mon parrain :

« SI LES PARENTS ONT DES DÉFAUTS. »

« Qu'est-ce que tu peux dire là-dessus ? Tu vas joliment les fâcher, par exemple, et tous les abonnés vont s'en aller. Ce n'est pas les petites filles qui payent, et les parents veulent aussi que ça leur plaise. Faire des sermons même aux parents, faut-il être sermonneur ! »

Le domestique entra, comme mars en carême, pour m'ôter l'embarras de la réponse.

« Monsieur, me dit-il, Anna ne sera ici que dans une heure, elle est au pré. Jean est parti pour la chercher.

V

— Quel malheur ! s'écria toute la bande. Anna va déjeuner trop loin, aussi ! une heure, c'est très-long !

— Et pourquoi Anna n'irait-elle pas déjeuner loin ? Est-ce que les ânes n'ont pas le droit de faire des déjeuners, eux aussi, dans l'endroit où l'herbe est meilleure ?

— Quel drôle de nom pour une bourrique ! dit Mlle Suzanne. Qui est-ce qui peut donc avoir donné un nom comme celui-là, un nom de personne à une bête, mon parrain ?

— C'est moi, répondis-je : Anna est ma filleule absolument comme... »

La main de ma bonne petite Marie se mit en travers sur ma bouche pour m'empêcher d'achever ce qu'elle considérait sans doute comme une énormité.

« C'est bien agréable, dit Mlle Suzanne un peu piquée, d'avoir le parrain d'un âne...

— Veux-tu changer de parrain ? lui dis-je. Anna ne se plaint pas du sien ; c'est une filleule toujours contente, toujours douce, toujours prête à tout, et qui porterait au besoin son parrain au lieu de se faire porter par lui, comme cela est arrivé si souvent à d'autres filleules ; cela n'est pas à dédaigner, il me semble.

— Méchant, me répondit Suzanne, est-ce qu'elle t'embrasse comme cela, Mlle Anna ? Est-ce qu'elle lit tes histoires, et même tes sermons, ton autre filleule ? »

Et se ravisant :

« Dis donc, parrain, si, en attendant qu'Anna vienne, tu nous en racontais une histoire ?

— Du tout, je ne suis pas aux histoires. Allez vous promener, allez jouer dans le jardin en attendant que Mlle Anna arrive. Pendant ce temps-là je finirai peut-être mon article, et alors j'irai au Cèdre avec vous.

— Mon oncle, dit Raoul, les petits vont trop jouer au jardin, et puis après ils ne pourront plus marcher ; puisque tu ne nous fais plus d'histoires, dis-nous « *les Défauts des parents.* » Vrai, est-ce qu'ils en ont..; beaucoup ?

— Au fait, dit Suzanne, ce sermon-là nous amusera peut-être plus qu'un autre. Veux-tu que je le lise, moi ? Pendant ce temps-là tu feras ta barbe ; ton menton pique beaucoup, mon parrain, » ajouta-t-elle en se frottant la joue.

Et, sans attendre ma réponse, Mlle Suzanne, qui était le chef suprême de la troupe, fit ranger son auditoire docile sur les canapés et se mit à lire.

VI

Le conseil que m'avait donné Suzanne de faire ma barbe était bon. Je passai dans mon cabinet de toilette, et je procédai à l'opération.

Tout alla d'abord à souhait, le rasoir et la lecture. Je m'inquiétais bien un peu, je l'avoue, du silence peu flatteur de l'auditoire que j'avais laissé dans ma chambre. Aucune marque d'approbation ou d'improbation n'était encore venue jusqu'à moi à travers la porte, que j'avais laissée entr'ouverte, mais je ne les avais pas interdites, et je savais de reste que les publics français sont peu bruyants quand on ne leur enjoint pas d'être calmes.

La petite voix nette et bien timbrée de Mlle Suzanne m'arrivait seule, débitant mon préambule avec la gravité, avec la componction que méritait le sujet; elle en était au dernier alinéa, celui où l'on allait découvrir que toutes mes batteries étaient tournées contre la *gâterie*, et j'espérais presque que tout allait se passer sans encombre, quand tout à coup, en arrivant aux dernières lignes, la voix de Suzanne prit une accentuation dont l'admiration ne faisait certes pas les frais, et que mon sens intime m'avertit être le prélude d'un orage.

Au dernier mot, la tempête éclata. Il n'y eut

qu'un cri dans l'auditoire. En une seconde, il s'était mis en pleine insurrection. Certains bruits de chaises bousculées m'apprirent même qu'il n'y avait pas un instant à perdre si je voulais sauver mon mobilier.

Je pénétrai bravement, le rasoir à la main, dans le foyer de la rébellion.

VII

A l'exception de M. Toto, qui s'était sagement endormi dans un fauteuil, tous les insurgés étaient debout, l'œil en feu : Mlle Suzanne, au milieu, pérorait, mes feuillets à la main :

« Par exemple, pour cette fois, monsieur mon parrain, me dit-elle dès qu'elle m'aperçut, aucun enfant ne sera de ton avis, et j'espère bien que les parents non plus, car la gâterie est certainement une très-bonne chose. Ce qui rend les enfants si heureux et ce qui fait que les parents sont si bons, non, cela ne peut pas être un défaut, bien au contraire. C'est là une grande qualité, et pour tout le monde.

— Oui ! oui ! s'écria toute l'armée. Nous voulons qu'on nous gâte ! »

C'était une discussion en règle que j'allais avoir à soutenir, et je ne pouvais pas me dissimuler que j'avais affaire à forte partie ; mais il n'y avait pas à reculer. J'acceptai franchement le débat.

« Vous voulez qu'on vous gâte, répondis-je, avouez pourtant que vous seriez bien fâchés d'être — *gâtés*.

« Voyons, mademoiselle Suzanne, toi qui es l meneur de la troupe, ouvre le dictionnaire et va voir à la lettre — G — ce que le mot — *gâter* — veut dire. »

Plus prompt que Suzanne, le collégien Raoul s'était emparé du gros livre.

Il y lut à haute voix :

« GATER — *détériorer, flétrir, mettre hors d'usage, détruire, salir, corrompre, rendre impropre à tout service, pourrir !...* »

« Oh ! quel mauvais dictionnaire ! s'écria-t-il, bien sûr cela ne doit pas être comme ça dans les autres. »

Ma jolie Suzanne était devenue songeuse. Les dictionnaires font autorité partout ; les écoliers comme les maîtres s'y reportent dans les cas embarrassants. Les collégiens ne disaient mot. Je repris la parole :

« Et c'est ce mot affreux que vous osez défendre ! leur dis-je. Quoi, si vous connaissiez quelqu'un qui, même sans méchante intention, fût en train de donner des habitudes perverses à votre petit chien ou à votre petit chat; qui apprendrait à celui-ci à mordre et à l'autre à griffer, au lieu de les habituer à jouer sans user de leurs dents, à faire patte de velours; si quelqu'un s'avisait de gâter, de salir, de détériorer au moral et au physique vos poupées, vos polichinelles, vos belles robes, vos livres d'images, vous tâcheriez de mettre bien vite le tout hors de ses atteintes, et vous vous étonnez que j'essaye de détourner vos parents de vous gâter vous-mêmes! En vérité, mesdemoiselles et messieurs, je ne vous comprends pas.

« Qu'est-ce que vous diriez d'un jardinier qui laisserait les chenilles et les colimaçons courir sur les fleurs et les fruits du jardin sans essayer de les en éloigner? qui ne ferait rien pour garantir les cerises et le raisin, les prunes et les pêches des piqûres des mouches et des guêpes et des coups de bec des pierrots? Vous diriez : Voici un jardinier qui veut que nous n'ayons rien de bon à tirer du jardin. — Eh bien! vos défauts, quand on les laisse en paix, ce sont les chenilles, les colimaçons, les mouches, les guêpes et les pierrots de votre caractère. Si on ne les chasse pas, ils y laisseront chacun leur marque, leur laide empreinte, leur piqûre, leur cicatrice, que rien ne pourra plus jamais faire disparaître.

« Le papa ou la maman qui par faiblesse ne font

pas à tous ces défauts une chasse sévère sont, sans le savoir, de mauvais jardiniers du cœur et de l'esprit de leurs petits enfants, et, bien contre leur gré, ils font l'affaire des mouches, des colimaçons des pierrots parasites, l'affaire des défauts, leurs ennemis, mieux que celle de leurs enfants, que pourtant ils adorent.

« Si vous n'êtes pas de mon avis, c'est que vous n'êtes pas des personnes raisonnables comme j'ai pu le croire quelquefois. Car enfin, quoique vous soyez tous plus ou moins gâtés, aucun de vous ne l'est assez cependant pour qu'il ne puisse reconnaître que ce qu'il y a de plus insupportable au monde, c'est un enfant gâté.

« Voyons, si les enfants de notre ami J... n'étaient pas aussi mal élevés qu'ils le sont, est-ce que vous ne les aimeriez pas mieux? Est-ce que je ne vous ai pas entendus dire dix fois : « Ils sont bien gentils, mais on ne peut les emmener nulle part; aux Tuileries, personne ne veut plus jouer avec eux, et l'autre jour Mlle Lucie a été si méchante que sa maman a pleuré toute la journée e que son papa n'a pas pu achever son dîner. » Vou voyez bien que la gâterie est un mal.

— C'est pourtant vrai, dit Mlle Suzanne, non sans un grand soupir... Mais alors, puisqu'il ne faut décidément pas gâter les enfants, tu ne vas donc pas venir au Cèdre avec nous, mon parrain, et tu ne quitteras pas ton travail rien que pour nous amuser.

— Oh! papa! oh! mon petit oncle! oh! mon parrain! gâte-nous pour la dernière fois, veux-tu? » Et une vingtaine de petits bras caressants se tendirent vers moi.

VIII

J'étais vaincu. Je ne pensai plus qu'à obtenir une capitulation honorable.

« Eh bien, soit, répondis-je. Je ferai ce que vous voudrez ; mais puisque Anna n'est pas encore arrivée, vous allez tous m'aider à achever mon article, auquel vous n'avez peut-être pas nui jusqu'ici, sans vous en douter.

— Faire un article! s'écrièrent les deux Barbistes, dont les mines s'étaient subitement allongées, c'est trop difficile! Autant faire des pensums! Nous ne savons pas faire ça, nous, des articles... on n'en fait pas encore au petit collége.

— Je l'espère bien, leur dis-je, mais c'est égal, c'est plus facile que vous ne croyez; vous allez voir.

— Oh! dit Mlle Suzanne, il sera trop mal fait ton article, si nous le faisons, mon parrain; et puis le gouvernement, bien sûr, ne voudrait pas laisser imprimer des choses faites par des petits enfants.

J'ai lu dans un journal qu'on ne peut rien faire imprimer sans qu'il le veuille.

— Sois tranquille, dis-je à Mlle Suzanne, le gouvernement ne se mêlera pas pour cette fois de l'affaire, et il ne tient qu'à nous que notre article soit superbe.

« D'abord vous n'avez pas à vous occuper de la grave question de l'orthographe. Vous n'aurez qu'à parler, qu'à dicter : — c'est moi qui tiendrai la plume.

« Voyons, Suzon, si je te demandais à quoi on peut reconnaître qu'un enfant a été gâté, est-ce que cela t'embarrasserait beaucoup pour me répondre ? Voilà Toto, par exemple, ton petit cousin, qui regarde toujours par la fenêtre dans l'espoir que cela fera venir plus tôt Anna, son amie ; a-t-il été gâté, celui-là ?

IX

— Oh ! mon parrain, dit Mlle Suzon, s'il s'agit de M. Toto, nous trouverons tout de suite bien des choses.

« D'abord, moi, la première fois que j'ai vu M. Toto (c'était quand petite tante a fait avec lui son premier voyage à Paris), eh bien, M. Toto suçait encore son pouce, et pourtant M. Toto avait déjà un an ! et, quand on voulait lui retirer son pouce, M. Toto criait comme un brûlé. Alors petite tante disait: « Laissez-le faire ce pauvre Toto, cela lui ferait du mal aussi de crier. » On voyait bien à cela que M. Toto était déjà un peu gâté. »

Toto, que la répétition de son nom avait frappé, parut, je dois le dire, très-interloqué de l'accusation; mais bientôt il retrouva ses esprits, et, fixant ses grands yeux doux sur Suzanne avec la simplicité d'une créature dont la conscience est nette de tout crime: « Toto ne suce plus jamais son pouce, ma Suzon, » dit-il.

« A quatre ans, répliqua Mlle Suzanne, c'est bien heureux!

« Mais ce n'est pas tout d'ailleurs. Quand j'ai été voir petite tante à Évreux, quatre mois après, qu'est-ce que faisait M. Toto, ce jour-là? Il était assis sur le tapis. Il avait levé sa jambe presque par-dessus sa tête, et il mangeait son soulier bleu. Ça n'était pas bon, bien sûr, pour sa santé de manger des souliers bleus, et sa bonne voulait lui ôter ça de la bouche. M. Toto, alors, s'est roulé sur le tapis comme un possédé en criant si fort, si fort, que pauvre petite tante, effrayée de le voir si fâché et plus bleu que ses souliers, a dit à la bonne: « Laissez-le faire; s'il continuait sa colère, cela lui ferait encore plus de mal. Le cher petit est si nerveux! »

« M. Toto bien sûr était encore gâté.

« Quand M. Toto s'est mis à marcher tout seul, il ne mangeait plus ses souliers, c'est vrai, mais savez-vous ce qu'il en faisait? Il les ôtait tout doucement, et puis, paf! il les jetait par la fenêtre. Si bien qu'une fois il y en a un qui est tombé dans une grande tarte aux cerises qui était sur la tête d'un petit pâtissier qui passait dans la rue; et il fallut la payer — et même la manger, ajouta Mlle Suzanne sans rien perdre de son sérieux.

« Il y avait du monde à dîner; eh bien, mon oncle, au lieu de se fâcher, a tant ri de voir manger à ses amis une tarte au soulier, que M. Toto, persuadé que c'était très-beau de jeter les choses par la fenêtre, y a jeté un jour le petit Trim. La pauvre petite bête a été relevée avec deux pattes cassées, et c'est pour ça qu'elle boite encore. Je dois dire que Toto, qui aimait Trim, a eu bien du chagrin; mais ça n'a pas arrangé les pattes du petit Trim, le repentir de Toto.

« Une autre fois, quand déjà M. Toto savait très-bien parler pour demander ce qu'il voulait, il a demandé à son papa un petit oiseau qui volait très-haut dans l'air, une alouette que son papa ne voyait seulement pas. Son papa n'a pas pu la lui donner. M. Toto s'est encore fâché, et, au moment où mon oncle y pensait le moins, il l'a appelé Mâtin.

« Appeler son papa Mâtin ! D'abord c'était jurer, ensuite c'était très-mal ! Son papa a encore ri. Ce n'était pas pour dégâter M. Toto, qui pendant bien longtemps a dit de vilains mots que lui apprenaient les militaires. — Maintenant, M. Toto est un grand garçon, il a quatre ans depuis hier, eh bien, on ne peut encore pas venir à bout de le débarbouiller. Son petit nez est toujours crotté. Quand on veut l'embrasser, c'est des confitures ou autre chose qu'on embrasse, dont il s'est mis jusque par-dessus les yeux et qu'il veut garder sur ses joues. M. Toto est donc encore un enfant gâté.

« Mais ce n'est pas tout, et voilà bien le pire ! Croiriez-vous qu'on a appris, l'autre samedi, que M. Toto, qui n'a jamais manqué de rien, à qui son papa donne plutôt trop de sous que pas assez, était couvert de dettes ! La rue était pleine de ses créanciers, qui, un jour, lassés de lui faire crédit, sont arrivés pour réclamer leurs notes à sa famille. M. Toto devait neuf sous ! — trois sous à l'épicier pour trois sucres d'orge, — deux sous au marchand de balles pour deux balles d'un sou, — un sou pour un mirliton dans la même boutique, — deux sous chez la fruitière pour quatre pommes, — et un autre sou pour des marrons chez le commissionnaire du coin, tout ça acheté à crédit on ne sait pas comment : quand on avait le dos tourné sans

Si les parents ont des défauts. 107

doute !... M. Toto n'est donc pas seulement gâté, c'est un dépensier ! »

M. Toto, écrasé par ces diverses révélations, et surtout par la dernière, baissait la tête comme un criminel qu'il était. Pour sortir de son embarras, il prit le parti de sangloter. Suzanne, qui ne s'attendait pas à une explosion de sensibilité assez contraire aux mœurs de M. Toto, ne savait plus que faire pour le consoler. Heureusement que ma petite Marie se rappela que j'avais dans une boîte des boules de gomme dont M. Toto était friand. Elle lui en donna une qui arrêta nèt ses larmes. M. Toto riait volontiers quand il avait quelque chose de sucré dans la bouche.

Aussi, revenant à son idée fixe : « Anna va-t-elle venir ? dit-il tout en croquant sa boule de gomme.

— Oui, oui, mon petit Toto, bien sûr, » dit ma petite Marie, qui était la consolatrice de tous les affligés ; et elle descendit avec lui au jardin. Elle n'avait pas besoin d'écouter faire le procès aux enfants gâtés, la chère enfant ; elle était venue au monde ingâtable, et, pour le dire en passant, il n'y a que les enfants *ingâtables* qu'on puisse gâter sans danger.

X

Quand M. Toto fut sorti : « Toto a été gâté, bien sûr, dit Roger ; mais on gâte aussi les demoiselles, et sa sœur a été encore plus gâtée que lui. Figurez-vous que ce matin Mlle Rose n'a pas voulu venir à Bellevue ; elle a prétendu que Mlle Mirette, sa poupée, n'aimait pas la campagne, qu'elle s'y enrhumait toujours, et que ça la faisait éternuer d'être dans les bois : une poupée qui éternue, est-ce que c'est possible ? Je me rappelle qu'à l'âge qu'a maintenant M. Toto, il y a un an, elle aimait tant à faire ce qui n'était pas bien, qu'elle a pris un jour les plumes à son papa et qu'elle a été écrire partout des grands bons hommes à l'encre sur la belle tapisserie en soie blanche du salon, et parmi ces bons hommes le portrait de son papa, avec son grand sabre, qui n'était pas flatté. Quand son papa, qui venait de se lever, a vu ça, comme c'était trop fort, il s'est décidé à mettre Mlle Rose en pénitence dans son cabinet de toilette. Qu'est-ce que vous croyez qu'elle a dit à son papa, derrière la porte, Mlle Rose, au lieu de lui demander pardon ? Elle a dit : « Si petit père ne fait pas sortir tout de suite sa petite Rose du vilain cabinet, sa petite Rose va mêler toutes ses bottes, et petit père ne pourra plus jamais s'habiller. »

« Son papa, qui est obligé de sortir quelquefois très-matin pour passer la revue de ses soldats, et de s'habiller trop vite, a eu peur de ne plus reconnaître ses bottes dans un moment pressé, et il a fait tout de suite sortir Mlle Rose de sa pénitence. Il a eu bien tort, par exemple! et si j'étais le papa d'une petite fille comme Rose, bien sûr je ne serais pas si bon enfant.

« Aussi qu'est-ce qui est arrivé? Le soir, à dîner, Mlle Rose était descendue plusieurs fois de sa grande chaise pour venir embrasser son papa :

« Tu l'aimes donc bien, ton papa, lui dit le général C..., que tu déranges si souvent tout le monde pour venir l'embrasser ?

— Oui, dit-elle.

— Je sais bien pourquoi, dit le général, c'est parce qu'il te gâte.

— Non, dit Rose.

— Alors pourquoi ? dit le général.

— C'est parce qu'il est bien obéissant.

— Ah! dit le général, c'est bien heureux que ton père soit colonel de dragons, car il ferait un fichu caporal dans un régiment de petites filles. » Bien sûr mon oncle n'a pas dû être content d'entendre ça de son général.

« C'est encore Rose qui, lorsqu'elle était plus petite, jetait sa cuiller pleine de soupe par-dessus sa tête quand elle n'en voulait plus, et même dans les dîners en ville. Comme cela abîmait beaucoup les habits des dames, une fois une dame qui connaissait Rose n'a jamais voulu dîner à côté d'elle. Petite tante était bien rouge ce jour-là.

« Mlle Rose était aussi très-gourmande. Elle mettait ses doigts dans tout, et prenait, sans se gêner, ce qui lui plaisait dans les plats en face, et même dans les assiettes des personnes à ses deux côtés.

« Pour les tartines (mais ça se comprend presque, parce qu'il y a trop de petites filles qui le font), elle mangeait toujours tout de suite ce qu'il y a sur les tartines et jamais le pain qu'il y a dessous. C'est bien sûr elle aussi qui avait appris au pauvre petit Toto à se mettre par terre à quatre pattes comme Trim pour manger dans son assiette avec sa langue, si bien que pendant longtemps le pauvre Toto, qui croyait bien faire en faisant comme lui disait sa sœur, ne voulait plus manger que comme cela. Il était devenu un petit chien, même qu'un jour Trim s'est mis à manger avec lui dans la même assiette, croyant qu'elle était pour eux deux.

XI

— Tout cela c'est encore moins laid que de tirer la langue aux messieurs et aux dames comme la petite C... et de ne vouloir jamais embrasser les personnes que sa maman veut, dit Philippe.

— Bah! dit Raoul, on peut devenir encore très-bon après tout ça.

— Toi, monsieur Raoul, dit Mlle Suzanne, tu l'étais joliment gâté, et tu n'as pas le droit de parler des gâtés.

— Peut-on dire cela ! s'écria Raoul.

— On peut le dire, répliqua l'inflexible Suzanne. Qui est-ce qui, quand sa petite sœur dormait, jouait brusquement de la trompette tout près de son oreille, pour la faire s'éveiller en sursaut? Qui est-ce qui crevait les poupées de tout le monde pour voir ce qu'il y avait dedans? Qui est-ce qui a fait fondre un jour son armée prussienne dans une grande cuiller à soupe pour voir comment c'était des Prussiens fondus, et qui s'est tant brûlé quand l'armée a coulé de la cuiller, qu'il en a encore la marque à la main? Qui est-ce qui faisait de grands trous d'un côté à ses tambours pour mettre de l'eau dedans avec les poissons rouges du bocal de sa maman, qui en sont morts? Qui est-ce qui montait toujours tout debout, même avec ses bottines crottées, sur les messieurs qui n'en avaient pas envie? Qui est-ce qui mettait ses pieds dans le ruisseau exprès quand on ne voulait pas le porter? Qui est-ce qui disait toujours « ça m'est égal ! » quand il vous avait fâché? Qui est-ce qui a donné un jour des coups de pied au vieux porteur d'eau parce qu'il ne voulait pas verser l'eau de ses seaux dans l'escalier pour faire les cascades de Saint-Cloud? Et qui est-ce qui, à cette occasion, a reçu deux bonnes calottes de la propriétaire, qui avait entendu ça de l'étage au-dessous? Qui est-ce qui trépignait quand on voulait lui faire réciter le

Corbeau? Et enfin, qui est-ce qui n'a pu être corrigé de tout ça que parce qu'on l'a mis à sept ans au petit Sainte-Barbe, où les enfants gâtés n'ont pas toutes leurs permissions?

XII

— Bon! bon! dit Raoul piqué au vif. Je ne t'aiderai pas à monter sur Anna tout à l'heure, mademoiselle Suzanne. Je ne me tiendrai pas en courant au galop à côté de la selle, quand elle trottera, pour t'empêcher de tomber. Bon! bon! mademoiselle Suzanne, vous êtes une mauvaise langue, et par cela seul on voit bien que vous êtes aussi gâtée que nous, malgré vos bons airs. Mais on le savait déjà bien avant. Jamais votre petite mère n'a rien su vous refuser, et quand vous étiez petite, à six ans, vous avez, dans le mois du jour de l'an, eu tant d'indigestions, rien que de marrons glacés, qu'il n'y a que Jules qui ait pu en avoir une de plus que vous, c'est-à-dire huit contre vous sept. Qui est-ce qui a abîmé plus de joujoux que vous? Qui est-ce qui a fait faire des dépenses plus grandes à ses poupées? Qui est-ce qui, à force d'avoir été bourrée de cadeaux, de friandises et de tout ce qui fait le bonheur des autres petites filles, avait fini par se dégoûter de tout, et ne se plaisait plus qu'aux jeux des garçons, les fusils et les sabres?

Qui est-ce qui, à force d'avoir eu trop de belles robes et de chapeaux avec des fleurs, est devenue si coquette, qu'à dix ans elle ne pense déjà plus qu'à se faire belle, et que maintenant on n'ose pas même lui parler, parce qu'on a peur de la chiffonner rien qu'en la regardant?

Qui est-ce qui ne savait pas encore lire couramment à sept ans, mais qui en revanche a si bien appris à parler que, quand elle parle, rien ne peut plus l'arrêter, pas même la peur de faire de la peine aux autres? »

Prise ainsi au dépourvu, et attaquée non-seulement dans son passé, mais encore dans son présent, Mlle Suzanne, malgré sa fermeté, fondit en larmes.

« Oh! Raoul, dit-elle, ce que j'ai dit, c'était pour rire, c'était de toi quand tu étais petit; mais ce que tu dis de moi, c'est d'à présent, et cela prouve que tu ne m'aimes pas du tout...

XIII

— Papa, me dit tout bas Jules, ça n'est pas bon de chercher les défauts des autres. Les meilleurs amis se fâchent, tu vois.

— J'espérais, lui dis-je, que chacun se serait contenté de parler des siens.

—Ton article aurait été plus court, » me dit mon malin Jules en riant.

Cependant Raoul, ému de l'audace de ses représailles contre son imposante petite cousine, allait essayer une réconciliation qui ne paraissait pas facile, quand une voix, à l'autorité de laquelle aucun des assistants n'était en fonds pour résister, imposa, par grand bonheur, silence à toutes les récriminations. C'était la voix puissante de la bonne Mlle Anna annonçant gracieusement sa venue par ses hihan! prolongés. Si Mlle Anna était si gaie, c'est que probablement elle avait bien déjeuné.

La discussion tomba à ras de terre devant cette formidable fanfare, comme autrefois les murailles de Jéricho devant celle des fameuses trompettes.

« En route ! s'écria toute l'assistance, heureuse de quitter un terrain où chacun se brûlait les doigts à son tour En route !...

— En route, soit. Mais auparavant faisons une paix générale, et que tout le monde s'embrasse. »

Je dois convenir que, bien vite oublieux de leurs petits griefs, pas un de mes petits amis ne se fit prier.

Ce fut une mêlée, un cliquetis d'embrassades. Au bruit des baisers sortant, comme des oiseaux babillards, de tous ces frais petits becs, on se serait cru dans une volière.

Les plaies ne sont pas mortelles qu'un bon baiser peut guérir.

L'arrivée de Jean annonçant que madame faisait dire que dans dix minutes tout serait prêt pour le départ, mit fin à ce mémorable congrès.

Je promis d'être dans le jardin au premier appel, et je mis à profit les dix minutes qui me restaient pour compléter par quelques mots ce qui précède, car tout n'avait pas été dit et tout ne sera jamais dit sur ou plutôt contre la gâterie. On pourrait faire cent volumes de tous ses méfaits, et, si j'ai le temps, je les ferai peut-être un jour.

XIV

CONCLUSION.

Ce défaut des parents qui gâtent trop leurs enfants, il faut bien que messieurs les petits garçons et que mesdames les petites filles le sachent, ce sont eux qui en sont surtout coupables et responsables.

Oui, quand un enfant est trop gâté, c'est la faute de cet enfant-là plus encore que celle de son papa et de sa maman.

Si, au lieu d'abuser de la trop grande faiblesse de leurs parents, ils s'arrêtaient d'eux-mêmes quand cette faiblesse va trop loin, ils n'exposeraient pas leur pauvre père et leur malheureuse mère au remords éternel d'y avoir succombé, et d'avoir fait, par suite, des petits êtres qu'ils adorent des créatures insupportables au genre humain tout entier.

Les enfants le savent mieux que moi, ils pourraient tous être plus raisonnables qu'ils ne le sont,

Is pourraient bien ne pas forcer leurs parents, trop bons, à tomber si souvent dans le défaut de la gâterie.

Au lieu d'être opiniâtres, persistants, têtus dans un désir, dans une demande déraisonnable, ils pourraient bien, dès qu'ils voient la répugnance de leurs parents à les satisfaire, ils pourraient bien s'en tenir là.

Mais, au contraire, la mère a dit « non, » elle a dit plusieurs fois : « c'est impossible ! » le méchant enfant continue la lutte. Les yeux de la pauvre chère maman sont pleins de larmes en voyant cette opiniâtreté ; au lieu de sécher les larmes de sa mère par un baiser qui voudrait lui dire : « Tu as raison, » il se met à pleurer lui-même jusqu'à ce que, désolée, la trop tendre mère ait cédé.

Est-ce que ce n'est pas affreux ?

Cependant qu'arrive-t-il ? L'enfant ingrat recommence ; il devient odieux à ceux même qui étaient le plus portés à le chérir, et le cœur de la mère n'est bientôt plus qu'une plaie ; et l'enfant qui aurait pu être sa joie devient son supplice; car son affection pour lui ne l'empêche pas de reconnaître ses défauts et d'en sentir les douleurs, et de voir que, n'étant pas aimable, il ne sera jamais aimé — que par elle.

Que ne donnerais-je pas pour convaincre les enfants que quand de bons parents qui les aiment par-dessus tout sont obligés de leur dire « *non* », il ne faut pas qu'ils leur fassent répéter ce *non*, qui leur coûte toujours tant à dire.

Si, après un refus, l'enfant, à force d'importunités, obtient un *oui*, qu'il le sache bien, il a obtenu une chose désastreuse. C'est la plus triste des victoires que celle qu'un fils ou une fille remporte sur la raison d'un père et d'une mère.

Cette victoire-là devrait le faire pleurer, car cette victoire c'est son avenir tout entier qui la payera.

Je veux finir par une histoire qui prouvera que les meilleurs enfants ne sont pas les plus gâtés.

XV

LE PETIT ORPHELIN.

J'étais allé, l'autre jour, voir un pauvre petit orphelin de cinq ans chez les braves gens qui l'avaient recueilli.

« Où est le petit Charles ? dis-je, en entrant, à la bonne dame qui a la mission si difficile de remplacer pour lui sa mère ; êtes-vous contente de lui ?

— Le cher mignon, me dit-elle tout bas, c'est un ange sur la terre ! Il y a un an qu'il a perdu sa mère, et tout petit qu'il est, il s'en souvient si bien qu'il vit toujours comme si elle était encore là. Tenez, il est derrière le rideau, en pénitence.

— Qu'avait-il donc fait, le cher enfant ?

— Rien, me répondit la bonne femme, rien que je sache du moins. Mais quand il lui arrive de faire étourdiment une des petites choses que lui défendait sa mère, il va de lui-même et sans rien dire se mettre derrière le rideau. C'est toute la punition que, de son vivant, sa maman avait jamais eu à lui infliger.

« Ne pouvant deviner de quoi il se croyait coupable, j'ai essayé quelquefois de l'empêcher de se punir ; mais comme tout de suite son petit cœur se gonflait, j'ai pris le parti de le laisser faire : « Maman le veut, » me disait-il.

J'allai chercher le petit Charles dans sa cachette.

« Veux-tu venir, mon cher enfant, lui dis-je en tirant un peu le rideau, veux-tu venir te promener avec ton ami ?

— Oui, oui, me dit-il, Charles est sage à présent. »

Tant pis pour qui ne comprendra pas ce petit pénitent volontaire. Je sais de grands orphelins, pour ma part, qui, s'ils pouvaient se refaire la candeur du petit Charles, seraient tout prêts à aller derrière le rideau pour mettre leur cœur en règle avec de chères mémoires, quand il leur est arrivé de faire ce que, vivants, leur père et leur mère n'auraient pas approuvé. Donc, ne gâtez pas vos enfants si vous ne voulez pas qu'après être devenus pour vous d'abord durs et égoïstes, comme le sont, hélas! tous ceux qu'on a habitués à croire que tout leur est dû, ils deviennent dans le monde, qui ne gâte personne, détestables aux autres, détestables à eux-mêmes.

J'étais si pénétré de mon sujet que j'écrirais encore, je crois, si monsieur mon fils n'était monté pour me dire qu'on n'attendait plus que moi.

« Toto est ravi, me dit-il tout en descendant l'escalier. Tu sais bien que d'ordinaire, comme on a peur qu'il ne tombe, il n'est jamais seul sur Anna et qu'on l'asseoit toujours sur la selle, soit à côté de Marie, soit à côté de Suzanne, à ce qu'il appelle la seconde place. Maman a décidé qu'il était assez bon cavalier pour aller tout seul à âne aujourd'hui, tu vas voir comme il est content!

— Eh bien, lui dis-je, tu es donc un homme ce matin, monsieur Toto?

— Oui, mon onton, j'ai toutes les places, » me

dit le bon Toto avec un indicible sentiment de fierté.

Cinq minutes après, la caravane se mit en marche. Les nuages s'étaient envolés ; Raoul cueillait des bouquets pour Suzanne, Suzanne daignait les accepter, et le reste de l'essaim joyeux s'amusait des hasards de la route.

On ne parlait plus de son prochain. On était tout au plaisir de la promenade et à l'espoir du déjeuner.

La joie fut complète quand, arrivés au carrefour du Cèdre, cet espoir se changea en réalité.

POST-SCRIPTUM.

Je manquerais à tous mes devoirs d'historien si j'omettais de dire que le déjeuner fut très-bon ; j'ajouterai comme preuve concluante qu'Anna, allégée de tout ce qui avait rempli le panier des provisions, marchait au retour d'un pas si fringant, que Toto, peu rassuré, offrit de lui-même une de ses deux places à Marie.

LE RESPECT.

I

SOUVENIRS D'UNE JOURNÉE DANS LES VOSGES.

J'ai fait, il y a bientôt deux ans, une visite au pensionnat du Petit-Château qui m'a laissé plus d'un bon souvenir. Si j'ai jamais eu envie d'être une petite fille, c'est à coup sûr ce jour-là. Malheureusement cette envie est de celles qu'il n'est pas facile de réaliser quand on a de la barbe au menton. Nous ne sommes plus au temps des fées, ce qui est bien dommage, et les coups de baguette aujourd'hui ne servent plus guère qu'à épousseter les habits. Je fus donc, malgré mon désir, obligé de garder ce jour-là, comme toujours, mon vilain emploi d'homme.

Je dois dire que rien ne fut omis pour me le rendre supportable. On m'avait ménagé une surprise, en préparant pour mon arrivée une de ces bonnes petites fêtes qui font époque dans la vie. J'avais eu l'esprit d'arriver un jour de congé, et par un de ces temps qu'on ne peut pas se refuser à appeler le plus beau temps du monde.

Le programme se composait d'un voyage à pied dans cette jolie partie des Vosges qu'un décorateur adroit a eu soin de placer en face du Petit-Château, tout exprès évidemment pour les plaisirs des cinquante petites filles et demoiselles qui viennent apprendre chez Mlle Verenet à être non-seulement savantes, mais encore bonnes et aimables. Le voyage, qui devait durer tout un jour, devait être coupé d'un dîner dans les rochers. — Le bon Dieu avait, me disait-on, ménagé là, en plein air, un grand réfectoire si commode, qu'il était évidemment fait exprès pour l'emploi qu'on lui donnait au Petit-Château.

Deux bons ânes, amis de la maison, avaient consenti à porter pour nous les provisions de la cuisine du pensionnat jusqu'à ce joli recoin de la montagne.

Ah! la gaie promenade! Je crus, jusqu'au dîner, voyager de compagnie avec un essaim de joyeuses abeilles. Mes quarante ou cinquante petites amies ne marchaient pas, elles voltigeaient; elles ne parlaient pas, elles bourdonnaient. Toutes leurs voix ne faisaient qu'un joli murmure confus qui disait clairement toutefois : — « Cela va très-bien, nous sommes contentes d'être au monde. » — Leurs petits pieds avaient des ailes. Je ne dirai pas que le vol de l'essaim fût régulier. Oh! non : il avait au contraire ses caprices. Les soldats de la vieille garde, j'en suis sûr, auraient marché avec plus d'ensemble. Les rangs se rompirent plus d'une fois; plus d'une fois les tirailleurs semés dans la plaine furent plus nombreux que le corps d'armée, dont je faisais, avec Jean Macé et Mlle Verenet, ce qu'un vieux militaire eût appelé le centre. Mais la faute à qui, je vous prie, et comment emboîter le pas à la suite des papillons? Comment résister à la séduction d'une belle marguerite qui vous invite par-ci, d'un bluet qui vous attire par-là, d'un coquelicot tout enflammé qui vous crie: « Viens donc me cueillir, je ferai très-bien dans ton bouquet. »

La vérité est qu'arrivé au pied de la montagne, le moindre soldat du petit escadron volant avait son butin de fleurs. Quand il s'agit, pour se refaire les jambes, de quitter la plaine et de gravir la montagne, une grande décision fut prise en commun. On avait cueilli trop de fleurs, ce n'était pas commode pour grimper. — Les pieds n'y suffiraient pas toujours, on aurait besoin de ses mains quelquefois aux beaux endroits. — Tous les bouquets vinrent donc se ranger, les pieds dans l'eau et la tête dans l'herbe, sur les bords d'une petite source, très-fraîche et très-ombragée, qui se trouva tout d'un coup fleurie et garnie comme une jardinière de salon.

« Nous les retrouverons quand nous redescentrons, me dit, pour me donner de la confiance et m'engager à faire comme elle, la petite Frieda. Il n'y a pas de foleurs par ici. »

Mlle Frieda, âgée de huit ans, n'avait pas encore, on le voit, perdu tout à fait le petit accent allemand qu'elle avait rapporté de Stuttgart, son pays.

« Je l'espère bien, lui dis-je, mademoiselle Frieda. S'il y en avait, il y a longtemps que vous n'auriez plus ces deux pêches que je vois sur vos joues. Les *foleurs* sont très-gourmands. »

Le fait est que Mlle Frieda, comme la plupart de ses compagnes, ressemblait à un dessert. Toutes ces petites têtes brillantes et colorées, courant, roulant autour de moi, me paraissaient la récolte animée d'un verger : c'était la promenade des pomme et des cerises. On aurait juré que tous ces jolis fruits n'avaient pu être cueillis que sur des arbres, et je ne pouvais penser aux papas et aux mamans qui n'étaient pas là que comme à des pommiers qui auraient été obligés de laisser s'envoler toutes leurs pommes.

Mlle Frieda était une petite personne sérieuse. Elle ne répondit pas à ma plaisanterie des voleurs de joues, et, poursuivant sa petite idée, elle ramassa à mes pieds une grosse pierre dont elle se servit pour caler son *pouquet*.

« Si le soleil vient, lui dis-je, il mangera les couleurs de vos fleurs.

— Non, dit-elle, il y a de l'ompre ici : le soleil n'ossait pas y fénir. »

L'ascension commença. C'était plaisir de voir filer et trottiner dans les sentiers de la montagne tous ces petits pieds de perdrix.

Quand nous fûmes, les ânes et nous, arrivés au lieu marqué pour le festin, et que je trouvai digne de sa renommée, je découvris bientôt un fait d'histoire naturelle que je n'avais pas soupçonné jusque-là, quoiqu'il existe : c'est que les abeilles ont des dents. Le bourdonnement cessa pendant un bon quart d'heure, pour faire place au bruit des fourchettes. Ce premier assaut fut formidable pour les provisions. Les viandes froides, les poulets disparaissaient comme par enchantement, les gros pains fondaient sous le feu des attaques répétées qui leur étaient livrées de toutes parts. Ce fut ensuite le tour des gâteaux, des bonnes galettes, et puis des fruits. Alors le babil reprit ses droits : mes abeilles, réconfortées, s'étaient changées en oiseaux; le bourdonnement était devenu gazouillement. Des fusées partaient de tous ces frais gosiers ; les éclats de rire se croisaient et se chamaillaient gaiement dans les airs.

« Dansons! s'écria d'une seule voix la troupe joyeuse.

—C'est pour se reposer qu'elles veulent danser, dit la bonne Mlle Verenet.

—Ma foi, dansons aussi, me dit Jean Macé, car nous sommes fatigués, nous aussi. »

Ah! les belles rondes et les jolies chansons! On chanta en allemand, on chanta en français, on chanta en anglais, on dansa dans toutes les langues. Toutes ces danses et toutes ces chansons faisaient merveille dans le paysage. La montagne dansait et riait avec nous, les échos prenaient leur part de notre gaieté et criaient *bis* à ces innocents refrains. Ils faisaient leur dimanche comme nous.

J'avais comparé par le souvenir cette promenade d'un pensionnat de petites filles à nos promenades de collégiens. Je l'avoue, la comparaison n'était pas à l'avantage de mes souvenirs personnels. C'est bien tapageur, c'est bien bruyant, c'est bien gros, pour ne pas dire bien brutal, la joie des garçons! Cela finit bien souvent par des querelles, et trop souvent aussi quand les grands rient, les petits pleurent. Ce sont jeux de mains pour la plupart, partant, jeux de vilains. Quelle différence avec ces doux et gentils ébats! J'en demande pardon à messieurs les garçons, mais c'est cent fois plus gracieux que les leurs, les amusements des demoiselles, et cela ne coûte de larmes à personne.

Mlle Frieda, qui avait peut-être mangé un peu trop de galette et que cela avait alourdie, fit un faux pas, s'embarlificota dans une bruyère, et puis tomba, et puis roula parce qu'elle était ronde et que le terrain avait de la pente.

Qu'est-ce qu'auraient fait des garçons? Ils auraient ri, les sans-cœur, et c'eût été l'occasion d'un culbutage général. — La petite Frieda fut à l'instant entourée par vingt mains amies, puis relevée, puis consolée ; puis des petits doigts industrieux se mirent à l'envi à réparer le désordre de sa toilette. L'une remit à sa place la petite pèlerine blanche qui s'était retournée, l'autre refit le nœud de la ceinture ; une troisième, une grande, une maman de quatorze ans, tira de sa poche un petit peigne, fit mettre à genoux devant elle Mlle Frieda, refit sa raie et releva ses cheveux.

Mlle Frieda en avait trop ; c'était une gerbe d'or, trop lourde évidemment pour son petit cou, et qui la forçait de prendre parfois des airs penchés.

Je crus lui faire plaisir en lui proposant une bonne affaire, l'échange de mes cheveux contre les siens.

Croiriez-vous qu'elle refusa net ?

« Eh ! me dit la petite maman, une Parisienne à l'œil très-noir, la fille d'un riche banquier, vous ne feriez pas une mauvaise affaire, monsieur Stahl : de l'argent contre de l'or !

— Bah ! lui dis-je, mademoiselle, les vieux bijoux en argent oxydé ont été très à la mode, et cette mode peut revenir.

— Nous attendrons, répondit Mlle Lucie. Il est toujours temps d'avoir des cheveux blancs.

— Ne dites pas de mal des cheveux blancs, leur dit miss Mary, une jolie jeune Anglaise. Papa en a, et de si beaux, qu'on a toujours envie de les embrasser.

— Oh! papa en a aussi, dit Mlle Lucie sans se déferrer, et cela fait très-bien, en effet, — sur la tête des papas.

— Fi! me dit Jean Macé intervenant, ne vas-tu pas embrouiller les idées de nos enfants? Elles ont raison : tout est bien qui est à sa place. »

Je m'en allai avec ma leçon. Il y en a pour tous les âges à Beblenheim.

La bonne petite Frieda, qui avait vaguement compris que je venais d'être grondé, et qui pensait que je devais avoir besoin de consolation, m'offrit une pomme dans laquelle elle n'avait encore mordu que deux fois.

« Chère mignonne, lui dis-je en l'embrassant, gardez-la votre pomme, votre tête blonde la mérite bien.

— Chaimerais mieux être *prune*, me répondit Frieda.

— Que pomme? reprit sa petite maman Lucie en riant aux éclats.

— Que *plonte*, » répliqua gravement Frieda, que le calembour incompris de sa grande amie n'avait pas fait broncher.

La joie du jour fut pourtant traversée par un désastre, un affreux désastre.

Quand on revint au ruisseau pour chercher les bouquets, devinez ce qu'on y trouva. — Deux grosses vaches qui les avaient tous mangés! Quelle horreur!

« Bah! on en refera d'autres! s'écria-t-on, le premier moment de stupeur passé. Cela a fait plaisir à mesdames les vaches, après tout. Elles ont voulu faire un bon dîner, elles l'ont fait, — nous aussi, — tout est bien.

— Et elles auront tu pien pon lait, dit la petite Frieda, tu lait de fleurs. »

La journée s'était passée comme une heure. Le soleil faisait mine d'aller se coucher derrière les monts. Il n'en dorait plus que les sommets. L'essaim reprit le chemin de la ruche.

On refit tout le long de la route une nouvelle cueillette de bouquets, et, quand nous rentrâmes au Petit-Château, le mal était réparé. Chacun de nous avait son bouquet tout neuf, Jean Macé et moi comme les autres; et même nous avions les plus gros. Miss Mary, miss Lucy, et la bonne petite Frieda, et toutes les autres, voyant que nous ne nous courbions pas volontiers pour faire la moisson, avaient glané pour nous.

Vous croyez peut-être que c'est là tout. Vous n'y êtes pas. Mes yeux, en rentrant, furent frappés par une belle affiche qu'on avait collée avec quatre pains à cacheter sur un carreau, et derrière laquelle brûlaient deux bougies pour faire transparent.

Cette affiche annonçait que la journée allait se terminer par une grande représentation donnée à ma gloire par les premiers artistes du Petit-Château.

Le spectacle était composé de :

LES RICOCHETS.

Une des pièces classiques du répertoire de Beblenheim, par l'auteur de l'*Histoire d'une Bouchée de pain,* des *Contes* et du *Théâtre du Petit-Château.*

Et d'un grand opéra en un acte dont l'auteur, trop modeste et ancienne élève du Petit-Château, désirait garder l'anonyme.

Je ne ferai pas de compte rendu de cette étonnante soirée : cela m'a été défendu. Le théâtre à Beblenheim n'est qu'un plaisir et un exercice, il ne vise point à la célébrité. Le Petit-Château ne veut point être un Saint-Cyr. Il ne joue jamais que pour lui-même. Les élèves, artistes et spectateurs tour à tour, n'admettent point de public. On me prévint que je serais la seule exception; encore me fit-on la loi que je serais bien sage, que je n'applaudirais pas, et que surtout je ne sifflerais pas!

Je suis donc obligé, à mon très-grand regret, de me contenter de dire en gros que les petits acteurs m'émerveillèrent, et que les costumes, où le papier doré jouait un rôle capital, attirèrent plus d'une fois mon attention par leur splendeur et leur originalité.

La pièce était jouée par des artistes consommées, dont la plus âgée allait avoir quinze ans, et dont la plus jeune, Mlle Frieda, faisait devant moi ses premières armes. Elle jouait le rôle d'une petite reine de Hongrie qui ne savait pas encore très-bien le français, et elle s'en acquitta avec un naturel parfait.

Tous les acteurs, chose rare même à Paris, savaient leur rôle sur le bout du doigt. M. Macé, qui remplissait les fonctions de souffleur, n'eut rien à souffler du tout. Aussi, à la fin, dans un transport d'enthousiasme, j'éclatai à moi tout seul en applaudissements unanimes.

C'était contre la règle, et Mlle Verenet, je le suppose, aurait voulu me mettre en pénitence; mais, grâce à Dieu, elle ne le fit pas. Je fus même, si j'ose le rappeler, récompensé de cet acte insolite de justice par de belles petites révérences qui me prouvèrent que, si le public était ravi des acteurs, les acteurs, de leur côté, avaient quelque indulgence pour le public.

Après un entr'acte charmant qui fut égayé par quelques verres d'eau sucrée, par plusieurs tartines distribuées aux plus petites et par un panier de cerises qui circula entre les bancs, la toile se releva; je me trompe, elle se rouvrit par le milieu comme le rideau d'une grande alcôve, et l'opéra commença.

Si c'est bien beau de grandes voix dans lesquelles vibrent toutes les notes du clavier humain, c'est bien charmant, c'est bien frais et bien joli de claires petites voix qui s'essayent. Je me demande si les anges n'aiment pas mieux ces sons encore timides, et ne les portent pas plus volontiers au pied du trône de Dieu, que les splendides éclats de nos artistes célèbres, qui n'ont besoin d'aucun secours pour percer les nues.

Tout allait donc à ravir, quand j'entendis derrière moi, aux chaises d'orchestre, une petite voix inquiète qui disait tout bas : « Je crois que Pauline s'enrhume, elle va bien sûr tousser.

— Oh! elle était déjà enrhumée ce matin, dit une autre petite voix, et cela lui faisait bien peur pour son grand morceau de ce soir; mais elle n'a pas voulu le dire à mademoiselle pour ne pas empêcher la représentation. »

Mademoiselle Verenet doit avoir l'oreille très-fine

évidemment, car ce petit dialogue à voix basse fut entendu d'elle. Après ça, il y a des personnes, les maîtres et les mamans surtout, dont les yeux entendent quand ce n'est pas leurs oreilles.

« Pauline, dit-elle, on va vous apporter une tasse d'infusion, mon enfant; reposez-vous un peu. »

Mlle Pauline ne se le fit pas dire deux fois, et de la salle l'entr'acte gagna la scène.

Tous les acteurs se mirent à babiller; la petite reine de Hongrie demanda même à une des spectatrices de lui jeter son mouchoir, que les soins de sa couronne lui avaient fait oublier. On échangeait mille propos de la scène à la salle. « Est-ce bien ? — Oui. — Rajuste ton manteau. — Pauline, ton bandeau va tomber. — Marie, tu as une mèche qui va se défaire. — Frieda, tu perds ton jupon, etc., etc. »

La tasse d'infusion arriva. Pauline la but avec précaution, comme un petit chat qui veut savoir si c'est trop chaud.

« Est-elle assez sucrée? dit Mlle Verenet, se méprenant sur les hésitations de la petite buveuse de tisane.

— Oui, mademoiselle, dit Pauline en remerciant d'un sourire; mais ça brûle.

— Souffle, Pauline, » dit une de ses amies.

Pauline souffla, elle but, et l'opéra reprit.

Grâce au secours de la tasse d'infusion, le grand air lui-même fut chanté à ravir.

Cet incident de la tasse d'infusion, que je n'avais pas coutume de voir se produire soit à l'Opéra, soit aux Italiens, n'avait étonné que moi. Il était évident qu'à Beblenheim il était le plus simple du monde, et comme passé en habitude. Je me suis dit que, pour simple, il l'était en effet, et qu'il n'y avait, certes, aucune bonne raison à donner pour que la liberté des tasses d'infusion ne montât pas un jour du théâtre du Petit-Château jusqu'aux théâtres de Paris, puisque les rhumes ne se font pas faute d'y monter. Où serait la place du remède, si ce n'était pas à côté du mal même? Et à quoi bon d'ailleurs laisser se promener des chats dans la gorge des chanteurs, quand avec une simple tasse d'infusion il est si facile de les mettre en déroute?

II

Mais ce n'est pas de tout cela qu'il s'agit, et, si mon souvenir s'est reporté avec un peu de complaisance sur cette aimable journée, c'est que quelque chose m'y fut dit par miss Mary, avec qui vous avez déjà fait connaissance, qu'il est indispensable que je vous redise pour arriver à mon sujet, auquel tout ce qui précède est, je le confesse, absolument étranger. Je n'ai plus à vous apprendre que miss Mary était Anglaise. Bebleinheim a des élèves de tous les pays, et l'enseignement des langues s'y opère ainsi par la mutualité. Miss Mary était débarquée depuis six mois seulement de Londres. Je l'avais eue pour voisine pendant la représentation. Les entr'actes nous avaient donné le temps de devenir tout à fait bons amis. J'imagine, en outre, que la couleur de mes cheveux, qui lui rappelait ceux de son papa, n'avait pas nui à cette prompte amitié. Je savais déjà qu'elle avait quatorze ans et deux mois, que son père était un grand constructeur de navires, et surtout qu'elle l'aimait tendrement; car, rien que quand elle disait : « Mon papa, » il se formait dans ses grands yeux des commencements de larmes que le caractère, évidemment très-ferme et supérieur à son âge, de miss Mary parvenait seul à y retenir.

« Pourquoi, lui dis-je, l'avez-vous quitté, ce papa que vous aimez tant? Vous parlez bien le français, presque sans accent, l'allemand encore mieux; c'était à peine nécessaire pour vous perfectionner dans ces deux langues.

— Il était trop bon, me dit-elle, et moi trop méchante.

— Trop méchante! lui dis-je; n'êtes-vous pas trop dure pour vous, miss Mary?

— Oh! non, dit-elle en me regardant avec un gravité qui m'étonna, oh! non, j'ai été pendan bien longtemps une pas bonne fille du tout, et j ne suis pas encore ce qu'il faudrait. Je n'ai presque pas connu ma pauvre maman, ajouta-t-elle avec un accent de tristesse qui m'émut. Mon papa, qui n'avait plus que moi, m'a tant aimée alors, qu'il n'a plus eu du tout la force de me bien élever; il m'a gâtée, et tant gâtée que si je ne m'en étais pas un jour aperçue, je serais devenue tout à fait mauvaise. Je ne reconnaissais déjà plus le bien du mal, je ne voulais pas entendre parler du devoir. J'avais un très-mauvais caractère, et mon cœur ne valait déjà presque plus rien. Je suis très-volontaire, très-capricieuse, très-hautaine, très-égoïste. Je n'écoutais ni les leçons, ni les conseils, ni les remontrances de mon pauvre papa, encore moins celles des autres. J'étais dure avec les domestiques, impertinente avec tout le monde, même avec lui. Si je faisais du bien, je le gâtais par la façon dont je le faisais. Un jour, qui décida de tout, une pauvre femme, qui avait deux petits enfants très-barbouillés sur les bras, s'approcha de la grille du parc; elle était mal vêtue, pieds nus, pas bien propre. Je demandai de l'argent à papa. Je pouvais le mettre dans la main de la femme, je le lui jetai et je dis : « Les pauvres me dégoûtent. Je leur donne pour qu'ils s'en aillent. »

Mon père me regarda. Ah! quel regard! je le vois toujours : il devint pâle, puis il se retourna en cachant sa belle grande figure dans ses deux mains. Je tournai vite autour de lui, j'écartai ses deux mains de son visage, mon papa pleurait.

« Ah! mon papa! m'écriai-je, mon cher papa! »

Il me dit : « Je suis sans force contre toi, je ne sais pas t'élever; ah! Mary, je suis bien coupable d'être si faible! Ta pauvre mère là-haut ne peut pas être contente de moi. »

Cette vue des larmes de mon père prenant mes fautes à sa charge me bouleversa. J'essuyai ses yeux avec bien des baisers et je lui dis : « Laisse-moi penser. »

Je m'en allai alors au bout du parc, dans une allée où l'on m'avait raconté que ma mère s'était promenée bien souvent, et là je réfléchis longtemps, longtemps à mon papa par moi désolé, à maman pour toujours absente, à moi si méchante, qui ne contentais ni papa sur la terre, ni maman dans le ciel, et le résultat de mes réflexions fut qu'il fallait prendre un terrible parti, celui d'employer tout mon pouvoir sur mon trop bon père pour qu'il eût le courage de se séparer de moi.

J'avais une institutrice alsacienne, une personne très-bien, qui me parlait souvent du pensionnat du Petit-Château comme d'un endroit où il était impossible de ne pas devenir bonne et simple, parce que dans cette maison-là tout le monde, maîtres et élèves, s'aimait et se *respectait*.

Ce dernier mot m'avait frappée par l'importance même qu'y attachait Mlle Louise, et aussi par le peu de sens qu'il avait eu pour moi jusque-là. « Le RESPECT — qu'est-ce que cela peut être ? » m'étais-je dit.

Ce qui venait de se passer entre mon père et moi me le révéla tout d'un coup. Je me dis : Il faut aller là, j'y apprendrai ce que j'ignore, le RESPECT ! oui, c'est le RESPECT — qui me manque. Je n'aime que moi, je ne vois que moi, je ne pense qu'à moi, rien des autres ne m'importe; c'est là mon défaut. Quand je serai avec des étrangères qui ne me devront rien de plus qu'à la première venue, il faudra bien que je les respecte pour être respectée à mon tour, et que je les aime et que je sois raisonnable pour être aimée, moi aussi.

Mon parti était pris. Je sentis qu'il n'y avait pas à différer; que si ma mère, dont l'esprit m'inspirait, était là, elle me dirait : « Tu as raison, Mary. » Je dis toutes mes réflexions à mon père. Il les trouva sages, et, quoiqu'il lui en coûtât cruellement pour me dire oui, il céda cette fois comme toujours. Je suis donc venue ici pour apprendre — le RESPECT.

— Et l'apprenez-vous, en effet ?

— Oui, me dit-elle, oui. Mes défauts diminuent ; je fais moins de fautes tous les jours. Chez mon papa j'étais toute seule, je ne m'apercevais pas que je fusse pire qu'une autre. Ici, je m'en suis aperçue bientôt. Quand je suis arrivée, tout le monde m'a ouvert les bras. Lorsque j'ai vu cela, j'ai fait la dédaigneuse. Au bout de huit jours personne ne m'adressait plus la parole. J'ai bien vu alors que les autres ne vous donnent que ce que vous êtes prête à leur donner vous-même, et j'ai compris ce que voulait dire leur silence. Je demandai pardon à mes petites camarades, et elles redevinrent tout de suite bonnes pour moi. Il y a six mois que je suis au Petit-Château. J'ai eu des rechutes, j'ai encore des défauts, mais je n'ai plus le gros. Je respecte mes amies, je respecte nos maîtres et nos maîtresses, et je sens qu'en même temps je me respecte aussi davantage moi-même. Je n'aurais jamais su que le respect fût si nécessaire si je n'avais jamais quitté papa. Je suis triste souvent, mais au fond tous les jours plus contente. J'ai de bons chagrins au lieu d'en avoir de mauvais. Je sens que, quand je retournerai vers mon père, je lui ramènerai une bonne fille qui saura l'aimer pour de bon, c'est-à-dire pour lui, à la place d'une petite sotte qui ne l'aimait que pour elle-même.

« Je devrai cela au Petit-Château, aux bonnes leçons, aux bons exemples de mes petites camarades, et dussé-je devenir la plus grande dame de l'Angleterre, je ne l'oublierai jamais. Voyez-vous, monsieur, ici la plus petite vaut la plus grande, la plus pauvre la plus riche; il n'y a pas moyen d'être orgueilleuse. Il n'y a que la meilleure que tout le monde préfère, et je ne quitterai jamais la maison que quand j'aurai senti que je pourrai l'être à mon tour, cette meilleure.

— Soyez tranquille, dis-je à la belle petite miss, je crois que vous êtes en chemin d'y arriver.

— En chemin, oui, dit-elle, par le désir, mais pas au bout du chemin par le fait. Il y a encore autant de route devant moi que derrière; demandez-le à M. Macé et à Mlle Verenet. Voilà des personnes vraies : elles ne savent dire que la vérité. »

Cette conversation si sérieuse et si enfantine à la fois ne m'est pas sortie de l'esprit. La bonne petite miss Mary, qui doit être à présent une belle et aimable jeune fille, me pardonnera, si ceci lui tombe sous les yeux, d'utiliser au profit de celles qui la suivent dans la vie sa confession et son exemple.

Le respect! jamais ce mot ne m'a paru si grand, si important que dans la bouche de l'enfant qu'elle était. Jamais je n'ai aussi bien compris ce qu'il exprime qu'en l'entendant confesser et affirmer par les lèvres roses de la petite Anglaise. J'ai senti ce jour-là qu'il y avait non-seulement quelque chose de bon, d'aimable et de touchant, mais aussi quelque chose de respectable dans ces aveux et dans cette volonté d'une enfant qui ne recule devant aucun effort pour réparer les torts d'une première mauvaise éducation.

Miss Mary avait cent fois raison; pour accomplir dans sa plénitude le plus beau des préceptes de l'Évangile : « Aimer son prochain comme soi-même, » il faut commencer par le respecter comme soi-même; le respect est inséparable de l'amour.

Le respect d'autrui est naturel d'ailleurs à quiconque a le sentiment de sa dignité personnelle. On peut s'avilir comme on peut s'élever dans ses semblables.

Celui donc qui ne respecte rien n'aime et n'admire rien, car le fond de l'amour comme le fond de l'admiration, c'est le respect, et celui-là se ferait une étrange illusion qui se croirait aimé, s'il ne se sentait en même temps digne d'être respecté.

Par *respect*, il ne faut point entendre la crainte du plus fort, la soumission du faible au puissant, mais bien le respect intime du droit, du caractère et de la personne de chacun. Or le respect est dû à la faiblesse surtout, au petit, au pauvre, au malheureux. Otez-leur, aux déshérités de ce monde, cette garantie de leur droit à cette fraternité du respect, que leur resterait-il, je vous prie?

Si ce que Dieu a fait, si ce que nul que lui n'a

pu faire et ne fera ne méritait pas d'être respecté, depuis le brin d'herbe jusqu'à la forêt, depuis la goutte de rosée jusqu'à la vaste mer, depuis le grain de sable jusqu'aux plus fières montagnes, depuis l'insecte jusqu'à l'éléphant, depuis l'enfant qui vient de naître jusqu'à l'homme courbé sous le poids de la vie, que deviendrait l'équilibre de ce monde ?

Quiconque obéit à la loi que Dieu lui a faite, n'occupât-il que la place d'un atome dans l'univers, mérite le respect de tout ce qui vit.

Ce sentiment du respect est nécessaire à l'enfant pour l'enfant plus encore qu'à l'homme pour l'homme, si c'est possible. Comment, entre ces êtres qui commencent, qui essayent la vie du même pas chancelant, l'égalité d'où naît le respect réciproque ne serait-elle pas de plein droit? Imagine-t-on rien de plus odieux, de plus ridicule à la fois que les bégayements de la vanité, de l'orgueil, à un âge où l'être humain ne vit que de l'assistance d'autrui ?

Miss Mary avait donc raison, le respect est une vertu nécessaire.

Quand je partis le lendemain matin, j'aperçus de loin ma petite amie traversant les jardins, suivie d'une bonne qui portait un grand vase plein d'eau chaude. Miss Mary portait elle-même des serviettes, et je remarquai dans une de ses mains une éponge. Elle se dirigeait d'un pied leste du côté d'un grand pavillon dont le pensionnat du Petit-Château a fait une salle d'asile à l'usage des enfants du village.

« Que va faire par là miss Mary ? dis-je à la personne qui me reconduisait à la voiture.

— Elle va débarbouiller tous les matins les petits, me fut-il répondu, et aussi les faire manger. C'était une bonne qui faisait cela autrefois: miss Mary a tant demandé de le faire, qu'on le lui a accordé. »

« Chère petite miss Mary, pensai-je, vous ne vous êtes pas pardonné, je le vois, vos mépris pour les enfants barbouillés de la femme pauvre qui vous dégoûtaient autrefois. Dieu bénit, miss Mary, ceux qui se souviennent de leurs fautes pour les réparer ! Soyez tranquille, les petits débarbouillés de Bebleinheim ont gagné devant Dieu votre cause, que votre dureté pour les pauvres de Londres avait mise en danger, mais non perdue tout à fait. »

J'aurais voulu courir après miss Mary et pouvoir lui porter un baiser de son père ; mais la voiture était là, j'étais en retard plutôt qu'en avance ; il valait mieux peut-être d'ailleurs laisser à miss Mary le mérite plus grand d'une bonne action sans louange et sans récompense. — Je partis.

IL FAUT AIMER LA VIE.

IMPRESSIONS DE VOYAGE D'UNE HIRONDELLE.

DE NOTRE-DAME DE PARIS AU GOLFE JUAN.

Oui, ma bonne amie, ce ciel gris, ces pluies, cette neige surtout, m'ont tuée. C'est une mauvaise étoile que celle qui m'a fait naître sous le portail du Nord de Notre-Dame de Paris. La couronne de ce saint, dans laquelle mon pauvre père et ma chère maman ont eu la malheureuse idée de bâtir leur nid, est tout à fait glaciale. L'arrivée tardive de mes parents à Paris après leur établissement manqué dans une autre contrée m'a valu de naître en octobre et non en été, comme les autres, de façon que je ne sais du soleil, de la chaleur, de ce que vous appelez le beau temps, que ce que j'en ai entendu dire par des personnes qui me paraissent avoir rêvé tout ce qu'elles racontent. A vous parler franchement, je ne crois à rien de toutes ces belles choses. Comment y croirais-je, ne les ayant jamais vues ? Si ceux qui en parlent on raison, c'est donc que tout est changé et que le terre s'est refroidie depuis ma naissance. J'ai grelotté dès le berceau. — On me disait : « Attends tes plumes. » Mes plumes sont venues, je grelotte encore. Il a grêlé ce matin, et j'ai entendu dire au bon chanoine qui jette quelquefois aux moineaux de la mie de pain et même de la brioche, en entrant au chapitre, que si cela continuait la Seine elle-même allait se prendre. Il était violet et sous son camail faisait brrrou à chaque instant, le pauvre chanoine!

Je ne puis croire qu'au froid, au malheur, et sans vous je devrais dire à l'abandon. J'ai vu partir toutes mes pareilles; quel bruit c'était! que de paroles avant ce départ, et les beaux projets pour le voyage et le retour! Les adieux eux-mêmes étaient gais. Les ménagères, qui voulaient laisser leur maison bien en ordre, allaient, venaient, jasaient en faisant leurs préparatifs; les jeunes exerçaient leurs ailes, ou écoutaient, les yeux brillants de curiosité, les anciens qui leur disaient : « Tu vas voir, tu vas voir, » et leur racontaient d'avance ce que le voyage leur réservait de surprise.

Où devaient-ils aller, dans quel paradis, je l'ignore; tout ce que je sais, c'est que j'étais si faible que je n'ai pu les suivre. Mon père a dû partir avec mes sœurs, plus fortes que moi. « Vous nous rejoindrez, disait-il à ma mère : dans trois semaines la petite sera grande. »

Ma mère n'avait pas voulu me quitter. « Sitôt ses plumes poussées, avait-elle répondu, sois tranquille, nous partirons. »

9

Hélas! nous ne devions pas partir; le dévouement de ma mère lui a coûté la vie. On ne meurt pas de chagrin, puisque, ayant vu mourir celle qui m'aimait si tendrement, j'ai pu lui survivre. Vous rappelez-vous, chère amie, vous rappelez-vous que la veille de sa mort, qu'elle sentait venir, elle a quitté subitement le nid et est allée s'installer dans un nid abandonné? Je comprends tout maintenant, elle voulait me laisser notre maison tout entière. Celle qu'elle a prise là, tout près de la Vierge, est devenue son tombeau. Ah! la dure chose que la mort d'une mère chérie! Je l'entends encore: « Je veux que tu vives; je te laisse sous la protection de notre amie la corneille; tu reverras ton père et tes sœurs; tu leur diras que... » Elle ne put achever...

J'ai fait tout ce que j'ai pu pour obéir à ses dernières paroles, j'ai suivi vos conseils. Je n'avais pas toutes mes plumes que j'allais chercher la chaleur où vous m'aviez dit que je la trouverais; est-ce ma faute si je n'en ai trouvé nulle part?

Ce fameux soleil de la petite Provence des Tuileries est une plaisanterie, ma bonne amie; si c'est là le soleil, il ne mérite pas les éloges qu'on s'obstine à en faire. Il éclaire, j'y consens, mais il ne chauffe pas. Est-ce que les nez rouges des petits garçons, les joues bleues des petites filles, les mains froides de tout le monde, sont le signe que les gens ont chaud? Non, non, je ne crois pas au soleil, je ne crois pas au bonheur, je ne puis croire qu'aux nuits froides et longues, au vent terrible, à l'hiver! L'hiver est la seule vérité. Je suis poitrinaire, je suis condamnée à mourir, je suivrai bientôt ma pauvre mère dans le monde meilleur où elle est; je ne m'en plains pas, car je suis lasse de disputer au froid le peu de jours qui me restent à vivre.

— Vous ne savez ce que vous dites, répondit à la jeune hirondelle la vieille corneille qui l'écoutait, vous êtes une pauvre enfant sans foi et sans courage. Si votre mère pouvait vous parler, elle vous dirait que le devoir de tout être créé est de lutter contre les misères de la vie, et non de se laisser aller à la dérive.

« Vous ignorez jusqu'au premier mot des choses, et vous en parlez en personne revenue de tout; pourtant, où êtes-vous allée? Nulle part encore, ma petite. Sans doute, il eût mieux valu pour vous naître, comme toutes vos pareilles, au printemps; vous auriez été, l'automne venu, de force à vous en aller avec les autres hirondelles à la recherche d'un climat plus propice; mais ce que vous n'avez pu faire de compagnie, qui vous empêche de le faire toute seule? Vous êtes plus forte que vous ne pensez, vous avez toutes vos plumes aujourd'hui, et pour quelque retard dans votre destinée, ce n'est pas à dire qu'elle soit manquée à jamais.

« De quoi s'agit-il? d'avoir un peu d'énergie et de regagner le temps perdu. Eh bien ! regagnez-le. Il n'appartient qu'aux lâches de s'ensevelir dans leur chagrin et de jeter, au premier obstacle, le manche après la cognée. Croyez-vous que vous soyez la première à qui tout n'ait pas souri dès le berceau? Tenez, ma fille, nous avons assez parlé, je n'entends pas m'acquitter de mes devoirs de tutrice envers vous par un simple sermon ; si vieille que je sois, je vous prouverai qu'on peut faire non pas seulement pour soi, mais pour les autres, un grand effort. Je prétends vous remettre dans la bonne voie. Vous n'êtes pas méchante, au fond, et si je parviens à vous faire regretter les blasphèmes qui sont tout à l'heure sortis de votre jeune bec, je n'aurai pas perdu mon temps.

« Je ne sais pas au juste où vont les hirondelles pour fuir l'hiver, mais je sais que c'est dans un pays où il fait chaud. C'est par delà les mers, dit-on; mon âge ne me permet pas d'aller d'un coup d'aile, comme vous autres, d'un bout du monde à l'autre, mais je crois pourtant qu'il me reste assez de force pour vous conduire, à petites journées, dans une contrée qui m'a laissé de bons souvenirs, qui n'est pas très-éloignée, et où il fait assez chaud, malgré la saison, pour que votre sang puisse s'en trouver réchauffé. Dans huit jours, si vous le voulez, je vous ferai bien voir au golfe Juan, entre

Cannes et Nice, ce soleil que vous niez et dont je suis d'accord que votre petite poitrine peut avoir besoin.

— Voyager, remuer, ah! quelle fatigue! reprit la pauvre hirondelle! A quoi bon? J'ai à peine la force de regagner mon nid, quand j'ai été obligée de le quitter pour pourvoir à ma nourriture. Non, non, ma chère amie, il faut que mon destin s'accomplisse. Laissez-moi mourir ici. D'ailleurs, vous le dirai-je, ma maisonnette, si froide qu'elle soit, m'est chère. Cette petite chambre de malade, où j'ai vu mon père, ma mère, mes frères et mes sœurs, où j'ai eu quelques bons jours, en somme, dans ma toute première enfance, je ne veux pas la quitter. La mort m'y sera plus douce qu'ailleurs. Ce bon vieux saint qui nous avait prêté sa couronne, j'ai eu tort d'en médire tout à l'heure; ce n'est pas sa faute s'il est de pierre, je sens qu'il me serait impossible de l'abandonner. J'ai peur de l'inconnu. On me le vante pour me rendre une espérance, mais ce que je sais du monde ne m'invite pas à tenter des expériences. »

La vieille corneille se fâcha. « Je la connais votre triste chanson, je l'ai entendu soupirer à mille oiseaux de toute espèce, avant vous, ma chère, et vous me pardonnerez de ne pas me laisser prendre à ces vieilles élégies. C'est très-poétique, les soupirs, la douleur, la mélancolie, mais cela ne mène à rien. Dieu ne vous a pas donné la vie pour la maudire, mais pour la porter, entendez-vous bien ?

« Votre mère mourante m'a donné des droits sur vous. Je vous ai priée, vous n'avez pas cédé à mes prières, vous céderez à mes ordres. C'est votre mère absente qui vous les donne par ma voix. Nos préparatifs ne seront pas longs ; nous n'avons pas, comme les dames, trente-six malles à faire, toute notre toilette est sur notre dos, grâce à Dieu ; c'est demain, ma mignonne, oui dès demain, et non pas dans huit jours, comme je le disais tout à l'heure, c'est à la première heure que j'entends que nous partions. »

La petite hirondelle vit bien que sa mère d'adoption était résolue, et qu'il n'y avait pas à répliquer : « J'obéirai, murmura-t-elle, j'obéirai !

— A la bonne heure, fit la vieille corneille radoucie.

« Pour aujourd'hui, rien à faire en ce qui vous concerne ; reposez-vous, calmez-vous, rassemblez vos forces ; faites provision de bon vouloir et de courage, c'est tout ce que je vous demande ; je vais aller à la chasse pour vous, comme si j'étais pour de bon votre maman. Si j'allais dans le jardin du chanoine, rue Chanoinesse, n° 14, hein ? qu'en dites-vous ? Il jette toujours de bonnes choses pour les oiseaux sous ses fenêtres, ce brave homme-là, je pourrais vous rapporter un joli morceau. »

La petite hirondelle, qui était friande comme toutes les malades, fit un petit signe de tête approbateur. « Ceci convenu, vous dînerez avec moi, reprit la corneille, puis vous vous coucherez de bonne heure, vous ferez un bon somme, et demain, dès l'aube, nous déploierons nos ailes; est-ce dit? »

La petite malade leva au ciel un regard chargé de soucis, elle soupira, mais elle dit : « Oui. »

Tout se passa comme il avait été entendu. Le lendemain matin, après avoir fait ses adieux à son nid, à son saint, à la grande église tout entière, et même à quelques pierrots du voisinage qui s'étaient, à leurs moments perdus, intéressés à son sort; après avoir été faire une dernière visite au nid qui servait de tombeau à sa mère, ce qui ressuscita tous ses chagrins, la petite hirondelle, le cœur bien gros, se mit en route avec sa grand maman la corneille.

Cela n'alla pas précisément très-bien du premier coup. La pauvre petite demoiselle se sentait des vertiges quand elle passait par-dessus les maisons, et surtout par-dessus les tuyaux de cheminées, qu'elle ne savait pas éviter; la fumée des grandes villes la faisait tousser; le monde lui paraissait bien sombre et bien grand. Sa vieille amie eut plus d'une fois à l'aider d'un coup d'aile; plus d'une fois elle dut relever son courage. Cependant le grand air, le mouvement, la nouveauté des objets qui passaient sous ses yeux agissaient utilement sur son moral; la fatigue même lui était bonne: elle lui valait de bons repos. L'appétit aussi lui revenait, et si le soleil tant désiré s'était montré dès les premiers jours, elle ne se fût pas précisément trouvée trop à plaindre. Elle avait à coup sûr redouté pis que ce qui lui arrivait. Malheureusement le soleil restait obstinément derrière l'épais rideau des brumes d'hiver, la bise était froide, et de temps en temps la corneille entendait sa petite amie redire tout bas: « Non, non, je ne verrai pas le soleil, il n'y a pas de vrai soleil ici-bas, la chaleur a certainement disparu de la terre, il n'y faut plus penser. »

La corneille faisait celle qui n'a rien entendu. C'était une personne judicieuse; au lieu de répondre à ses soupirs, elle essayait de la distraire en lui nommant les pays parcourus, en lui faisant part des réflexions que chaque chose lui inspirait; elle avait de l'instruction et l'employait à propos. « Dans quinze jours vous me bénirez, lui disait-elle; on dit que les voyages forment la jeunesse, mais c'est à la condition qu'elle ouvre les yeux. Il ne suffit pas de faire du chemin, il faut regarder par où l'on passe et voir comment le monde est fait. C'est une leçon intéressante pour tous, de considérer ce que les hommes et les autres bêtes ont fait de l'univers que Dieu leur a donné pour séjour. Dans notre course, vous verrez ce que la nécessité a fait des animaux les plus imparfaits; la nécessité, ma chère, c'est le vrai maître; nous avons la terre et l'air, nous autres oiseaux, cela nous dispense de bien des soins; mais je ne peux pas m'empêcher d'admirer ce que l'imperfection même de leur nature a développé de génie dans les créatures qui, comme l'homme, en sont réduites à ne jamais s'élever au-dessus du sol. Paris est un bel échantillon de l'industrie humaine; toutes les villes, tous les villages qui fuient sous nos yeux, montrent bien que tout ce qui est nécessaire s'obtient par la volonté et la patience, par l'éducation et par le travail, sous la loi du besoin. J'ai regretté quelquefois qu'en nous donnant tout ce qu'il nous faut, presque dès le berceau, Dieu ait borné nos efforts. C'est à sa faiblesse, c'est à l'insuffisance de l'homme individu que l'homme collectif a dû de connaître sa puissance. Dès qu'il a eu le sentiment de l'association, dès qu'il a pu comprendre qu'en s'unissant, qu'en constituant des sociétés, qu'en groupant des faiblesses, il créait des forces, l'homme est devenu le roi des animaux. Voyez-vous, ma chère, tout son secret est dans quatre mots : l'union fait la force. Qu'est-ce qu'un homme à côté d'un lion, à côté d'un éléphant, d'un rhinocéros, d'un aigle, d'un condor, d'une baleine? Rien, sinon un être chétif, sans plume, ni poil, ni ailes, ni griffes, sans bec, ni ongles, sans défense aucune, et incapable de lutter contre le moindre d'entre eux; mais voilà cet être faible qui donne la main à son frère, le frère la donne à son tour à un autre frère; la chaîne se forme, et le plus faible devient le plus fort, et l'empire du monde lui appartient. Les villes naissent, les chemins se font, l'espace se rapproche, la terre est à lui, l'eau devient sa propriété, et qui sait si bientôt l'air lui-même ne fera pas partie de son domaine! Avez-vous entendu parler des ballons?

— Oui, dit la petite hirondelle, j'ai vu sur un papier que le vent avait jeté sur le saint, le portrait de M. Nadar et d'une maison en osier avec laquelle on assure qu'il s'est enlevé dans les airs; mais il paraît qu'il est retombé bientôt et qu'il a failli se casser le cou.

— Qu'importe? dit la corneille, ce n'est qu'un commencement. Le premier bateau n'était pas pour donner à penser que les navires à vapeur dompteraient l'Océan; la première voiture n'allait pas du train des chemins de fer. N'en doutez pas, ma fille, un temps viendra où nous ne serons plus chez nous dans les airs, et où l'homme nous prendra à la course si l'envie lui en vient.

« L'homme n'a sur nous qu'une infériorité réelle qui retardera longtemps encore ses progrès ; mais cette infériorité est telle qu'elle fait contre-poids à toutes ses supériorités. Partout où va l'hirondelle, la corneille, le lion, l'aigle, s'il trouve son semblable, il trouve à qui parler ; le langage de chacune des espèces animales est partout le même. Il n'en est pas ainsi de l'homme : chaque nation humaine a sa langue particulière à laquelle les autres ne comprennent goutte. N'est-ce pas à croire que c'est de peur de bien s'entendre et se comprendre, de peur d'avoir à s'aimer d'un bout du monde à l'autre, que l'homme s'est ainsi et volontairement divisé par la différence des idiomes ? Toujours est-il que, grâce à cette incroyable confusion du langage humain, l'homme, si fort d'ailleurs, devient à un moment donné le plus faible et le plus fou des êtres. Ce ne sont plus des querelles d'individu à individu qui résultent de ce défaut d'unité dans la façon de s'exprimer ; ce sont des guerres de peuple à peuple, des guerres acharnées et féroces qui couvrent en quelques jours la terre de cadavres sur de vastes espaces, et étendent le deuil et la misère pour de longues années sur des populations tout entières. Hélas ! ma fille, il semble que rien ne puisse être parfait ici-bas, puisque l'homme lui-même a ses périodes de vertige et de barbarie, pendant lesquelles, expiant toutes ses autres supériorités, il devient le plus misérable et le moins enviable des animaux créés.

— Et pourquoi se battent-ils? dit la petite : est-ce dans les temps de famine? est-ce pour se manger?

— Non pas, dit la corneille, ils n'ont pas même cette excuse de la faim, et cette monstruosité, la guerre, est un fait physiologique vraiment inexplicable. Les anciens parmi les oiseaux déclarent que ces fureurs des races humaines contre les races humaines, des nations contre les nations, sont pour tous les autres animaux une leçon qui doit leur montrer que si, pour d'autres raisons, nous pouvons regretter de n'être point des hommes, pour celle-là seulement nous devons être ravis de n'en point être, et je crois, ma foi, que sur ce point les anciens n'ont pas tort.

« La morale à tirer de là, c'est qu'il est sage à toute créature de se contenter du rôle que Dieu lui a assigné dans la création, et que jalouser le sort d'autrui est, en même temps qu'une révolte coupable contre la volonté divine, une grosse sottise.

« Ces diables d'hommes ont pourtant du bon; croirais-tu, ma petite, qu'il en est parmi eux qui connaissent cent fois mieux notre histoire que nous-mêmes, et que si l'animal voulait savoir à quoi s'en tenir sur son espèce, sur son individu, c'est dans les livres des hommes qu'il trouverai ces renseignements? L'histoire naturelle des bêtes, des plantes, de la terre, a occupé quelques humains qui ont pénétré jusque dans les secrets les mieux cachés de notre nature. C'est une des supériorités de l'homme, qu'il ait compris combien il lui importe de ne rien ignorer de ce qui se passe sur le globe où Dieu l'a placé. Notre histoire l'occupe autant que la sienne propre, et à juste titre. C'est en étudiant nos facultés, nos mœurs, qu'il est parvenu à s'assimiler nos qualités. C'est le cygne qui lui a donné la forme de ses vaisseaux; c'est le poisson qui lui a appris à nager; ce sera peut-être une hirondelle qui lui apprendra à voler. »

Le temps passait dans ces conversations; la petite hirondelle écoutait, quelquefois elle questionnait. La corneille savait bien des choses, et lui montrait, chemin faisant, qu'à l'exemple de l'homme s'occupant des oiseaux, elle s'était instruite de l'histoire de l'homme à son tour; c'est ainsi que tout en volant, ou dans les haltes qu'elles firent pendant la route, elle fit remarquer successivement à sa petite amie : Melun et le château de Vaux, où Fouquet avait donné cette belle fête qui lui coûta si cher; puis celui de Fontainebleau, célèbre à tant de titres, et surtout par les adieux que fit à ses vieux soldats un homme que ses courses rapides et la puissance de son regard avaient fait comparer à l'aigle lui-même. La forêt qui avoisine la ville émerveilla la jeune voyageuse : « Quand tous ces beaux arbres ont des feuilles, cela doit être superbe, en vérité ; et ces rochers ! c'est plus beau que des maisons.

— Si Fontainebleau était à cent lieues de Paris, dit la vieille corneille, qui connaissait ses Parisiens, tout Paris y courrait en été. »

Les vieilles carpes de Fontainebleau avaient attiré l'attention de la petite hirondelle. « Deux cents ans, trois cents ans, et toujours sous l'eau ! Je n'aimerais pas cela, dit-elle.

— Si tu étais poisson, tu parlerais autrement, dit la corneille ; il ne faut jamais juger des autres par soi-même ; les conditions de vie sont différentes pour chaque espèce. Est-ce que tu crois que les carpes seraient charmées d'avoir à nager dans les airs ? Quant à leur longévité, c'est leur affaire ; la vie a du bon pour qui sait l'y trouver.

« Si je vis cent cinquante ans, comme ma grand'-mère, je ne m'en plaindrai pas.

— Cent cinquante ans ! dit la petite hirondelle étonnée. Quel âge avez-vous donc, madame la corneille ?

— Quatre-vingt-deux ans, dit la corneille ; j'ai déjà vu pas mal de choses, va ; mais j'en verrai bien d'autres. Le monde est un théâtre où les spectacles varient sans cesse.

— Quatre-vingt-deux ans! dit l'hirondelle, et vous pouvez en vivre cent cinquante! mais vous êtes encore jeune, ma vieille amie.

— Toute jeune, non, mais je suis solide encore, dit la corneille, et à moins qu'un accident n'arrête ma course, je puis durer longtemps. Mais qu'importe? je m'en remets à Dieu qui m'a donné cette vie, de celle qu'il me destine après mon passage dans ce monde.

— Et nous, dit l'hirondelle, combien vivons-nous?

— Vingt-cinq ans, ma mignonne, et plus encore.

— Vingt-cinq ans! s'écria l'hirondelle; mais à ce compte vous verrez mourir toutes les hirondelles qui vivent aujourd'hui.

— Ne parlons pas de cela, dit la corneille; c'est la douleur des vieilles gens de rester seules un jour sur la terre, séparées, par la mort, de tout ce qu'elles ont aimé. »

Un silence se fit après ces paroles; la petite hirondelle vit bien que la vieille corneille repassait sa vie. C'est une chose douce et douloureuse à la fois pour les vieillards, que cette contemplation du passé.

Après Montereau, où fut assassiné Jean Sans-peur, les deux voyageuses s'arrêtèrent à Sens. La cathédrale Saint-Étienne vaut la peine d'être vue. Il y a là des rosaces qui seraient belles à côté même de celles de Notre-Dame. La petite hirondelle aimait beaucoup les cathédrales ; elle voulut s'arrêter à Dijon. L'église de Saint-Bénigne lui parut originale. « Dijon est aussi le pays de la moutarde, dit la corneille, qui s'était peu à peu remise ; c'est une fière drogue, soit dit entre nous, que cette moutarde, mais les hommes aiment ça ; j'en ai trouvé une fois sur un morceau de pain ; cela m'a piqué la langue de façon à m'ôter l'envie d'y revenir, je t'assure. »

La petite hirondelle se mit à rire.

La bonne corneille ne demandait pas mieux que de l'égayer.

Elles arrivèrent bientôt à Lyon. « C'est la seconde ville de France, dit la corneille, mais nous n'y resterons pas longtemps ; je sais un vilain petit clocher d'où tu verras la ville tout entière en un clin d'œil ; la vue est superbe. Quant à Notre-Dame de Fourvières, c'est, comme monument, une église sans intérêt. »

La petite hirondelle, après avoir bien regardé cet amas de maisons et de grandes rues, et les grands quais du Rhône, qui lui rappelèrent Paris, trouva qu'il faisait bien froid dans ce petit clocher.

« Allons-nous-en, dit la corneille.

— Attendez un peu, » dit la petite hirondelle. Elle s'était penchée sur un vitrail de l'église qui était entr'ouvert. « Pourquoi tous ces petits tableaux, dit-elle, et presque toujours les mêmes : un enfant dans un lit, avec une figure pâle, et le papa et la maman à genoux?

— Ces petits tableaux, dit la corneille, ne valent pas grand'chose comme peinture, et l'on en pourrait rire, tant la plupart sont grotesques ; mais leur sujet est si touchant, que la première fois que je les ai vus, mon cœur en a été tout retourné : un père et une mère désespérés demandant à Dieu de leur laisser leur enfant, cela n'est pour faire rire personne, à coup sûr.

— Non, non, dit la petite hirondelle, tout émue, mais je voudrais voir parmi ces tableaux des enfants à genoux près de leur mère malade et demandant à Dieu de ne point la leur ravir. Est-ce que chez les hommes les mères aiment mieux leurs enfants que les enfants n'aiment leurs mères ?

— J'espère que non, » dit la corneille.

Le voyage continuait, continuait, et bien qu'elle fût distraite par les incidents de la route, la petite hirondelle disait de temps en temps : « Ah ! ma bonne amie, où est le soleil, j'ai bien besoin de croire au soleil ! »

Elle allait le dire pour la centième fois, après

une nuit passée dans un jardin où elles étaient arrivées la veille après la nuit tombée, quand la corneille, qui épiait son réveil, la voyant ouvrir les yeux d'un air dolent, lui dit : « Tu vois bien cette belle maison qui nous fait face ; eh bien, vole sur son toit avec moi, mais promets-moi de n'arriver au faîte que tout doucement, à petits pas, et de ne regarder par-dessus que quand je t'aurai dit : Regarde.

— Pourquoi ? dit la petite hirondelle.

— Parce que... dit la corneille. Sois donc patiente une fois dans ta vie, et sois confiante aussi ; c'est pour que tu sois plus contente, que je veux que tu ne regardes que quand je t'aurai donné le signal. »

La petite hirondelle était intriguée, mais comme elle devina qu'il y avait une surprise là-dessous, elle se conforma, en bonne petite créature qu'elle était, au désir de la corneille.

Les voilà tout près du faîte et encore dans l'ombre. « Ne fais qu'un pas, marche, ne vole pas, lui dit la corneille d'une voix triomphante. » La petite hirondelle obéit, arriva sur l'arête du toit ; elle poussa un cri, un seul : « Ah ! que c'est beau ! » et elle tomba dans une muette extase.

Nos deux voyageuses avaient dormi dans les jardins de la nouvelle Réserve, à Marseille, tout près de ce beau chemin de la Corniche qui mérite bien son nom. Devant elles s'étendaient, comme sous un admirable ciel d'azur, les flots bleus et calmes de la Méditerranée. Le soleil resplendissait.

« Ah! je crois à la vie! s'écria enfin la petite hirondelle, je crois au soleil, je crois qu'il peut faire bon d'être au monde! Ah! que c'est beau et grand, tout cela! Ah! ma chère corneille, soyez bénie! La mer, la mer, ce bleu profond, ce doux azur, ah! c'est trop beau! trop beau! »

Ses yeux étaient humides; ce sont de bonnes larmes que celles que l'admiration met dans nos yeux. Son cœur, tout dégonflé, s'entr'ouvrait.

« Nous n'irons pas plus loin, dit-elle après quelques instants donnés à ses ravissements, restons ici.

— Non pas, dit la corneille; un jour, deux si tu veux, parce qu'il fait beau, parce que le mistral ne souffle pas aujourd'hui, parce que je veux te faire voir la ville et le port; mais ce n'est pas là que tu peux guérir, ma mignonne; sois tranquille, le lieu que j'ai choisi, mon golfe Juan, te conviendra mieux encore. Il te faut tout ce que tu vois ici, moins le bruit, moins le tapage de la grande ville; tu l'auras où nous allons.

— Je ne veux pas quitter la mer; ce bleu, ce bleu, je veux le garder sous mes yeux; je ne savais pas que cela fût si beau, ce qui est bleu, ni si doux; laissez-moi ici, laissez-moi, ma bonne amie.

— Qui te parle de le quitter, ton bleu, chère enfant ? notre voyage va se faire tout entier sur les bords de la Méditerranée. Tu verras, tu verras ! ce n'est ici que le commencement de tout ce qui te plaît tant, de cette douceur qui te ravit et de ce soleil qui te fait tant de bien. »

La petite hirondelle était un peu têtue. « Marseille était, disait-elle, le plus beau lieu du monde, bien certainement. Quitter ce qui dépasse tout ce qu'on connaît était folie. » La corneille la laissa dire, on déjeuna ; après le déjeuner, on courut, on vola, on sauta d'arbre en arbre, de roche en roche, de maison en maison, jusqu'au port. L'admiration de la petite hirondelle allait croissant, et de plus en plus elle affirmait qu'elle voulait finir ses jours à Marseille. Tant qu'elle resta sur les hauteurs de Notre-Dame-de-la-Garde, au château d'If, volant de rocher en rocher, ce ne fut qu'un cri d'admiration. C'était Paris, plus le soleil, plus la mer plus le bleu sans fin. Qu'avait-elle besoin d'autr chose ?

Elle était même un peu ingrate pour tout ce qu'elle avait vu jusque-là · « Comparées à la mer, à ce miroir azuré, les autres eaux, les rivières, les fleuves, la Seine, c'est de l'eau de vaisselle ! » s'écria-t-elle. L'admiration manque souvent de mesure.

La journée fut superbe. Le soir venu, elle trouva que l'air était bien froid pour succéder à un si bon soleil; mais le lendemain, s'étant levée de bonne heure, son extase la reprit. Ce fut un nouvel enchantement. Quand le soleil sortit tout en feu des profondeurs de l'horizon, inondant tout de ses flammes, incendiant la plaine liquide, mettant le feu même à l'eau, elle faillit devenir folle.

Et je crois, ma foi, qu'elle serait encore à Marseille, si dans la nuit, le vent ayant changé, elle ne se fût réveillée devant un spectacle d'un genre tout nouveau. La mer était en furie, un vent violent soulevait les flots, les navires s'entre-choquaient dans la rade. Il n'était plus question de soleil, ni de bleu. De gros nuages lourds et épais avaient rétréci l'horizon; ils avançaient lourdement, pesamment, pleins de menaces, sur la ville, comme s'ils avaient résolu de l'écraser. Le ciel était de plomb, l'eau était noire. Soudain le tonnerre gronda. De quelles cavernes pouvaient sortir ces sinistres roulements? Les nuages se déchirèrent, la mer se gonfla, le ciel et l'eau ne faisaient qu'un et le déluge commença.

Blottie sous une gouttière, serrée contre son amie la corneille, la petite hirondelle, épouvantée, ne disait mot; « D'où vient cette colère de Dieu?

pensait-elle ; quelle faute a faite la nature pour mériter ce châtiment ? Ah ! j'étais trop heureuse ! »

La nuit tout entière se passa dans ces terribles obscurités dont les éclairs seuls trahissent les profondeurs. Le matin venu, la petite hirondelle n'avait pas fermé l'œil ; le soleil ne reparaissait pas ; elle le croyait éteint à jamais ; je ne suis pas sûr qu'elle ne se dit pas à part elle qu'il était tombé dans l'eau, que la mer l'avait englouti. De l'extrême joie elle avait passé à l'extrême découragement, et entre deux coups de tonnerre elle dit tout bas à la corneille : « Retournons à Paris, c'est trop payer un beau jour que de l'acheter par de telles épouvantes.

— Tu es folle, lui dit la corneille ; de même que le beau temps a passé, le mauvais passera à son tour ; mais alors tu m'écouteras et nous profiterons de la première embellie pour continuer notre route. Tu retrouveras, et plus beau encore, ce soleil que tu crois pour toujours disparu. »

L'embellie arriva.

« Partons, » dit la corneille.

Elle sentit qu'avec son impressionnable compagne, si elle voulait arriver, il ne fallait pas compliquer les stations, et passa à regret devant des choses qu'elle aurait aimé revoir. Cependant elle s'arrêta à Toulon.

« Ah ! le beau port, la belle rade, les beaux navires! dit la petite hirondelle ; avec leurs mâts, ces vaisseaux ont des ailes, mais en voici d'autres qui sont bien lourds.

— Ce sont des vaisseaux cuirassés, dit la corneille, des vaisseaux en fer, qu'on s'essaye à construire de façon à les mettre à l'abri des boulets. Il est vrai qu'à mesure qu'on fait des vaisseaux plus forts, on invente des boulets plus forts aussi, et qu'on ne voit pas la fin de cette émulation. *La Gloire, le Taureau, la Provence* sont de puissants engins qui demain peut-être seront jugés inutiles.

— Des boulets, dit l'hirondelle, qu'est-ce que c'est ?

— Ce sont de gros cylindres coniques qu'on met dans des canons rayés qui portent très-loin ; tu en verras dans l'arsenal.

— Et à quoi cela sert-il, des canons, des boulets ?

— Cela est fort utile, dit la corneille : cela sert à couler bas ces beaux navires, et à engloutir avec eux les mille ou douze cents hommes qu'ils portent dans leurs flancs, quand les hommes sont en guerre.

— Quelle horreur! dit la petite hirondelle.

— Oui, quelle horreur! dit la corneille, mais avant que les hommes le comprennent, des siècles passeront. « La guerre est un mal nécessaire, » disent les plus sages. « C'est le plus noble des métiers, » disent les autres. Et tout ce qui fait la force vive des pays, sur cette belle assurance, se précipite dans la carrière des armes; les plus beaux, les plus jeunes hommes de France sont, tous les ans, envoyés à l'armée. Là, ils s'instruisent dans l'art de tuer leurs semblables. Il y a toujours en France cinq cent mille soldats qui attendent, en faisant l'exercice, que l'heure soit venue de se ruer sur les armées des autres pays et de les exterminer. Ils languissent inutiles dans la paix, qui est, à leurs yeux, une chose quasi déshonorante pour une armée, et n'aspirent qu'aux sanglants triomphes des batailles.

— J'aime mieux être hirondelle, dit la petite voyageuse; ne me parlez plus du génie des hommes, chère corneille : tout cela est magnifique, mais lugubre.

— C'est vrai; pourtant, car il faut être juste, le rôle de ces armées peut être sublime à un moment donné. Quand, au lieu de faire une guerre injuste, et de porter le fer et le feu chez leurs voisins, les soldats exposent leur vie pour repousser leurs attaques, ils méritent alors le plus beau nom qu'il soit donné à des hommes de recevoir, celui de *Défenseurs de la patrie*. Malheureusement leur rôle ne se borne pas toujours là.

— Tu m'as parlé de l'arsenal, allons à l'arsenal, dit l'hirondelle. Je ne veux plus regarder ces gros navires; j'aime mieux voir ces jolis canots pleins d'ouvriers et de rameurs qui glissent à fleur d'eau comme des oiseaux.

« Pourquoi, parmi ces rameurs, les uns ont-ils des uniformes de couleur, les autres pas?

— Ah! dit la corneille, ma pauvre petite, tu me fais des questions embarrassantes. Ceux qui ont des uniformes sont les forçats, nous sommes au bagne. »

Ce sinistre mot fit frissonner l'hirondelle, bien qu'elle n'en comprît qu'imparfaitement le sens.

« Qu'est-ce que tu entends par ce vilain mot-là, le bagne?

— Le bagne, dit la corneille, est un lieu où les hommes envoient et renferment ceux d'entre eux qui ont commis quelque crime, pour les mettre hors d'état de recommencer.

« C'est le revers de la médaille des sociétés, qu'il faut pourvoir à leur sûreté et mettre par la force les bons à l'abri des attaques des méchants.

— Je vois, dit l'hirondelle, que la vie est compliquée de bien graves problèmes pour les hommes, et que Dieu a bien fait de ne pas charger nos petites têtes d'oiseau de pareilles difficultés à résoudre. »

Elles quittèrent le bagne, lieu superbe et pourtant désolé.

A Fréjus, elles voltigèrent sur les ruines. Leur vue rappela Arles et Nîmes à la petite hirondelle. « Les Romains, dit-elle, étaient-ils aussi grands que les Français?

— C'est selon, dit la Corneille; le monde nouveau vaut mieux que l'ancien, somme toute, cela est certain; ainsi les arènes d'Arles qui servaient aux fêtes du peuple romain, sais-tu ce que c'était? Sous les gradins garnis par des milliers de spectateurs avides, il y avait des antres, des souterrains, de vraies cavernes d'où sortaient d'un côté des tigres et des lions, de l'autre des hommes nus. Les hommes combattaient les tigres et les lions, jusqu'à ce que mort s'ensuivît pour les uns et les autres, et c'était le spectacle. Celui qui mourait bien, bête ou homme, avait la gloire d'être applaudi, acclamé par la multitude des hommes, des femmes et des enfants que l'attrait de cette fête sanglante avait réunis. Eh bien, cette civilisation romaine tant vantée n'eût-elle eu que cela contre elle, qu'elle devrait être déclarée inférieure à la civilisation nouvelle.

— Cependant les hommes se tuent encore, dit la petite hirondelle.

— Ce n'est plus pour le simple plaisir des peuples, dit la corneille.

— C'est égal, dit l'hirondelle, je suis plus contente de n'être qu'un pauvre petit oiseau. »

Les deux voyageuses traversèrent alors les montagnes de l'Esterel. Elles s'arrêtèrent à l'auberge des Adrets, à la gorge de Malandieu, où elles firent un très-bon déjeuner. L'hirondelle voulait tout voir, toucher à tout.

Une nouvelle extase pareille à celle de Marseille la reprit quand elle arriva au golfe de la Napoule, et ce ne fut pas sans peine que la vieille corneille parvint à l'arracher à sa contemplation. Tout l'attirait.

« Viens donc, viens donc, » lui disait à chaque instant la corneille.

Les deux amies passèrent par Cannes. Elles laissèrent derrière elles la petite ville très-pittoresquement groupée au pied d'un mamelon, l'hôtel des Princes, le Grand-Hôtel, les villas, le jardin des Hespérides, l'île Sainte-Marguerite, célèbre pour avoir servi de prison à un mystère dont l'histoire n'a jamais pu soulever le voile, le mystère du Masque de fer, et l'île Saint-Honorat. La nuit était venue.

« Comme cela sent bon ici ! dit tout à coup la petite hirondelle.

— En vérité ? répliqua d'un ton tant soit peu goguenard la vieille corneille, eh bien, tu verras demain d'où t'arrive cette si bonne odeur ; nous sommes dans les beaux jardins de l'hôtel du golfe Juan. C'est là, mademoiselle, que nous allons planter notre tente, c'est là que j'entends que se refasse votre petite poitrine; si dans ce beau lieu vous ne retrouvez pas la santé et la raison, dont fait partie l'amour de la vie, puisque Dieu même l'ordonne à toutes ses créatures, c'est que je n'entends plus rien à la médecine des corps et des cœurs.

« Ton odorat déjà est pris, demain ce sera tout le reste. Quand du haut de l'hôtel du Golfe, où je suis, un fameux logis où rien ni personne ne t'inquiétera, tu verras à tes pieds deux mille orangers en fleur, dont le moindre ferait honte aux plus beaux des Tuileries, puis la nappe d'eau du golfe borné à droite par le revers de l'île Sainte-Marguerite, tout au fond par les cimes blanches des Alpes maritimes, et au premier plan, encore à gauche, par Antibes et la Garoupe, si tu n'es pas contente, tu auras affaire à moi.

« Il y a au milieu du golfe un petit écueil, presque à raz de l'eau, qui nous servira d'observatoire pour voir le surplus dès demain matin : c'est l'écueil de la Fourmi ; tu verras de là d'abord la maison que je t'ai choisie, l'hôtel du Golfe, un vrai château presque moresque, puis à gauche la villa Brimborion, la villa du Grand-Pin et la villa Bruyère, et puis la villa Jean-Reynaud, toutes habitées par des gens de plume. »

Cette conversation se tenait dans le creux d'un

des gros et vastes oliviers qui bordent les jardins de l'hôtel du Golfe; la corneille l'avait choisi pour en faire ce soir-là leur logis provisoire.

La petite hirondelle, à qui le parfum des orangers avait un peu monté à la tête et que la fatigue du jour disposait au sommeil, n'écoutait déjà plus que d'une oreille. Elle se réveilla pourtant à moitié sur ce mot : *gens de plume.*

« Est-ce que les hommes peuvent avoir des plumes, être des oiseaux ?

— On appelle gens de plume, ou gens de lettres, des hommes et même des femmes qui se servent de plumes d'oie, trempées dans une liqueur noire qu'on appelle de l'encre, pour mettre à l'aide de signes sur du papier tout ce qui leur passe par la tête.

— Tiens ! tiens ! » dit la petite hirondelle, et elle s'endormit.

Le lendemain ce fut, après un sommeil profond, un réveil délicieux.

Le golfe Juan est à coup sûr une des plus adorables stations des bords de la Méditerranée.

La petite hirondelle retrouva, agrandies et adoucies par la paix profonde de ce lieu béni, ses meilleures émotions de Marseille.

Un mois se passa pour elle comme un jour dans cette paisible et charmante retraite.

Elle y trouva son rêve accompli; —tout ce dont

elle avait nié l'existence : un soleil pénétrant tempéré par de fraîches brises, un air chaud, énergique, pur et vivifiant, des journées de printemps en plein hiver. Tant que durait le jour, c'étaient des courses sans fin.

« Je nage dans le ciel, disait-elle avec ravissement, comme les poissons dans l'eau. Cette atmosphère vous porte, tant elle est à la fois légère et solide. Vois donc, ma bonne amie. C'est à peine si un coup d'aile est nécessaire de temps en temps pour se déplacer. Je glisse dans l'éther sans que j'aie besoin d'un effort ni d'un mouvement. »

Elle ne se lassait pas d'aller de la montagne à la vallée, passant des forêts sombres d'oliviers au bois d'or pâle des citronniers. Les vastes chênes verts, les pins parasols, les chênes-liéges aux troncs bruns et saignants, les hautes bruyères blanches, les lentisques, les myrtes, les palmiers, les micocouliers, ne voyaient qu'elle. Les tulipes, les anémones, les renoncules, qui sont les bluets, les marguerites et les coquelicots de ces pays-là, avaient fini par la connaître.

« Tiens, disaient-ils quand de son vol rapide elle rasait de Wallauris à Grasse leurs prairies émaillées, tiens, c'est la petite hirondelle, c'est la jolie Parisienne de l'hôtel du Golfe. »

Ces compliments ne lui faisaient pas de peine. Encore qu'elle ne fût pas coquette, elle n'était pas fâchée de plaire en passant. Il n'y eut bientôt pas dans tout le pays, depuis la colline du Grand-Pin jusqu'au Canet, du Canet aux gorges de l'Esterel, une cime qu'elle n'eût vue et revue. Partout on lui faisait bon accueil; — les hirondelles ne sont pas communes dans le pays — et les habitants se disaient:

« Soyons polis pour elle. Elle parlera du golfe aux autres, et l'an prochain elle nous ramènera ses compagnes. »

Les grives furent d'abord un peu jalouses de toutes les fêtes qu'on lui faisait, mais sa bonne grâce était telle que ce mauvais sentiment fut de peu de durée. Elle se sentit donc bientôt partout comme chez elle. Quand, dans un pays nouveau, ce sentiment du chez soi vous vient, dites-vous que le pays vous est bon. Nulle part toutefois elle ne se trouvait mieux que sur les tourelles de son hôtel du Golfe. Les propriétaires étaient, il faut le dire, aux petits soins pour elle et pour son amie la corneille. C'était, dans la maison, à qui les gâterait; à qui déposerait pour elle sur les terrasses de bons petits repas expressément apprêtés pour complaire à son petit bec. Ce n'étaient dans tous les coins que de bonnes petites mies bien tendres, des miettes de biscuit, des gâteaux de Marseille. Le propriétaire de l'hôtel était un vieux marin, ancien compagnon de Dumont-d'Urville; la corneille avait pour lui beaucoup de respect.

« Il a fait le tour du monde, » disait-elle.

Et dès qu'elle l'entendait parler, elle se glissait le plus près possible afin de ne rien perdre de ce que ce hardi voyageur pourrait dire. Il arriva un jour à cet hôtel du Golfe deux Parisiens. La corneille sut tout de suite qui ils étaient. Rien ne lui échappait.

« Ma chère, dit-elle à l'hirondelle, ce sont deux écrivains; l'un a fait dans le temps un livre extraordinaire qui s'appelle *les Animaux peints par eux-mêmes*, un livre étrange où les bêtes sont des hommes, où les hommes sont des bêtes. Une corneille de mes amies a écrit même un chapitre de cet ouvrage : ses *Souvenirs*. L'autre a publié un livre non moins singulier : *Cinq semaines en ballon*, où il raconte toute une traversée en Afrique faite dans les airs à l'aide d'un ballon par trois Anglais. Va te montrer à ces gens-là, ma mignonne, tâche de leur plaire, fais-leur toutes tes grâces; je voudrais les entendre raconter quelque chose. »

La petite hirondelle ne se fit pas faute d'être aimable pour les nouveaux venus. La connaissance fut bientôt faite. Les deux Parisiens avaient choisi les chambres du haut pour avoir la vue plus belle. On était voisin. Ils jasaient sans défiance à leurs fenêtres. La corneille ne perdait pas un mot de leurs discours. Ce n'est pas qu'ils fussent bavards. Mais ils faisaient tant de questions au vieux marin, que la corneille apprit ainsi tout ce qu'elle voulut sur les expéditions célèbres auxquelles il avait pris part. Ce vieux marin se levait avant le soleil; dès l'aube on entendait sa bonne grosse voix :

« N'oubliez pas le déjeuner de l'hirondelle !

— Il est déjà prêt, » répondait une autre voix, mais si douce, si gaie, si fraîche et si cadencée, si alerte, qu'on l'eût prise pour celle d'une alouette. C'était la voix de sa jeune fille.

Cette gentille petite personne partageait l'engouement de toute sa famille pour le petit oiseau de Paris.

« Quel dommage, disait-elle, qu'une si jolie hirondelle n'ait pas de mari ! Elle ferait son nid chez nous. Elle bâtirait dans le pays, d'autres l'imiteraient, et la colonie s'en trouverait bien. »

Bref, tout le monde aurait bien voulu les garder. Mais le moyen ?

Au bout de deux mois, l'hirondelle, se sentant guérie, demanda à sa vieille amie si on ne pourrait pas, avant de reprendre le chemin de Paris, voir un peu de pays nouveau, aller un peu plus loin.

« Être si près de l'Italie et n'y pas mettre le pied, ce serait impardonnable.

— Rien n'est plus facile, » répondit la bonne corneille, et il fut convenu qu'on partirait le lendemain ; on irait par mer jusqu'à Bordighera ; on s'en tiendrait là ; on reviendrait par terre pour bien voir l'admirable chemin de la Corniche, qui contourne et domine toutes les côtes et dont on ferait ainsi la plus belle partie. Il fut bien un peu question de donner un coup d'œil jusqu'à Gênes :

« Mais non, dit la corneille, cela nous entraînerait trop loin. Une fois à Gênes, nous voudrions voir Florence, puis Milan, puis Rome, puis Naples, puis Venise. Il ne faut pas goûter à l'Italie quand on ne peut pas se donner l'Italie entière ; gardons cela pour une autre fois. Cette excursion ainsi limitée nous laissera huit jours encore à donner à notre cher golfe avant notre départ définitif. Notre retour à Paris nous prendra bien, avec les stations, trois semaines et peut-être un mois. Nous serons à Notre-Dame de Paris pour le retour des hirondelles. »

Ce plan eut le bonheur de plaire également aux deux amies, — et le lendemain, au moment où le soleil allait se montrer au-dessus de la Garoupe, — elles dirent adieu et au revoir au golfe Juan. Et les voilà parties.

Ce fut une joie sans mélange pendant toute la traversée, car je ne puis citer au compte de la douleur le doux et pieux regret qui s'exhalait du bec de la petite hirondelle toutes les fois que quelque chose méritait plus particulièrement son admiration :

« Ah! si ma mère était là! s'écriait-elle. Comme ce serait bon de voir toutes ces choses avec elle! »

Non, le souvenir des êtres aimés n'est point une peine. Qui donc voudrait échanger cette douce peine contre l'oubli?

« L'esprit des morts voltige autour de ceux qui pensent à eux, lui répondait la corneille; quand tu parles de ta mère, c'est qu'elle est là, elle t'entend. »

Les deux voyageuses goûtèrent médiocrement Nice.

« Tout est fait exprès dans cette ville, rien n'y est simple, disaient-elles, et quelle poussière! C'est le pays des ennuyés. Rien ne vous y laisse à vous-mêmes. On n'y peut vivre qu'en dehors de soi. »

Tout en volant et bavardant, elles passèrent au-dessus de Villefranche, dont le phare ressemble à une grande lampe posée sur le rivage; puis elles aperçurent Eza, juchée comme un nid de vautours au haut d'un roc inaccessible.

Bientôt la petite ville de Monaco, dont, sans savoir pourquoi, elles s'apprêtaient à rire, les charma. Quand de la mer elles la virent plantée gracieusement sur son roc, quand elles aperçurent au tournant son admirable petit port, quand elles parcoururent ses jardins, elles ne purent se retenir de battre des ailes en signe de ravissement.

« Ah ! le joli lieu ! ah ! le charmant endroit ! s'é-criaient-elles à tout instant, et qu'il sent bon !

— C'est peut-être la plus petite principauté du monde, dit la corneille.

— Qu'importe, si c'est la plus mignonne ? dit l'hirondelle.

— Là, là, dit en riant la corneille, je sais du reste, mademoiselle, que vous ne changeriez pas votre petite personne contre celle d'une oie grasse.

— Ah ! pour cela non, dit l'hirondelle.

— Les cuisiniers ne seraient pas de ton avis.

— Quelle chance, répondit l'hirondelle en frissonnant, que ni toi ni moi, ma chère grand'maman, ne soyons bonnes à manger ! nous n'oserions pas approcher de si près la demeure des hommes, au moins.

— Tu as raison, dit la corneille, ce qui n'empêche pas qu'il y a des bêtes si bêtes et si sottes que ce qui nous arrange pourrait bien les humilier.

— Est-ce possible ! dit la petite hirondelle.

La bêtise qui naît de la vanité n'a pas de limites, dit la corneille, elle va toujours jusqu'à la sottise. »

Comme elles suivaient les côtes, elles se reposèrent un peu partout, à Roquebrune, à Menton qui leur sembla triste, à Vintimille qui leur sembla charmant; elles arrivèrent enfin à la Bordighera. Il fallait bien voir le fameux bois de palmiers. Il parut un peu surfait aux deux amies. Quelques beaux échantillons cependant les ravirent; ces belles palmes, ces grands éventails se découpent bien sur l'azur du ciel et de la mer.

Après un jour donné au repos, elles montèrent jusqu'à la route de la Corniche, qu'elles prirent par le plus haut qu'elles purent, et ce fut une fête nouvelle de voir d'en haut ce qu'elles avaient admiré d'en bas; la côte est bordée de petites villes, juchées sur des rocs comme de vrais nids.

« Cela doit donner à leurs habitants envie de s'envoler de s'être si haut perchés, disait l'hirondelle; quelle idée de mettre sa maison si haut quand on n'a pas d'ailes!

— Ces villes-là sont de vieilles, vieilles villes, répondit la corneille; elles ont été construites dans un temps où les hommes étaient plus souvent encore en guerre qu'à présent; chaque petit pays étant toujours sur le qui-vive, cherchait à construire ses maisons dans les endroits les plus inaccessibles. Ça n'est pas si facile à surprendre qu'une ville en plaine, ces aires d'aigle et de vautour.

— Tant mieux si les hommes sont meilleurs, dit l'hirondelle; les hommes sont bons pour les hirondelles, je les voudrais parfaits. »

Un des étonnements de l'hirondelle, ce fut quand, du haut de la route, la corneille, lui ayant montré le pont Saint-Louis, lui dit : « Tu vois bien ce petit pont, au bas de ce ravin, eh bien, à droite c'est la France, où nous allons rentrer; à gauche, c'est l'Italie; ce pont-là, cette ligne-là, c'est la frontière. »

Dans son idée, une frontière aurait dû être quelque chose de formidable, de très-difficile à franchir, car, disait-elle, si cette séparation n'est pas une séparation, si ce n'est rien, comme ici, pourquoi les gens des deux côtés se séparent-ils ? Quand en étendant la main chacun de son côté ils peuvent se serrer la main, comment parviennent-ils à se considérer comme de nations différentes ? Si ce n'est pas la nature qui les divise, qu'est-ce donc ?

« Nous entrons là, ma mignonne, sur un terrain qui nous est interdit. Sans t'en douter, tu viens de faire de la politique.

— Est-ce que c'est mal, dit naïvement l'hirondelle, de faire de la politique ?

— Oui, dit la corneille, quand on n'a pas demandé la permission d'en faire.

— Ah! dit la petite hirondelle; alors il y a des choses qui ne sont pas mauvaises quand elles sont permises, et qui le sont quand on ne les permet pas ? C'est très-singulier, alors, la politique. »

La corneille fit celle qui n'a pas entendu, et

bientôt la conversation reprit sur les splendeurs de la route.

Elles repassèrent au-dessus de Monaco, qui leur parut une jolie fourmilière du haut de la tête de Chien et de la Turbie.

« Comme tout ce qui appartient à la terre rapetisse dès qu'on s'élève! dit la petite hirondelle.

— Vraiment, dit la corneille, te voici déjà philosophe, ma mie.

— Ne te moque pas de moi, répondit l'hirondelle; tu m'as aidée à fortifier mes ailes, n'est-il pas bon que j'apprenne un peu à penser?

— Ah! le bon petit élève que j'ai là! s'écria la corneille ravie.

— C'est très-bien fait décidément, le monde, disait la petite hirondelle, tout cela est très-beau et très-bien arrangé et très-solide. Ces rocs énormes, ces montagnes, ces grands chemins qui tournent et qui contournent ces pentes rapides, ces beaux arbres, ces mers immenses, ce ciel étoilé, c'est très-bien, très-bien entendu, et Dieu est un grand architecte qui a construit un si bel univers pour ses pauvres créatures. »

Il n'y a qu'une chose que l'hirondelle n'aimait pas dans la mer, c'est qu'elle était salée.

« A quoi cela sert-il? disait-elle toujours; je crois tout de même que le bon Dieu aurait mieux fait de la sucrer.

— Petite bête, lui répondit la corneille, si les vastes étendues d'eau qui entourent la terre, et qui sont sept fois plus grandes qu'elle, n'étaient pas salées, elles se corrompraient et empoisonneraient l'univers. »

La route s'acheva dans mille causeries, dans un mutuel ravissement. La corneille suivait d'un œil maternel les pensées ingénues que la vue des choses faisait éclore dans le cerveau encore tout neuf de sa petite amie. Ses remarques enfantines l'intéressaient; elle sentait que la petite fille se faisait peu à peu demoiselle, et s'applaudissait du progrès moral que chaque jour, que chaque heure amenait dans cette jeune et impressionnable intelligence.

On traversa Nice sans presque s'y arrêter. Les voyageuses étaient décidément ennemies de la promenade des Anglais, du bruit et du mouvement. Il leur tardait de retrouver l'hôtel du Golfe. Après une halte faite sur un des bastions du fort Championnet, elles volèrent tout d'un trait jusqu'à la station du golfe. « Puisque nous sommes là, dit la corneille, regarde avant de rentrer ce grand olivier, le troisième; c'est sous cet arbre que Napoléon a dormi à son débarquement de l'île d'Elbe; tu te rappelles ce qu'en ont dit au golfe des militaires qui n'ont fait qu'y passer?

— Oui, oui, dit la petite hirondelle, ah ! oui, je me souviens. »

Cinq minutes après, elles étaient dans leur hôtel du Golfe.

Un cri de bienvenue les accueillit : « Elles son revenues, elles sont revenues ! Papa, maman, c'est l'hirondelle, c'est la corneille ; ce n'était pas un départ, ce n'était qu'une promenade ! Ces dames ont été voyager, n'est-ce pas, mesdames ?— Cuic, cuic, » répondait l'hirondelle, tout en tournoyant autour de la tête blonde de sa jeune amie.

« Elle dit oui, elle dit oui, l'entends-tu ? » Et tout à coup : « Oh ! papa, elles ont faim peut-être. »

Et en un instant les terrasses furent couvertes de pain et de gâteaux émiettés et de graines.

Les huit jours qui restaient aux deux Parisiennes à donner au golfe de Juan s'écoulèrent comme une heure.

Le moment du départ était arrivé. Il fallut dire adieu à ce fameux golfe Juan qui avait rendu la santé à la jeune malade, à la maison hospitalière qui lui avait donné un si bon gîte, aux hôtes qui l'avaient si bien accueillie ; aucun ne fut oublié: elle alla becqueter à toutes les fenêtres, à celles du premier, à celles du second, à celles du troisième Elles avaient des amis partout. « Je reviendrai, je reviendrai, » dit-elle à chacun.

Il n'est pas jusqu'au chien, M. Tom, qui, un peu fou, un peu brusque d'abord, avait cependant fini par faire connaissance avec elles, à qui la bonne hirondelle ne voulut faire ses compliments avant le départ.

Le bon Tom leva sur les deux amies un regard affligé. Il se détira un peu, puis, faisant une gambade, il partit devant elles comme pour leur faire la conduite; ils traversèrent ainsi les jardins de Bruyère, du Grand-Pin et de Brimborion, et Tom aurait encore été plus loin assurément, car il avait de bien bonnes jambes, si un coup de cloche parti de la maison du golfe ne l'eût averti que c'était l'heure du déjeuner.

M. Tom s'arrêta net à cette vibration bien connue. C'était l'heure sacrée, celle qui allait droit à son cœur par le chemin de son estomac; il aboya deux ou trois fois de sa bonne grosse voix à l'hirondelle et à la corneille, fit un bond et disparut.

« C'est pourtant un bon chien, ce gros Tom, dit l'hirondelle.

— Assurément, dit la corneille. Si c'est être bon que de mordre tout ce qu'on ne connaît pas. »

Je ne dirai pas les étapes du retour; elles furent nombreuses; la petite hirondelle éprouva que revoir vaut voir. A mesure qu'elle approchait de Paris, son cœur battait. L'air était un peu moins chaud, mais l'haleine du printemps ne ressemble pas au souffle de l'hiver.

Quand elle rentra à Paris, quand elle aperçut le Jardin des Plantes et la végétation si différente de celle du midi de nos climats tempérés, mais plus légère en même temps que plus touffue, elle vit bien qu'elle avait été un enfant de croire à l'hiver éternel, et salua de ses cris de joie sa ville natale et sa vieille cathédrale. Cela lui parut très-bon de retrouver son nid et la couronne immuable de son vieux saint, et les souvenirs de sa chère maman.

Il était temps qu'elle arrivât. Dès le lendemain et comme elle était montée sur les tours avec la corneille, son amie lui montra de petits nuages qui, partant de la barrière de l'Étoile, traversèrent les Tuileries, et arrivèrent avec la rapidité d'une flèche jusque sur les tours Notre-Dame. C'était l'essaim heureux et jaseur des hirondelles qui revenait; cela donnait l'idée d'une armée éparpillée de tirailleurs se retrouvant joyeux dans un centre commun.

Ah! comme le cœur battait à notre petite amie.

« Où est mon père? dit-elle aux hirondelles d'avant-garde, où sont mes frères, où sont mes sœurs?

— Ils se portent tous bien, lui répondit-on, ils seront ici dans un instant. »

Hélas! tout ne devait pas être joie dans le retour. Quelle fête complète c'eût été cependant si elle eût été là, celle qu'ils avaient espéré y retrouver.

« Sœur! sœur! où est maman? dirent trois ou quatre voix tout à coup. Où est ma...? dit une autre voix.

La petite hirondelle, à ces cris, avait caché sa tête sous son aile. La parole expira dans tous les gosiers, que gonflaient il y a un instant à peine les cris de la joie et de l'espérance.

« Que la volonté de Dieu soit faite! » dit le père après un long silence.

C'était bien triste. Mais où est le bonheur complet? Fut-il jamais de ce monde? On pleura ensemble la mère absente. Il fallut dire et redire dans les moindres détails comment la mort l'avait surprise au milieu de sa tâche.

La petite hirondelle n'oublia pas de raconter à quelle bonne garde sa chère maman l'avait laissée. La bonne grand'mère corneille fut remerciée et aimée de tous comme elle le méritait.

Je n'ai plus rien à ajouter, sinon que la petite hirondelle est devenue grande, grande tout à fait, et qu'à l'heure où j'écris, c'est la meilleure petite mère de famille de tout le quartier Notre-Dame. Elle a quatre petits enfants qui sont tout son bonheur, quoiqu'ils lui donnent terriblement de mal-car ils sont turbulents et bavards comme des petites pies.

Vivant pour les autres, s'oubliant elle-même pour son doux devoir, notre amie l'hirondelle ne se lamente plus, elle ne se demande plus à quoi sert de vivre, — elle n'en a plus ni le temps ni la pensée. — Son mari et elle n'ont pas une minute à donner à des plaintes vaines, je vous jure. Quand on a quatre petits becs toujours ouverts, toujours criant la faim, à remplir, on ne peut plus songer qu'à cela.

« Étais-je assez enfant, dit-elle quelquefois le soir, quand dort toute sa couvée, à son amie la corneille, et que vous aviez mille fois raison contre moi, chère grand'maman, quand vous me disiez que la vie a du bon! Sans vous que serais-je devenue?

— Ne parlons pas de cela, répond invariablement la corneille; n'était-il pas bien aisé de voir qu'ayant été une bonne petite fille, tu deviendrais une bonne petite maman? Il n'était pas besoin d'être sorcière pour le deviner, je t'assure. Et puis, ma fille, tu avais un grand chagrin qui excusait l'abattement de ton esprit. Il ne s'agissait que de te prouver que, même avec ses douleurs, la vie est un bienfait, et que, ne fût-elle pas un bienfait, fût-elle une charge, puisqu'elle est un devoir, il faut aimer la vie. »

LA TOMBE DU FORGERON.

Je visitais un jour le cimetière d'une petite ville allemande. Après avoir vu la ville en vie, j'avais voulu voir la ville morte. Il y a toujours une relation entre une cité et son cimetière, — l'un complète l'autre. Je retrouvai dans le cimetière les caractères qui m'avaient frappé dans la ville en vie, — la ville des morts avait gardé l'empreinte de la ville des vivants.

Bien située, au bord d'une rivière, au milieu de jolies collines couvertes de vignes, au fond d'une vallée bien abritée, la petite ville de X... avait la physionomie à la fois aimable, placide, bonne et un peu lourde des villes allemandes qui ne sont pas toutes neuves; le cimetière, placé à mi-côte d'une petite montagne en regard de la ville, avait les mêmes traits distinctifs. C'était bien là le lieu de repos qu'avaient dû se faire et se choisir les habitants de la petite ville de X... Cependant l'ensemble général, il faut le dire, était à la fois plus doux et plus gai que celui de la ville. Les Allemands ont le culte des morts.

Le cimetière n'est pas pour eux ce lieu terrible et redoutable qu'on isole en France le plus qu'on peut; c'est la maison de campagne définitive de ceux qu'ils ont aimés; c'est l'endroit où ils sont sûrs de les retrouver et où ils vont les voir dès qu'ils ont une heure de liberté. Ces visites pour eux n'ont rien de lugubre. L'idée de la mort entre dans l'éducation allemande aussi bien que l'idée de la vie. C'est un sujet qu'on n'écarte pas des livres destinés à l'enfance. Je crois que les Allemands ont en ceci le sens plus juste que nous. La question, la pensée de la mort, traitées et non éludées dans les livres à l'usage de la jeunesse et même de l'enfance comme faisant partie de celles auxquelles il est sage et sain de s'arrêter, deviennent ainsi familières à chacun dès le premier âge.

Il en résulte que si un jour elle apparaît dans la maison, si elle la désole, elle n'y tombe pas pourtant comme le tonnerre pour tout terrifier; c'est un hôte grave et triste à la visite duquel on a bien fait de se préparer. Cette préparation des esprits à l'idée que la vie terrestre n'est qu'un temps d'attente, qu'un lieu d'épreuve dont le but est de conduire l'être humain à une vie supérieure, en même temps qu'elle fortifie les vivants contre les frayeurs de la mort, profite à ceux qui ne sont plus. Le silence se fait moins autour de leur mémoire; il est rare qu'il se fasse sur leur tombe. Ils sont partis les premiers, ils ne sont qu'absents de la vie présente, mais, quoique invisibles, leur esprit est resté là.

Cette séparation n'est certainement que momentanée. Ils sont au ciel, d'où ils continuent de présider aux choses de la maison. Ils sont devenus les hôtes de Dieu, ils le prient pour nous du séjour des bienheureux. Ils veillent sur nous et nous gardent une place à côté d'eux dans le royaume céleste. Ils sont bien bons toujours, ils nous aiment encore et plus que jamais. Ils attendent, en un mot, là-haut, avec la patience de ce qui est éternel, que la mort nous réunisse à eux. Ce n'est que par la mort que l'orphelin retrouvera sa mère, que le père et la mère retrouveront leur enfant parti avant eux. La mort a donc du bon : c'est la dernière amie, l'amie de la fin; le cœur pieux ne saurait donc la craindre.

Le petit cimetière me racontait tout cela. Il était propre et bien tenu; il était visible que c'était un lieu très-fréquenté.

A l'exception de quelques monuments où un peu de morgue et d'emphase trahissait quelque vanité, tout le reste était touchant et charmant. Chaque habitant avait là son jardin, bien planté, bien fleuri, en bon état, qui semblait dire au visiteur, au passant, à l'étranger même : « Tu peux approcher, c'est ici qu'on vient visiter l'être disparu, mais toujours aimé, à qui j'appartiens. Il faut, pour lui faire honneur, que je me présente bien, et qu'on voie tout de suite que je suis bien entretenu, qu'on a bien soin de moi. Je suis le lieu d'asile, la retraite tranquille des aïeux, ouverte à tous ceux pour qui la mémoire des morts est sacrée. »

Parmi beaucoup d'épitaphes que je lus sur des tombes, témoignage quelquefois naïf et souvent touchant du souvenir des vivants, je m'arrêtai devant celle-ci :

CELUI QUI EST COUCHÉ ICI,
PETRUS BLUM LE FORGERON,
A TRAVAILLÉ TANT QU'IL A ÉTÉ DEBOUT.
IL A LAISSÉ
COMME HÉRITAGE
A SES FILS LEUR VIEILLE MÈRE
A SOIGNER ET SON EXEMPLE A SUIVRE.
LA MÈRE EST TRANQUILLE
CAR L'EXEMPLE DU PÈRE, SES FILS LE SUIVRONT.

Cette inscription était signée par les deux héritiers Fritz et Rudolphe Blum, forgerons comme leur père, disait l'inscription ; une croix de fer, de bon style, un peu rude, ouvrage des fils, surmontait la pierre tumulaire sur laquelle étaient gravées ces paroles. Cette croix et une pierre composaient tout le monument, mais autour courait, entourée d'une grille en fer battu et façonnée par les mêmes mains, une petite plate-bande, une collerette brodée de rosiers, tous en fleur, et si bien cultivée que, malgré le lieu, c'était comme une fête pour les yeux que de les arrêter sur ce petit jardin.

Je crus, à voir l'extrême fraîcheur de cette jolie bordure, que Petrus Blum était mort récemment. Je me trompais : en cherchant la date, je reconnus que la mort du forgeron remontait à quatorze ans. « Petrus Blum a des fils fidèles, me dis-je, l'âme du vieux père qui dort là-dessous doit être contente de ses enfants. » J'allais passer, quand j'aperçus dans un des petits rosiers je ne sais quoi de brillant et de rouge qui ne pouvait être une fleur : les roses du Bengale ont le teint frais, mais elles sont plus pâles.

Je me baissai pour me rendre compte de ce que c'était. A mon grand étonnement, je découvris que le petit objet rouge qui avait frappé ma vue était une petite poupée grande comme la main d'un petit enfant, très-joliment costumée en Bernoise, et assise dans un petit fauteuil de bois. Une larme me vint aux yeux en même temps qu'un sourire.

« C'est sans doute une des petites filles de Fritz ou de Rudolphe qui aura oublié sa poupée dans une de ses visites à son grand-père, dis-je au jardinier du cimetière, qui m'avait accompagné pour me faire les honneurs de son jardin.

— Oubliée? oh! que non pas, me dit-il : elle *tient*, la poupée, elle est accrochée avec un ruban, elle ne peut s'en aller.

« C'est drôle tout de même, ajouta-t-il, une poupée dans un endroit pareil. Figurez-vous que c'était, il y a eu ce matin huit jours, l'anniversaire de la fête du vieux défunt : toute la famille est venue pour le fêter, et voilà que tout à coup la plus petite des filles à Rudolphe, la Lina, qui n'est pas plus haute que mon genou, mais qui est espiègle comme tout, a dit à sa maman : « Puisque je n'ai « pas de bouquet, moi, je vais lui donner ma poupée « à grand-père, pour qu'il s'amuse, » et sa maman l'a laissée faire.

« Pauvre Petrus, c'est lui qui a dû rire, si on rit là-dessous, quand il a vu ça! En tout cas il aurait ri de son vivant, car si c'était un fier homme, de fort courage, c'était aussi un homme de bonne humeur, Petrus! C'est pas toujours vrai ce qui est écrit sur les tombes ; mais, pour ce qui est sur celle-là, il n'y a rien de trop : il ne s'est reposé que quand il est mort, le vieux Blum. » Et comme toute histoire doit avoir une morale, ce fut le jardinier qui se chargea de la faire. « C'est égal, reprit-il après une pause consacrée à rallumer sa pipe, je vois tous les jours une chose ici, c'est que c'est encore des braves gens qu'on se souvient le plus longtemps. Petrus Blum était un brave homme; aussi il n'a pas à se plaindre, il n'est pas négligé, lui! ses petites-filles, qui ne l'ont jamais vu, ne connaissent que lui : grand-père est toujours dans leur bouche. Ce n'est pas comme monsieur le baron, son voisin, à qui ses héritiers ont fait faire ce monument si beau et tout en marbre. Le pauvre homme n'a plus que ça pour lui, qu'il est encore bien logé. Mais qui est-ce qui le vient voir dans sa belle maison? Personne! Croyez-vous que ses héritiers, qu'il a enrichis, ne se sont pas montrés une fois depuis qu'on l'a glissé là dedans avec son cercueil de plomb! Ça ne doit pas être gai d'être si oublié que ça, tout de même! Et à l'heure qu'il est, vrai, celui que je voudrais être de monsieur le baron ou du forgeron, ce serait le forgeron bien sûr. J'ai idée que tant qu'on n'est pas oublié, on n'est pas tout à fait mort. Ce ne sont pas la pioche et la pelle qui enterrent, c'est l'oubli. »

Je suis de l'avis du jardinier du cimetière de *** : les pelletées d'oubli doivent être plus lourdes sur les morts que les pelletées de terre.

Qu'on me pardonne ce souvenir d'un de mes voyages en Allemagne; mais, je le répète, l'Allemagne est une terre où il n'est pas aisé d'oublier les morts. Dans les villes mêmes, dans les rues les plus riches et les plus populeuses, à côté des magasins étincelants, vous en voyez un plus brillant que les autres. Qu'expose-t-on dans ses vitrines? quels sont ces meubles reluisants d'or, de peintures et de fine serrurerie? Ce sont des cercueils.

Le cercueil est furtif chez nous et comme honteux ; il se fait à la hâte, il se glisse sournoisement dans la maison, à la dernière minute, comme un coupable. Chez nos voisins d'outre-Rhin, il est en lumière, il est évident, on ne recule pas plus devant lui que devant les boîtes de dragées du baptême, que devant les berceaux des nouveau-nés, que devant les corbeilles de mariage ; il est fait et préparé de longue main, avec amour, avec soin. Toujours offert au choix des gens en vie, qui peuvent le désigner, le préférer à l'avance, le choisir et pour eux et pour leurs proches, il cesse d'être un objet terrible et devient presque tentant. On peut se dire : « Eh bien, après tout, après la tâche achevée, après le travail de la vie, lorsque, comme le vieux Blum, on ne peut plus rester debout, si l'on s'y couche la conscience nette et prêt à paraître devant Dieu, le repos doit être doux là dedans. »

La vie a ses mystères, ses joies cachées. Pourquoi la mort n'aurait-elle pas les siens et les siennes ? De ce que nous ne voyons pas ce qui la suit, faut-il en conclure qu'elle est la fin de tout ? Mais la fin de tout, c'est plus difficile à comprendre que le reste, j'imagine. Le néant, que nous n'avons jamais vu, dont nous ne pouvons nous faire idée, est plus embarrassant pour l'intelligence que la vie, dont les phénomènes sont tous les jours sous nos yeux, et que la survie, par conséquent. Nous nous souvenons des morts : pourquoi Dieu nous laisserait-il cette mémoire de ceux qui ne sont plus, pour la leur ôter à eux? Les morts se souviennent donc de nous. Ils s'en souviennent d'autant mieux qu'en vertu de la loi du progrès, ils ne peuvent être passés que dans un monde plus parfait. La mémoire, qui est la chose supérieure dans la vie, qui relie la minute passée à la minute présente; la mémoire, sans laquelle l'homme n'aurait plus que la vie inerte du caillou; la mémoire, qui met l'homme au-dessus de la matière dès cette vie, la mémoire suit donc les morts au delà du tombeau. Ce n'est pas pour perdre qu'on meurt, c'est pour gagner. La mort est une ascension, non une chute. Les morts se souviennent donc, et du haut de leur vie nouvelle, plus parfaite que la nôtre, ils se souviennent mieux que nous.

LES DÉGUISEMENTS

DE L'AMOUR-PROPRE.

I.

LA MAIN DROITE OU LA MAIN GAUCHE.

On peut faire abus des meilleures choses, et d'une qualité un défaut. La modestie est certes une qualité. Il est bon qu'on ne se croie pas parfait, qu'on ne s'exagère pas son mérite et que, quand on a fait preuve de son esprit ou de son savoir, on ne se persuade pas qu'on a fait un chef-d'œuvre.

Qu'on soit un écrivain de génie ou un écolier sur les bancs, il n'est donc pas mauvais qu'après un travail accompli on ait une sorte de crainte de l'accueil qui pourra être fait à ce travail soit par le public, qui est le juge et en quelque sorte le maître des hommes de génie eux-mêmes, soit par son professeur et par ses camarades. Mais ce qui est mauvais, c'est que cette crainte d'un jugement peu flatteur conduise à fuir tout jugement et, par suite, à ne donner la juste mesure ni de ce qu'on est ni de ce qu'on a tenté.

Pour ne parler que des écoliers, j'en ai connu un, qui ne doit pas être le seul de son genre, j'en ai connu un, dis-je, brave garçon, loyal, travailleur, désireux de bien faire, mais que la crainte de n'avoir pas bien fait avait mené peu à peu à passer pour ne rien faire du tout. Il ne se décidait à montrer ses devoirs à son professeur que quand il les croyait tout à fait réussis, et comme il était loin d'être infatué de son mérite, il en résultait qu'il arrivait très-rarement à soumettre un travail à son juge. Aux jours de composition, s'il avait l'espoir que sa composition fût bonne et pourrait lui valoir un bon rang, il la donnait; s'il la croyait imparfaite, il la déchirait. Il avait ainsi trouvé le beau secret de se faire punir comme cancre sur toute la ligne, pour ne pas se montrer inférieur dans un détail. Pour ce qui est des examens, s'il n'était pas assuré de répondre sur tous les points à une question, il se changeait en statue, ne répondait rien du tout et s'assurait un zéro, quand l'effort d'une réponse eût pu lui obtenir un chiffre passable. Sot calcul, à coup sûr !

Faute de comprendre qu'on n'est jamais un juge infaillible de soi-même, soit en bien, soit en mal, ce bon garçon avait résolu ainsi, sans s'en douter, le problème de faire d'une qualité aimable, la modestie, un défaut insupportable, le défaut même qui, au premier aspect, semble l'ennemi irréconciliable, le contraire et l'antipode de la modestie. Sa modestie, mal entendue, était devenue bel et bien de l'amour-propre non moins mal entendu.

Il va sans dire que ses professeurs, découragés, cessèrent peu à peu de s'occuper de lui, et que, faute d'avoir su affronter les conseils, les leçons, les critiques salutaires des personnes chargées de son éducation, il resta pendant longtemps ce qu'il avait précisément à cœur de ne point être, un élève obscur et médiocre.

— Votre élève était peut-être tout bonnement, me dira-t-on, un garçon extrêmement timide.

Non : quand on ose faire voir par où l'on brille, on n'est pas plus timide qu'on n'est modeste quand on recule devant l'aveu de ses fautes. Cette timidité-là n'est pas la bonne, en tout cas ; ce n'est pas la timidité qui plaît dans un jeune homme, et que dans tous les âges on excuse.

— Peut-être, ajoutera-t-on, craignait-il, en cas de sottise, les railleries de ses camarades, peut-être reculait-il devant le ridicule.

Pauvre excuse, et qui le ferait pire qu'il n'était ! Les railleurs sont des sots, pour ne pas dire des méchants, dont le tour n'est jamais loin, et les craindre, ce n'est plus être modeste ni timide, c'est tout bonnement manquer du plus simple courage et de cette bonne humeur de l'esprit qui fait qu'en reconnaissant ses imperfections, on se les fait bientôt pardonner; c'est là de l'amour-propre qui a peur.

Ce n'est pas quand le devoir est bon et qu'il va vous attirer un compliment que la leçon du maître est profitable : ce jour-là elle n'est qu'agréable ; mais c'est lorsque le devoir est mal compris, et que le professeur a dès lors à vous faire voir en quoi il pèche. Là est la véritable leçon, le vrai profit de l'enseignement.

Soumettons donc, tous tant que nous sommes, grands et petits, avec simplicité, nos œuvres à l'appréciation de leurs juges naturels. Apportons notre pierre à l'œuvre générale en toute humilité, et ne soyons pas dupes de cette fausse modestie qui nous pousse en secret à ne montrer que nos qualités et à cacher nos imperfections à ceux qui seuls pourraient les redresser, si nous les leur faisions connaître. Cette modestie n'est que de la vanité qui s'ignore ou se déguise.

II

Il me revient en souvenir quelque chose qui appuiera et détendra la petite homélie qui précède.

J'assistai un jour à une visite que faisait un médecin de mes amis à une jolie petite fille de trois ou quatre ans qui s'était laissé prendre un doigt de la main gauche dans une porte.

La chère mignonne savait déjà sans doute que les médecins font rarement du bien sans faire un peu de mal. Les médecins, hélas! ne sont pas les seuls, pour le dire en passant, car tout bien s'achète ici-bas. Aussi le docteur n'avait pas fait deux pas vers sa petite malade, que déjà Mlle Lili avait caché ses deux mains sous son petit tablier.

« Allons, allons, lui dit le docteur de cet air demi-bourru, demi-paterne, qui convient aux médecins et aux malades, — allons, mademoiselle

Lili, retirez-moi bien vite cette petite main-là de sa cachette, et mettez-la toute grande ouverte dans la mienne. Je ne puis pas guérir les bobos sans les voir. »

Mlle Lili hésitait, quand tout à coup je vis briller dans ses grands yeux, encore humides des pleurs qu'elle venait de verser, comme une lueur de cette jolie malice enfantine qui est à la fois fine comme l'ambre et grosse comme une maison. Mlle Lili avait, ou du moins elle croyait avoir trouvé une bien bonne idée pour tromper le médecin et, après le mal, éviter le remède... D'un joli geste brusque, elle plaça sa petite main droite dans la paume de la main du bon docteur.

Le médecin tourna et retourna cette petite main : elle était blanche, potelée, charmante, et semblait n'avoir jamais eu de bobo de sa vie.

« Ah! ah! dit le docteur, voilà qui est particulier : on dirait que le bobo de Lili s'est guéri tout seul. C'est égal, comme le mal est sans doute en dedans, nous allons mettre un bon bandage sur cette petite main-là, et Mlle Lili en sera quitte pour jouer, manger jusqu'à demain matin avec sa main gauche. »

Prenant alors dans sa poche une bande qu'il avait préparée, il se mit avec le plus grand sérieux à embobeliner la main de Mlle Lili de façon à ce qu'elle ne fût plus bonne à rien du tout.

Aussi longtemps qu'elle put remuer dans son lien, Mlle Lili eut le triomphe de voir que sa ruse avait réussi ; mais quand elle se sentit les doigts bien pris, bien emmaillottés dans la bande du bon docteur, et comme l'opération allait finir et devenir définitive, la réflexion lui vint qu'elle faisait là, en somme, une bien mauvaise affaire, puisque, pour sauver du pansement sa main gauche, qui, étant malade, ne lui était bonne à rien, elle allait se priver des services de sa bonne petite main droite, qui pouvait lui être très-utile pendant que la gauche se guérirait.

Tirant alors de dessous son tablier, avec lenteur et les yeux baissés, sa main gauche,

« Lili s'est trompée, dit-elle en rougissant, c'est celle-là qui a le bobo.

— C'est parbleu vrai, dit le médecin sans se déferrer, et nous allions faire là une jolie besogne ! La pauvre Lili n'aurait plus eu de bonne main du tout. Comme c'est heureux qu'elle se soit aperçue à temps de son erreur ! »

Et de la main droite le bandage passa à la main gauche.

Tout cela fut fait avec gravité. On laissa Lili avec son petit mensonge sur la conscience.

Mais la bonne petite avait le cœur très-droit : lorsqu'elle vit le docteur chercher sa canne et son chapeau pour prendre congé, elle se glissa derrière lui tout doucement, et le tirant par le pan de sa redingote,

« Bon docteur, dit-elle, Lili est bien méchante, elle a voulu mentir. Lili savait la main qui n'était pas malade. »

On pardonna, bien entendu, cet innocent mensonge à l'aveu de la chère enfant. — Toute cette petite scène était de son âge. — Mais quand un grand écolier montre, à quinze ou seize ans, sa main droite, qui se porte bien, à son médecin, pour lui cacher sa main gauche, qui est malade, en vérité, et c'est à lui que je le demande, où est sa raison, où est son excuse?

DEUXIÈME PARTIE

CONSEILS

ET

LEÇONS PRATIQUES DE LA VIE

LES APTITUDES.

LA PENSION. — L'INSTRUCTION. — L'ÉDUCATION.
LE CARACTÈRE.

Les aptitudes de l'homme sont diverses. Il semble qu'en sa qualité de roi de la création il ait le privilége de résumer en lui seul autant de variétés que tous les autres réunis.

Tous les types peuvent s'incarner, se personnifier en lui, et ce n'est pas un pur jeu d'esprit, ce n'est pas un caprice d'imagination, c'est, au contraire, une observation à la fois très-juste et très-fine qui a conduit quelques savants et quelques artistes à découvrir dans le visage et dans la personne humaine des analogies frappantes avec toutes les espèces animales.

Il est certain qu'il se rencontre des femmes et des jeunes filles dans lesquelles on retrouve les grâces, ou sentimentales ou vives, ou évaporées ou légères, ou fluides ou serpentines, de la tourterelle, de la fauvette, de la linotte, de la gazelle, de l'hermine, voire de la couleuvre.

Il est non moins certain qu'il y a des hommes-éléphants, des hommes-renards, des hommes-lions; des hommes de proie, comme le loup ou le vautour; des hommes ruminants, comme le bœuf; des étourdis, comme le papillon; des êtres à la dent cruelle, comme le brochet et le requin; à l'allure butorde, comme le marsouin; à l'air débonnaire, comme l'âne et le mouton; à l'œil perçant et dominateur, comme l'aigle, etc., etc.

Le collége n'est et ne peut être, on le comprend, pour les espèces si multiples de la ménagerie humaine, qu'un lieu d'essai, qu'une sorte de Jardin d'acclimatation morale.

Or, c'est une des conséquences, malheureusement forcées, de l'éducation en commun, si profitable à beaucoup d'autres points de vue, que l'on commence par imposer à tous les éléments, à toutes les aptitudes si contradictoires, la même direction le même régime, la même tâche. Quoi de moins étonnant, dès lors, que cette tâche uniforme ne convienne pas à tous les éléments, à tous également, et que, par suite, les uns la remplissent bien, les autres médiocrement, plusieurs très-mal?

C'est, sans aucun doute, un heureux préjugé en faveur de ceux qui réussissent au collége que leur succès. C'est un bon présage encore, pour ceux qui ne réussissent qu'à moitié, que ce demi-succès. Il est toujours bon qu'on soit, grâce au travail, capable de faire passablement ce pour quoi même l'on n'a pas de vocation bien déterminée. C'est une preuve de souplesse et de facilité d'esprit, c'est une démonstration de la puissance de la volonté appliquée à l'étude.

Mais on aurait tort d'en induire que ceux qui ne réussissent pas dans leurs études classiques doivent, sur ce seul fait, être considérés comme des êtres fatalement condamnés à la médiocrité.

On aurait tort même d'affirmer, en l'absence des résultats appréciables, que leurs années de collége aient été sans profit pour eux. Ce n'est pas impunément, à moins qu'on ne soit une bûche, qu'on est frotté pendant des années de cette moelle de lion qu'on nomme la latinité et de ce miel qu'on nomme la littérature grecque. Il est des arbres dont la tige ne grossit ni ne grandit pas tout d'abord, parce que le travail de la croissance s'opère dans les racines avant de monter dans les branches.

Il ne faut donc pas nier un résultat parce qu'il n'est pas soudain. Ces deux nourrices, la langue latine et la langue grecque, ont fait dans tous les temps, aux époques où elles avaient le monopole de l'enseignement, d'assez notables nourrissons, même parmi les prétendus fruits secs du collége.

Il en est plusieurs qu'on pourrait citer, dont l'intelligence n'avait pu trouver son application, son issue, dans le cercle tracé d'abord autour d'eux par l'éducation commune, et qui, une fois sortis du collége, ont, à l'ébahissement profond de leurs anciens condisciples, marché à pas de géant, et pris rang parmi les plus illustres de leur temps.

La pension et le collége ne sont donc en somme que l'enceinte légale de l'éducation essayée en commun ; tant qu'on n'a pas franchi le seuil pour la dernière fois, tant qu'on ne s'est pas trouvé dans l'immense carrefour de la vie, obligé de choisir sa route, l'esprit n'est encore qu'un oiseau en cage. Nul ne peut dire quel sera son vol quand le libre espace s'ouvrira devant lui. C'est donc à cette épreuve décisive de la liberté qu'il convient d'ajourner tout jugement.

Les collégiens se devraient donc entre eux une réciproque indulgence, et je souffre toujours quand je vois un bambin, d'autant plus satisfait de lui-même qu'il l'est moins des autres, dire d'un de ses camarades, parce qu'il n'est pas de sa force au collége : « C'est un garçon qui n'arrivera à rien. »

S'il était bien entendu que le collége n'est et ne peut être qu'un point de départ, qu'une école préparatoire de la vie, les élèves entre eux ne se jugeraient pas avec l'impitoyable rigueur qu'ils mettent dans l'appréciation mutuelle qu'ils font de leurs petites *valeurs* respectives.

On ne verrait pas, ce qui est moins excusable encore, celui qui n'a pas réussi au collége, imitant le renard de la fable, faire semblant de dédaigner ces succès de collége, ces raisins auxquels il n'a pu atteindre et dont il ignore la saveur.

Ce que je voudrais, en un mot, faire entrer dans la tête ou plutôt dans le cœur des élèves de toutes les catégories, c'est que les succès de la jeunesse ont un égal besoin de la confirmation des faits, et que l'âge d'un rhétoricien n'est pas l'âge de la fin du monde, ni, par suite, celle du jugement dernier. Tout jugement porté sur l'écolier est nécessairement prématuré, attendu que l'homme, évidemment, ne peut être jugé que sur lui-même.

L'enfance, et c'est un phénomène à la fois inexplicable et désolant pour l'observateur, est généralement cruelle pour l'enfance. La bienveillance n'est pas jeune, elle est le plus souvent le fruit trop tardif de la pratique de la vie. Je la voudrais précoce, au contraire, et elle l'est dans les natures vraiment bonnes. Au lieu de se juger sur les mérites de leurs thèmes et de leurs versions, je voudrais que les enfants se jugeassent sur leurs qualités natives. Celui-là est bon, sincère, loyal, il aime et protége les petits, les faibles, les malheureux; il ne condamne pas sans rémission les étourdis, les fous, ni même ceux qui semblent mauvais : celui-là est le meilleur, il est le vrai premier du collége, car il l'est par ce qui dure, par le caractère. Il faut bien que l'enfant le sache, le caractère est plus rare, plus sérieux que le talent lui-même. Car, sans le caractère, qu'est-ce que le talent? Une fortune en des mains qui ne sont pas dignes.

L'enfance railleuse s'étonnera peut-être de ce que je vais dire; mais je voudrais je ne sais quel honneur spécial, réservé au collége, à côté des prix de sciences, au plus digne élève, au plus estimé, au plus estimable, à celui qui aurait conquis à la fois le respect de ses camarades et celui de ses maîtres.

Un temps viendra où la morale, qui n'est autre chose que la philosophie appliquée à la conduite individuelle, aura sa chaire dans l'enseignement. Un temps viendra où l'on se dira que, enlevé jeune à sa famille, l'enfant a besoin d'éducation autant que d'instruction, et qu'il importe à la patrie d'avoir des hommes, des citoyens, des caractères, autant que des lettrés et des savants. Il n'est pas de mère, il n'est pas de père, soucieux de l'avenir de ses enfants, qui ne pense comme moi sur ce sujet. L'idée est dans tous les cœurs; elle passera bientôt dans les faits. Les moralistes anciens et modernes deviendront les classiques nécessaires de cette meilleure époque. Il y aura des professeurs de vertu, de sagesse, de bonté, de raison, de bon sens, d'esprit, — comme il y a des professeurs de mathématiques et de chimie, — qui ne se contenteront pas de faire faire des devoirs à leurs élèves, mais qui leur apprendront ce que c'est que le devoir. Ces maîtres de la science le savent mieux que moi, l'instruction n'aura qu'à gagner à reposer enfin sur la base solide de l'éducation.

LE POINT DE DÉPART

LE POINT D'ARRIVÉE. — LE SENS COMMUN.

Il est une foule de raisonnements, de calculs admirables, de déductions sans réplique aux yeux de leurs auteurs, d'inventions, de systèmes supérieurs à tous autres pour leurs inventeurs, qui n'ont jamais pu faire cependant ni la fortune de leur esprit ni celle de leur doctrine. Ils étaient pour régénérer le monde, et le monde ne s'en est pas ému. Savez-vous pourquoi? C'est parce que le premier chiffre de leurs calculs est faux, parce que la base de leurs prétendues trouvailles repose sur une erreur de principe, et que tout le reste, si précieux que ce soit, est bâti sur l'impossible.

Vous feriez la plus belle maison du monde sur le papier, que si vous ne trouvez pas un terrain pour l'asseoir, vous n'y logerez jamais personne.

Aux oiseaux les plus légers, aux colibris, pour poser les trois brins d'herbe ou de duvet dont se compose leur nid aérien, il faut encore une petite branche.

Eh bien, si votre système est subtil, ayez du moins cette petite branche où le poser; s'il doit avoir du poids, au contraire, ce ne sera pas trop du roc lui-même pour lui servir de point d'appui.

On ne construit rien en l'air, je suppose; si donc, voulant édifier quelque chose, vous ne vous assurez pas avant tout de la solidité du sol qui doit porter votre première pierre, vous n'êtes qu'un ingénieux, qu'un inutile et peut-être dangereux utopiste; vous êtes l'architecte insensé qui se plaindrait de ne pas trouver de maçons de l'air pour réaliser dans l'espace des plans chimériques.

Vous voulez arriver à un but : assurez-vous que vous prenez la bonne direction, assurez-vous du point de départ

Le choix du point de départ est d'autant plus important que c'est de lui que dépend le point d'arrivée.

Que m'importent la beauté, la grandeur de votre but, si, croyant l'atteindre, vous lui tournez le dos? Je vous saurai gré de vos bonnes intentions, si vous le voulez ; j'aurai pitié de vous, mais je ne partirai pas avec vous.

« Tout chemin mène à Rome, dites-vous. » Ce proverbe, sujet à caution, comme beaucoup d'autres, n'est qu'une fadeur, qu'une galanterie que, dans un jour de mièvrerie, la sagesse des nations s'est laissé entraîner à débiter au profit de la ville éternelle.

Mais soyez sûr qu'en dépit du proverbe, la plus sûre manière d'arriver à Rome, et partout où l'on veut arriver, c'est de prendre le chemin qui y conduit, et quand je dis le chemin qui y conduit, j'entends le plus direct. Il ne manque pas d'empêchements inattendus sur les lignes les plus droites, sans qu'on aille en chercher dans ces chemins perdus qu'on a appelés les chemins des écoliers.

Vous ne vous étonnez pas qu'il faille apprendre à un petit enfant qu'il a deux mains, la main droite et la main gauche ; que quand il veut aller à droite, il n'est pas sage de prendre par la gauche, et que quand il veut aller à gauche, il ne faut pas qu'il prenne par la droite.

Eh bien, pour tout ce qu'on ignore, pour tout ce qu'on sait mal, eût-on cent ans, on est un petit enfant et l'on ignore, ou l'on sait mal tout au moins, toutes les choses qu'on a mal entamées, dans lesquelles on n'a pas eu soin d'entrer par le vrai point, par le bon point de départ.

Voyager, aller devant soi au hasard, c'est remuer, c'est s'agiter, ce n'est pas arriver.

Que de retours difficiles on s'épargnerait si l'on partait toujours d'où il faut, et combien usent leur vie, épuisent leurs forces et de brillantes facultés à retrouver le bon chemin, pour s'être égarés étourdiment dans les traverses!

On ne rencontrerait pas tant de voyageurs arrêtés dans les broussailles, dans les hypothèses de la vie, s'ils avaient consulté au point de départ cette boussole que chacun a pourtant à sa disposition, dont beaucoup font si peu d'usage, et qui s'appelle le sens commun.

Eh bien, le sens commun, c'est le point de départ en tout, c'est la bonne gare; si ce n'est pas de là que vous partez, eussiez-vous des bottes de sept lieues, vous passerez toujours à côté du but, et vous reviendrez de partout comme si vous ne reveniez que de Pontoise.

LE COMMENCEMENT.

LA PATIENCE.

C'est par le commencement qu'il faut tout commencer.

Cette vérité, qui rappelle les propos de M. La Palisse, est une de celles pourtant dont les enfants, et sous ce rapport il ne manque pas d'hommes qui restent éternellement enfants, dont les enfants, dis-je, doivent le mieux se pénétrer.

Tous les commencements sont obscurs et pénibles. C'est pourquoi au commencement de tout il faut placer une vertu sans laquelle les plus beaux dons peuvent avorter : cette vertu, c'est la patience.

Vouloir commencer par la fin, comme cela arrive à tant de gens, ce n'est pas de l'ardeur, c'est de la sottise, c'est de l'impatience, c'est-à-dire le contraire de la vertu nécessaire, le contraire de la patience. Autant vaudrait dire : Je ne veux rien faire du tout.

Que diriez-vous d'un enfant qui, se croyant le génie militaire parce qu'il a des armées de soldats de plomb, voudrait bien s'engager, mais seulement comme général ?

Que penseriez-vous d'un homme qui, ayant un soir planté un gland devant sa porte, s'indignerait de ne pas voir dès le lendemain matin un chêne de cent ans abriter sa maison?

Les bons progrès sont ceux qui se font lentement; ils sont les progrès sûrs.

Si, voulant bâtir une maison, vous cherchez un fond de sable pour que les fondements soient plus vite creusés, croyez-vous que votre maison en sera plus solide?

Si, une fois la maison bâtie, et voulant arriver à la terrasse, vous vous imaginez de grimper au mur avec vos ongles, au lieu de monter tranquillement l'escalier, croyez-vous que vous arriverez plus tôt et plus dispos sur la terrasse?

C'est pourtant ce que vous faites quand, vous proposant d'apprendre une science ou une langue, vous passez les premiers chapitres du livre qui la contient, sous prétexte que vous ne les comprenez pas, et courez d'un bond au milieu ou même à la fin du volume. A ce jeu-là un homme de génie lui-même userait son génie. A ce jeu-là, fussiez-vous devant cent soleils, vous ne verriez jamais clair.

Bien commencer, c'est se rendre possible de bien finir.

Mal commencer, c'est rendre insolubles les difficultés de la fin.

Il faut entrer par la porte et non par les fenêtres. Il faut entrer pas à pas dans la science; c'est le moyen unique d'arriver au terme avec profit et sans fatigue. C'est comme cela qu'on entre dans la vie morale, dans la vie intellectuelle; c'est comme cela aussi qu'on entre dans la vie matérielle.

Si votre père, quand vous êtes né, en vous voyant les yeux à demi fermés et hors d'état de distinguer même la lumière du jour, s'était dit : « Voilà un enfant qui est aveugle; il ne verra jamais; »

Si, un peu plus tard, en vous entendant bégayer des sons inintelligibles, il s'était dit : « Voilà un enfant qui ne parlera jamais, » et s'il avait dès lors négligé de vous apprendre à parler;

Si, quand vous êtes venus à bout de vous tenir sur vos petites jambes et d'essayer vos premiers pas, votre maman, à la première chute, au lieu de vous relever cent fois, mille fois, s'était dit : « Mon fils et ma fille sont estropiés, ils ne marcheront jamais; »

Si, fatigués de vous parler sans obtenir de réponse, ils s'étaient écriés : « Mon enfant est sourd, il n'a pas d'ouïe; »

Si, offrant à vos petites mains un objet, et vous voyant incapable de diriger votre effort pour le saisir, ils s'étaient dit : « Le sens du toucher manque à cette infortunée créature; »

Si, approchant de votre petit nez des odeurs, ils s'étaient imaginé que, parce que vous ne les distinguiez pas encore, vous n'auriez pas d'odorat; et si, partant de là, ils avaient déclaré qu'attendu que vous étiez incapable de devenir un homme ou une femme pouvant jouir jamais des facultés nécessaires à la vie, ils n'avaient rien de mieux à faire de vous que ce que font les Chinois de leurs enfants mal conformés, c'est-à-dire s'ils vous avaient jeté à l'eau;

S'ils avaient agi aussi inconsidérément, au lieu de s'armer de l'infinie patience des mères et des pères, exerçant, provoquant, sollicitant par des efforts et des caresses sans fin le développement progressif de vos petits corps, et cela pendant de longs jours et de longs mois d'abord, — et puis après, pendant de longues années, le développement, plus lent, plus pénible encore, de votre intelligence, est-ce que vous croyez qu'ils auraient bien fait, bien raisonné, bien agi?

Non, sans doute, et si vous les aimez, c'est précisément parce qu'ils ont fait le contraire.

Eh bien, devant toute science nouvelle, l'esprit est comme un enfant; il faut les mêmes soins, les mêmes patiences pour qu'il en arrive à voir clair, à sentir, à toucher, et enfin à marcher de l'obscurité du commencement aux clartés de la fin.

Quand Dieu a dit à l'homme: « Tu gagneras

ton pain à la sueur de ton front, » il n'a pas entendu seulement le pain qui se met sous la dent, qui s'achète chez le boulanger, le pain qui nourrit nos corps, le pain matériel ; il a entendu aussi le pain de l'esprit, qui, par l'éducation, par la science, élève l'homme jusqu'à la raison, jusqu'à la connaissance de la vérité ; il a entendu le pain qui nourrit l'âme et donne à l'intelligence la force de remonter jusqu'à lui par le savoir et l'instruction.

CE QUI EST DIFFICILE.

L'OBSTACLE. — L'EFFORT. — LA MONTAGNE. LA SCIENCE.

C'est ce qu'il faut aimer par-dessus tout, c'est à quoi il faut donner tout son zèle, c'est ce qu'il importe de ne point abandonner, c'est ce qu'il est surtout glorieux de surmonter, c'est ce qui vaut la peine d'être fait.

Au début tout est difficile, et ce n'est pas seulement ce que vous entreprenez, c'est tout, dans quelque genre que ce soit. Rien de ce qui mérite d'être obtenu ne peut l'être, je dis plus, ne doit l'être sans effort.

Ce qui est facile, ce qui est amusant, ce qui se fait tout seul, quel mérite, je vous le demande, avez-vous à le faire? Voilà une grande route bien uni dans la plaine; vous y marchez comme le premier venu. Cela n'a rien de mal, mais qu'est-ce que cela a de méritoire? Voici, au contraire, au bout de cette route place une montagne, une difficulté, allez-vous vous arrêter pour cela? Non, si vous avez du cœur; non, si vous avez du bon sens; non, si vous avez de l'esprit : car si vous vous arrêtez, c'en est fait de vous, c'en est fait de votre avenir. Si le premier obstacle vous arrête, couchez-vous, dormez. Ne soyez plus un homme, soyez une pierre, une borne, quelque chose d'inerte sur quoi passent sans profit les jours et les années; décidez-vous à être immobile à jamais. Que penseriez-vous d'un homme qui, à trente ans, n'en saurait, par sa faute, pas plus long qu'un enfant de six ans? Vous penseriez que c'est un triste sire. Eh bien, si ce qui est difficile vous rebute, vous êtes cet homme-là dès à présent.

Montez donc, faites dix pas seulement, et, ces dix pas faits, retournez-vous pour voir la place où vous vouliez rester; avouez qu'où vous êtes l'air est déjà plus vif, et que vous respirez mieux, respirant d'un peu plus haut. Allons! vingt pas cette fois, et puis reposez-vous. Quoi, la terre a grandi! Ce n'est pas tout, vous avez, vous aussi, grandi un peu avec la terre. Pour cette fois, nous allons faire cent pas, puis cent autres pas. Vous êtes essoufflé, essuyez-vous le front; mais tenez, le sommet est tout près; encore un effort, et nous allons arriver.

Enfin nous sommes sur le plateau. Avouez que vos pas ne sont pas des pas perdus; avouez que c'est beau de voir les choses de haut, et que la lumière est magnifique quand, de la cime d'une montagne, elle se répand sur l'univers agrandi.

Cette montagne, c'est votre difficulté de tout à l'heure, c'est la science. Tant qu'on est en bas, on ne voit rien que la difficulté qui monte; mais à mesure qu'on monte soi-même, ce qu'on voit, au contraire, c'est la difficulté qui s'abaisse et qui descend, c'est la clarté qui apparaît; et quand on est arrivé, on comprend la nécessité des premiers pas, et des derniers aussi.

Alors ce n'est pas fini cependant, car l'homme ne saura jamais tout. Tout, c'est le secret de Dieu. Mais la peine, mais le travail a eu sa joie, sa récompense, et l'on dit ce que disait un jour un enfant devant un livre de mathématiques : « J'aime cela parce que c'est très-difficile. » Cette parole a porté bonheur à cet enfant, il est devenu une des gloires de ce temps, et s'il a surpassé en science presque tous ses contemporains, c'est parce qu'en effet il aimait *ce qui est très-difficile.* Il aimait la lutte, il aimait l'effort; il sentait que le combat seul grandit les forces, double la vigueur de l'esprit, et qu'il faut être au sommet d'une science pour en savoir toutes les beautés, comme au sommet d'une montagne pour en embrasser d'un regard tous les horizons.

Donc courage! ne restez jamais au pied du mur, au pied de la montagne; c'est d'en haut qu'on voit clair, c'est d'en haut qu'on respire; c'est quand on a gravi les difficultés de la science qu'on devient soi-même un homme, et qu'en même temps qu'on a fait son chemin on a mérité d'éclairer celui des autres et de devenir un guide pour tous ses semblables attardés.

LA PARESSE A TOUJOURS TORT.

LE VAGABOND, LE CHARRETIER ET LE JUGE.
LA FILEUSE DE PIERRE. — LES DEUX CHARRUES.

I

SUR LA PARESSE.

Si tu voyais un de tes camarades délaisser un ami sûr, éprouvé, attentif à son bien, pour suivre un mauvais drôle indifférent à tout et à lui-même, tu te dirais : « Voilà un garçon à la fois bien ingrat et bien sot, » et tu tâcherais de lui faire comprendre le tort qu'une si mauvaise compagnie peut lui faire.

Eh bien, en fuyant le travail, ton meilleur ami, pour la paresse, ta plus mortelle ennemie, tu es cet ingrat et ce sot.

A quoi te peut-elle servir, ta paresse, je te prie? A quoi de bon?

Si tu découvres en elle un point, un seul, par lequel elle puisse t'être utile; si tu en trouves un où elle puisse t'être agréable, si tu m'en montres un où elle ne doive pas te nuire, je me mets en chasse et je te rapporte un merle blanc.

Il n'est pas un paresseux qui, mis au pied du mur, ne soit obligé de convenir que sa paresse ne l'a jamais aidé, je ne dis pas à passer, mais à user le temps *sans ennui.*

S'il existait deux horloges, l'une marquant les heures données à l'oisiveté, l'autre celles données au travail, tu verrais bientôt que l'heure du travail, même le moins attractif, n'a jamais que son compte de minutes, tandis que l'heure de paresse en a le double ou le triple.

J'ajoute que, pendant qu'il n'est pas de travail qui n'ait sa moisson, les heures si longues de l'oisiveté n'ont jamais rien laissé dans la main de l'oisif.

Conviens-en, ta paresse t'assomme; tu sais que bâiller n'est pas une joie, que les bras croisés sont un supplice, et que les jours de fainéantise sont le tonneau des Danaïdes à remplir.

Je crois qu'on pourrait corriger tous les paresseux par un moyen simple : au lieu d'engager la lutte avec leur vice et de les occuper ainsi à le défendre, il faudrait leur interdire toute activité. Tu es paresseux, sois-le, Tu ne veux pas travailler, ne travaille pas. Tu as des yeux, tiens-les fermés. Tu as des oreilles, sois sourd; une langue, sois muet; des bras et des jambes, demeure immobile; un nez, sois à perpétuité enrhumé du cerveau... car l'usage des cinq sens, c'est un travail. Quant à ton âme et à ton cœur, réduis-les à l'indifférence, pétrifie-les. Dans le corps inerte du paresseux il ne peut y avoir qu'une âme inerte, qu'un cœur sans mouvement comme lui-même. La paresse bien entendue doit être le détachement de tout.

Faire acte de vie matérielle, remuer le petit doigt; faire acte de vie morale, te permettre une réflexion, un sentiment, ce serait renier ton dieu, — la paresse.

Tu la défendais comme une si belle chose au début, ta paresse! « Avant le péché, disais-tu, l'homme ignorait la loi du travail. Le travail, c'est le signe de la réprobation céleste. Renoncer au travail, c'est donc échapper à la plus terrible des sentences divines, c'est remonter jusqu'au paradis. »

Où t'a conduit de parodier ainsi la parole de Dieu à notre premier père : « Tu gagneras ta vie à la sueur de ton front, » et de méconnaître que la clémence divine avait seule pu la dicter?

Est-ce que condamner l'homme à l'oisiveté, ce n'eût pas été pour la race humaine l'arrêt de son néant?

Dieu a voulu, au contraire, réconcilier l'homme, par le travail, avec la vie qu'il lui laissait. En lui disant : « Tu gagneras ton pain, » il lui disait : « Tu sauras ce que vaut d'être utile à soi-même et aux autres; » il lui réservait, il lui rendait possible de connaître le prix de cette existence qu'il lui ordonnait de se faire.

Que penserais-tu d'un oiseau qui, ayant des ailes, ne volerait pas; d'un poisson qui ne nagerait pas; d'un cerf qui, accroupi dans sa retraite, se refuserait les joies de la vitesse; d'un gland qui aimerait mieux pourrir dans la boue que de devenir un chêne, d'un œuf qui refuserait d'éclore? Tu te dirais : « Voilà des êtres et des choses qui manquent à toutes les lois de leurs destinées; ils sont indignes des dons de Dieu. » Paresseux, mon ami, tu es cet oiseau, ce poisson, ce cerf, ce gland, cet œuf, cet indigne.

Que penserais-tu d'un meunier qui laisserait incessamment tourner au vent les ailes de son moulin sans leur jamais donner rien à moudre? Tu te dirais : « Voilà un meunier imbécile; il ferait aussi bien de briser son moulin que de se condamner à entendre à perpétuité son tic-tac inutile. » Paresseux, mon ami, en ne donnant rien à moudre à ton âme, tu es ce meunier imbécile. Ton cœur est ce moulin qui s'use à vide; ses battements, dont tu ne comprends pas l'appel, ne sont plus, grâce à ta paresse, que les battements stériles d'une machine sans direction. Semblables à l'écho stupide, dont ils ont la voix fausse, on sent qu'ils ne dénoncent rien que le voisinage des cavernes, qu'ils n'ont pas d'autre signification que ces bruits vagues qui sortent, comme des spectres, des lieux creux voués à l'abandon.

Que dirais-tu enfin d'un homme en pleine mer qui cesserait de ramer? — Qu'il ne veut point arriver, qu'il veut être submergé.

Eh bien, celui qui cesse de travailler cesse de ramer.

II

LE VAGABOND, LE CHARRETIER ET LE JUGE.

Deux hommes, un mendiant et un charretier, arrivèrent un jour en se chamaillant devant le juge.

Le mendiant était exaspéré.

« Monsieur le juge, s'écria-t-il dès qu'il fut en présence de l'autorité, voici l'affaire! Je m'étais couché sur la route; je ne faisais de mal à personne; je crois même que, pour tuer le temps, j'allais m'endormir, lorsque l'homme que vous voyez, passant par là pour mon malheur, s'est jeté tout à coup sur moi et, me secouant comme un forcené, a voulu me contraindre à me lever et à marcher. Ça ne faisait pas mon affaire, puisque je voulais dormir. « Laisse-moi donc tranquille, lui
« ai-je dit, je ne te gêne pas, va-t'en.

« — Ah ! tu ne veux pas te lever ! m'a-t-il ré-
« pondu ; ah ! tu ne veux pas marcher ! ah ! tu es
« une brute ! eh bien, nous allons voir ! » Et, levant
sur moi le fouet qu'il a encore à la main, il s'est
mis à me fouetter comme si j'eusse été son cheval
ou son âne.

« C'est bon, c'est bon, lui ai-je dit, on va se le-
« ver, mais tu porteras la peine de ce que tu viens
« de faire, comme je porte la marque de tes coups.
« Allons devant le juge. »

— Ce dont on vous accuse est-il vrai? dit le juge
à l'homme armé d'un fouet.

— Je ne puis pas dire non, » dit le paysan accusé.

La chose paraissant claire, le juge allait prononc-
er sa sentence, quand, se ravisant, il adressa une
nouvelle question au coupable.

« Quelle raison aviez-vous pour maltraiter cet
homme?

— Aucune, dit le charretier, je ne le connaissais
pas.

— Comment, aucune? reprit le juge, que la figure calme et honnête de celui qui répondait pré-
venait en sa faveur, malgré l'évidence des faits.

— Aucune que son intérêt, reprit l'accusé. J'ai
trouvé ce malheureux couché en travers sur les
rails du chemin de fer, tout près du passage à ni-
veau. Je me suis dit : « Si je le laisse là, la locomo-

« tive va fondre sur lui tout à l'heure et le couper
« en morceaux. » J'ai essayé de le décider à se donner un peu de mouvement et à se transporter un
peu plus loin, il n'a pas voulu. « Je suis bien là, m'a-
« t-il répondu, je veux y passer ma vie. » J'ai essayé
de l'enlever, il se débattait, il était lourd. Je lui ai
cinglé alors trois ou quatre bons coups de fouet;
je me disais : « Il m'en remerciera plus tard, quand
« il sera tout à fait réveillé. La mèche de mon fouet
« lui fera, en tout cas, moins de mal que le passage
« d'un train sur le corps. »

Ce qu'ayant entendu le juge : « Vous êtes un
ingrat, dit-il à celui qui avait porté plainte. Ce
brave homme vous a sauvé la vie : au lieu de l'ac-
cuser, vous devriez le bénir. Sans lui vous sauriez
qu'il est plus facile de se tuer que de *tuer le
temps.* »

L'homme à qui s'adressaient ces sages paroles
n'était pas en état de les entendre. C'était un vagabond de la pire espèce, de ceux qui n'ont ni feu ni
lieu parce qu'ils ont horreur du travail, et qui
n'ont pas honte de vivre en mendiant sur la terre
féconde.

Pendant que le juge parlait, il s'était rendormi.

Il fallut le porter en prison.

Tout paresseux est ce misérable qui prétendait
dormir sur les rails d'un chemin de fer. Dans le
chemin de la vie, quiconque ne marche pas, la

grande locomotive humaine le broiera. Trop heureux ceux à qui le ciel envoie quelque bon donneur de coups de fouet pour les arracher à leur léthargie, c'est-à-dire à leur mort!

Il n'y a pas à barguigner, il faut, ici-bas, il faut marcher ou mourir. Le mouvement est la condition, la preuve, la raison de la vie. Quiconque n'agit pas en conformité des lois de son être est une brute; l'image menteuse d'un être humain, mais non l'être humain lui-même.

III

LA FILEUSE DE PIERRE.

Une petite fille qui n'avait pas plus de trois ou quatre ans fut menée un jour par son papa à l'Exposition universelle. Quand elle se trouva dans la galerie réservée aux sculptures, elle fut tout interdite; elle n'avait jamais vu de si près des statues et ne put d'abord se retenir d'un mouvement d'effroi à la vue de ces êtres pâles dont l'immobilité la glaçait. « Pourquoi sont-ils comme cela? dit-elle à son père; est-ce que c'est là des morts? » Mais, avec la mobilité de l'enfance, que rien n'étonne longtemps, ses yeux, familiarisés peu à peu avec ce spectacle, s'arrêtèrent bientôt avec une sorte d'émotion sur une statuette qui représentait une jeune femme endormie devant un rouet. Un enfant nu, maigre et chétif, couché sur une natte, reposait à ses pieds. Le rouet allait tourner, mais enfin il ne tournait pas. « Papa, dit le cher bébé après quelques secondes d'impatiente attente, réveille-la, dis-lui que son rouet tourne. Il faut qu'elle fasse du fil puisqu'elle est une fileuse ; s'il ne tourne pas, je crois qu'elle n'en fera pas, et son petit enfant n'aura pas de robe pour quand il faudra l'habiller. »

La paresse est cette fileuse de pierre dont la quenouille sera toujours pleine et la main toujours vide, — dont l'enfant n'aura jamais de robe « pour quand il faudra l'habiller. »

IV

HISTOIRE DE DEUX CHARRUES.

Deux paysans endimanchés avaient voulu voir 'Exposition. Ils avaient entendu le propos de l'enfant ; l'un d'eux le releva, et, s'adressant sans façon à la petite fille : « C'est pour ne pas user son fil qu'elle ne file pas, dit-il tout en regardant d'un air narquois son compagnon ; elle est sûre comme ça de n'en jamais manquer, et que son rouet non plus ne s'usera pas, vois-tu, ma petite fille. » — Et un gros rire de satisfaction sortit de ses lèvres épanouies par cette plaisanterie.

Les paysans des environs de Paris sont volontiers jaseurs.

« Faites excuse, dit celui qui venait de parler en se tournant vers le père de l'enfant, je dis ça à propos d'une histoire que vous ne connaissez pas, — mais Jean pourra vous la raconter.

— Pourquoi pas, dit Jean, si le monsieur veut l'entendre? Elle n'est pas à mon honneur, mais elle tournera peut-être à mon profit tout de même. D'ailleurs une fois n'est pas coutume, et les bêtises, ça sert comme autre chose, quand on sait s'en servir, quand on ne les laisse pas rouiller. » Et ce fut le tour de Jean de rire.

La conversation était engagée, — le *monsieur* avait fait le geste de quelqu'un qui ne demande pas mieux que d'écouter, la petite fille aussi.

« Voilà, dit Jean.

« Nous sommes venus avec le malin Pierre que voici et qui est mon propre frère, pour vous servir, acheter l'année passée chacun une charrue. Nous voilà retournés avec nos charrues dans le pays. Elles étaient superbes, c'était un nouveau modèle, et ma foi c'était si bien trouvé que ça devait presque faire la besogne tout seul.

« Pierre et moi nous avons chacun un lot de

terre qui n'a qu'un défaut : il n'est pas tout près de la maison.

« — Essayons nos charrues tout de suite, dit Pierre en arrivant.

« — Bah ! attendons un peu, que je lui dis, faut aller raconter Paris et l'Exposition aux amis, il sera temps la semaine prochaine.

« Pierre est têtu : il partit avec sa charrue. Moi j'allai voir les amis, on me fit des fêtes pour m'écouter, et je ne sais pas comment cela se fit, mais la semaine se passa, et puis après la semaine une autre semaine, et ma charrue était toujours restée là sous le hangar, prête à partir, mais ne partant pas. Cependant celle de Pierre était revenue du champ, et si reluisante que Pierre disait qu'elle n'aurait pas mieux demandé que de recommencer. Il n'avait jamais vu une si bonne charrue.

« Voilà qu'un matin, ma fièvre de paresse passée, je veux partir à mon tour pour aller au champ ; mais, bah ! le temps change pour me punir, il pleut pendant huit jours sans débrider, — puis j'attrape un froid, — puis je tombe malade. — Le temps de labourer, de semer, passe, et quand je me retrouve sur mes pieds, il était trop tard. Je n'étais pas content, et personne ne l'était à la maison. — Heureusement que Pierre, dont je n'ai pas de mal à dire, est un bon garçon quoiqu'un peu gouailleur. — Il avait. sans s'en vanter, labouré mon champ et le sien, — si bien que, grâce à lui, j'en ai été quitte pour la peur. La moisson a été bonne pour le paresseux comme pour l'autre; mais cette année j'ai dit à Pierre : « Tout ça est bel et bon, mon tour est « venu, c'est moi qui labourerai ton champ; je « veux ma revanche : ma charrue est toute neuve, « la tienne est déjà pas mal usée; — laisse-moi faire « si tu veux que je sois content.

« — Comme tu voudras, me dit Pierre.

« Mais voilà le joli de l'histoire : quand j'allai trouver ma charrue neuve qui devait faire tant de besogne parce qu'elle n'avait encore rien fait, je l'ai trouvée bonne à rien, la rouille l'avait rongée. Voyez-vous, monsieur, les hommes et les choses, ça s'use à rien faire. Si j'ai gagné d'apprendre ça à perdre mon temps pendant un an et ma charrue, je n'ai pas tout perdu; nous voilà à Paris pour ravoir une charrue qui ne se rouillera pas, celle-là, bien sûr, dis, mon Pierre?

— J'en suis sûr, dit Pierre en tapant un fort coup d'amitié sur l'épaule de son frère, et tu verras, Jean, qu'une bonne leçon vaut une bonne moisson.

— Qu'est-ce que tu penses de cette histoire? dit le père à la petite fille.

— Je pense, dit la petite fille, que M. Jean a été un peu bête, que M. Pierre a été bon, mais que

M. Jean se repent et qu'il va très-bien labourer.

— Sapristi, dit Jean, les enfants de Paris, ça n'est pas maladroit; votre petite a compris, monsieur, c'est une fine pièce. »

L'histoire était finie. On se dit adieu.

Ai-je besoin, paresseux mon ami, de tirer la morale de ce que tu viens de lire, et de t'apprendre que l'âme humaine c'est, suivant qu'on sait s'en servir, la charrue qui se rouille à ne rien faire?

Sache-le donc, l'univers entier a le droit de crier au paresseux qu'il est un lâche, car l'univers tout entier travaille; les animaux, les végétaux, le ciel, la terre, l'eau et le feu, les astres dans le firmament, les océans dans leurs abîmes, tout connaît la loi du travail, la loi de Dieu, tout la subit, tout s'en réjouit.

Si cet exemple de l'univers entier travaillant et trouvant l'ordre et la vie dans le travail te ramène à la notion du vrai, fais comme l'univers entier, travaille.

LE MEILLEUR AMI.

Celui dont il ne faut jamais douter;
Celui qui ne trompe jamais;
Celui qui n'est jamais ingrat;
Celui qui ne fait jamais défaut à qui lui fait appel;
Celui qui est doux alors même qu'il est rude;
Celui qui relève les petits aussi bien que les grands;
Celui qui comble tous les vides, ceux des jours et ceux même du cœur, ceux aussi de la poche, dont il faut tenir compte en ce monde;
Celui qui répare tout, tient lieu de tout, remplace tout, console de tout — oui de tout;...
Celui qui fait fuir les heures par cela même qu'il les remplit;
Celui qui peut faire longue et glorieuse la vie la plus courte comme il l'a fait pour Raphaël, pour Schiller, pour Mozart et d'autres, morts jeunes mais chargés de gloire, et qui par contre peut faire courte la vie la plus longue comme il l'a fait pour Michel-Ange, pour le Titien, pour Gœthe, etc.;
Celui qui nous donne à toute heure la meilleure raison de notre être;

Celui qui a fait le monde intellectuel et moral ce qu'il est, de l'homme sauvage et primitif l'homme social et civilisé, de l'être humain faible et déchu, de l'homme à peine supérieur à la bête l'associé de Dieu, puisqu'il aide à accomplir sa pensée;

Celui sans lequel il n'y a ni grande ni petite œuvre, ni génie ni ouvrier;

Celui sans lequel il n'est point de salaire qui ne soit humiliation, point de récompense qu'un homme de cœur puisse accepter, point de vertu efficace, point de force utile, point de raison féconde, point de lumière qui échauffe en même temps qu'elle éclaire, point de solidité, point de satisfaction légitime même dans le succès, point de conscience heureuse, point d'honneur éprouvé et point de justice même dans le plus éclatant triomphe;

Celui sans lequel il n'est ni mérite devant Dieu, ni mérite devant les hommes, partant pas de véritable dignité;

Celui sans lequel il n'est ni vraie générosité ni bonté intelligente, puisque qui ne le connaît pas ne peut pas mesurer ce qu'a coûté ce qu'il reçoit;

Celui qui relève jusqu'à la misère, en ce sens qu'il fait du plus humble l'égal de tous devant le sage, et qu'avec lui, dès que l'effort est complet, rien n'est petit;

Celui qui rachète jusqu'aux fautes;

Celui enfin qui défie tous les revers, toutes les défaites, toutes les ruines, parce qu'il est le souverain réparateur, parce qu'il est le réédificateur de tout ce qui n'a pas mérité de tomber;

Celui, pour tout dire en un dernier mot, qui est l'adversaire du pire des fléaux, du plus lâche des vices, de l'oisiveté; —

C'est le travail.

Oui, le travail est ton meilleur ami. « Il n'est point de chagrin qu'il ne dissipe, » a dit Montesquieu. Il n'est point d'inconstance du sort ni des hommes qu'il ne domine.

Qui que tu sois, vieux ou jeune, riche ou pauvre, celui-là, cet ami-là, cet ami certain, aime-le donc, et, qui plus est, estime-le au-dessus de tous les autres.

Si cependant, à ne la voir que de loin, sa figure austère te faisait peur, sur ma parole approche-toi de lui sans crainte, mon enfant, regarde-le sans parti pris d'épouvante, et dis-moi si jamais regard plus ferme et plus doux a mieux répondu à ta pensée, dis-moi s'il est sourire plus loyal que son sourire et qui fasse mieux comprendre à qui l'interroge avec sincérité qu'à un ami comme lui on peut se fier à jamais.

Et maintenant que tu es rassuré, ô mon enfant, mets ta jeune main dans sa main puissante, et de ce simple contact de ta faiblesse avec ce qui est la force par excellence, tu sentiras ton cœur aussi bien que ton bras fortifiés.

TOUT N'EST JAMAIS PERDU.

LE DÉCOURAGEMENT.

La journée n'a pas été bonne, la semaine a été mauvaise, le mois tout entier s'est mal passé, vous voici désespéré, découragé. Tout est perdu, dites-vous, vous ne rattraperez jamais ce mois si mal employé, et sur ce beau propos vous vous croisez les bras.

Que diriez-vous d'un homme en retard qui cesserait de marcher? Vous diriez qu'il n'arrivera jamais. Eh bien, celui qui cesse de travailler cesse de marcher.

Certes, je ne vous dirai pas qu'un mois perdu ce n'est rien; c'est quelque chose au contraire, c'est un mois, c'est trente jours, c'est le douzième d'une année. C'est donc beaucoup. Mais enfin, puisque cela se mesure, ce n'est pas tout, et vous n'avez pas le droit de dire : « *Tout est perdu* »

Je vais plus loin. Ce n'est pas un mois que vous

avez perdu, c'est une année tout entière, c'est deux, c'est trois ans; eh bien, tout n'est pas perdu encore, car, tant qu'on vit, le temps perdu peut se rattraper.

Le *fugit irreparabile tempus* n'a pas le sens trop propice au découragement, à la perpétuité de la paresse, que vous voulez lui donner. Cela veut dire tout bonnement que le jour d'hier, que le temps écoulé ne reviendra plus, et c'est déjà un bon avertissement de n'en point laisser passer de nouveaux sans travail et sans profit.

Je ne voudrais pas, pour vous montrer combien les conséquences que vous tirez de votre découragement sont exagérées, vous faire trop oublier vos torts, vous en trop consoler, mais je m'en rapporte à votre petite conscience de ne pas tirer le mal du bien que je veux vous faire.

Vous avez des défauts, l'esprit lent ou l'esprit léger; vous croyez que vous n'aimez pas le travail; ce qui est difficile vous rebute. Croyez-vous donc être le seul qui ne soit pas parfait en ce monde? D'enfant sans défaut, d'homme parfait, il n'en est point, et vous calculeriez mal si vous vous disiez que ce qui vous est arrivé à vous n'est point arrivé à d'autres qui vous paraissent bien moins en retard que vous. Parmi ces autres qui sont en avance, il en est peut-être qui en effet n'ont jamais perdu leur temps; mais il en est un plus grand nombre, croyez-moi, qui ont su réparer le temps par eux aussi perdu.

Ce qui ne répare rien, c'est le découragement. Ce découragement, les bons mêmes peuvent le ressentir, peuvent y céder, mais les bons à la fin en deviennent vainqueurs, et, sortis de là, ils doublent le pas pour se remettre au courant.

Il y a de très-bons arbres très-tardifs. Ils semblent ne devoir jamais *partir;* un beau jour ils deviennent et restent la gloire du verger. Il en est d'autres qui donnent vite des fruits excellents et pendant de longues années, et qui, au moment où on y pense le moins, s'arrêtent de produire. Que penseriez-vous du jardinier sans patience qui couperait les premiers et jetterait au feu les seconds?

Vous seriez ce mauvais jardinier de vous-même si vous ne vous donniez pas le temps de prendre ou de reprendre courage. Cet arbre qui, cette année, n'a eu ni fleurs ni fruits, vous l'en verrez, l'année prochaine, chargé à se rompre. Il semble que ce repos, que cette paresse d'une année ait ajouté à sa séve, et que le sommeil apparent n'ait eu pour but que de le conduire à une récolte plus abondante que toutes les autres.

Il en est peut-être ainsi de vous, et si votre mauvais vouloir n'est pour rien dans vos insuccès, si votre lassitude n'est point l'effet de la

lâcheté, il se peut que cette année stérile vou.
mène à une année plus féconde que toute autre
Le grand point, c'est que vous ne désespériez pas
c'est que, vainqueur de vous-même, vous repartiez
d'un pas plus vif, d'un effort plus énergique, dès
que vous sentirez la force vous revenir. L'autre
grand point, c'est que vous sollicitiez le retour de
cette force par un effort quotidien. Dieu récompense la bonne volonté. De ceci n'ayez point de
doute; tenez-vous donc pour dit que tout n'est
jamais perdu. Quel âge avez-vous? Seize ans!
Mais il y a des grands hommes, nés pauvres, nés
loin de la lumière, qui ne savaient pas lire, qui
ont commencé à entrer dans la voie de l'étude, à
vingt ans, à trente ans, et qui sont devenus les
maîtres et l'exemple de leur siècle. J'en pourrais
citer cent, je n'en citerai qu'un. Lincoln, l'honneur de l'Amérique, que le monde entier révère,
est un de ceux-là. Tant qu'il y a un souffle dans
la poitrine d'un homme, son avenir est dans sa
main; il n'y a que des morts dont la vie a été mal
employée qu'on puisse dire que tout pour eux a
été perdu. Or, vous n'êtes pas mort, mon enfant;
je vous ai vu déjeuner ce matin comme un très-bon petit vivant.

LA SOLIDARITÉ DÈS LE COLLÉGE

Il ne faut certes pas abuser des mots nouveaux, mais il serait puéril de les craindre et maladroit de les éviter quand ils arrivent à point pour rendre d'une façon nette et claire l'idée qu'on veut exprimer.

Ce mot encore nouveau, surtout pour de jeunes oreilles : « la solidarité, » exprime-t-il une idée nouvelle? Non, mais il précise mieux que ceux auxquels il a succédé la pensée divine et humaine à laquelle il répond.

Le mot *fraternité* indique le devoir moral qu'ont tous les hommes de se considérer comme des frères. Le mot *solidarité* implique l'intérêt humain de fraternité matérielle qu'ils ont tous sans exception à ne se point considérer comme isolés les uns aux autres.

Quand un mot entre dans une langue et y prend sa place de façon à ne plus pouvoir la perdre, c'est qu'il la mérite. Parlons donc ici de la SOLIDARITÉ. L'idée que ce mot représente est à coup sûr une de celles qu'il n'est jamais trop tôt de faire pénétrer dans les esprits.

Devant Dieu nous sommes tous *frères*, tous égaux par conséquent. Devant les hommes, devant la société humaine tout entière, comme devant la fraction spéciale de la société à laquelle nous appartenons plus particulièrement, nous sommes tous solidaires ; nous le sommes dès le berceau dans la famille, nous le sommes dès le collége dans quelque catégorie sociale que nous pousse notre destinée.

La vie est une action en commun : l'homme a beau faire, il n'est jamais seul. Il n'est pas d'acte, si individuel qu'il paraisse, qui n'intéresse le prochain. Il n'est pas, en un mot, d'acte qui puisse être considéré comme un acte solitaire, c'est-à-dire comme un acte qu'on puisse considérer comme indifférent aux autres, si on en est l'auteur, comme un acte qui puisse vous être indifférent s'il est l'acte du prochain. Chacun de nous n'est qu'un son, n'est qu'une note dans l'harmonie générale. Le soliste n'existe pas dans le concert universel. Si Dieu n'avait pas voulu faire les hommes solidaires les uns des autres, il ne les aurait pas créés, car il aurait fallu qu'il n'en créât qu'un, car cet être, seul de son espèce, eût dès lors été un monstre, et ce monstre, la sagesse de Dieu n'a pas voulu qu'il existât.

Partout où il y a plus d'un homme, il y a donc société. Or, partout où il y a société, il y a solidarité d'intérêts.

La partie engagée entre l'homme et la vie est

donc toujours collective, et l'égoïste qui cherche à s'isoler n'y réussit jamais. Quoi qu'il tente, il n'est qu'une unité dans un tout. Son sort est lié à d'autres sorts.

« Les autres ? Cela ne me regarde pas. » C'est le propos d'un sot, encore plus que d'un méchant.

Tout nous regarde, au contraire, de ce qui touche à l'intérêt d'autrui. L'homme individu est rivé par des liens visibles ou invisibles à l'homme société. Il n'est pas de Robinson dans la vie réelle. Chacun répond de tous, tous répondent de chacun.

On a souvent comparé la vie à un combat ; eh bien, ce combat commence dès le collége, dès la classe. Seulement, l'adversaire n'est pas du tout où l'on croit. Dans la vie, ce n'est pas l'homme ; dans la classe, ce n'est pas le condisciple.

Une classe, c'est une sorte de régiment en marche contre un ennemi commun : l'ignorance, à la conquête d'un bien commun : la science.

Est-ce que les soldats qui marchent ensemble à la bataille sont des ennemis les uns pour les autres ? Non assurément, et, bien au contraire, ce sont des associés qui ont grand soin de régler leurs efforts et jusqu'à leurs mouvements pour la sûreté, pour la défense, pour la gloire communes. Ils comprennent bien, ceux-là, que l'union fait la force, que le soldat répond du soldat, que l'homme est solidaire de l'homme, et, sans savoir le mot, ils sont pénétrés de la chose.

Si dans un régiment, en effet, quelques soldats plus glorieux que sages se frottaient les mains à la vue de leurs camarades démoralisés ou malhabiles au métier des armes, sous prétexte qu'au milieu de ces poltrons et de ces maladroits il leur sera plus facile de faire briller leur courage, vous vous diriez : « Voilà des soldats qui font un bien faux cacul ; si braves qu'ils soient, ils ne peuvent à eux seuls remplacer la force d'une armée ; à la première rencontre ils vont se faire tailler en pièces ; ils reconnaîtront trop tard qu'au lieu de se réjouir de la faiblesse de leurs compagnons d'armes, ils auraient mieux fait de s'évertuer à leur remonter le moral et à leur apprendre leur métier de soldat. »

Eh bien, ce qui serait absurde à l'armée l'est partout.

Dans les arts, dans l'industrie, dans les sciences et dans les lettres, il ne manque pas de gens qui, raisonnant comme nos soldats de tout à l'heure, ne voient dans leurs émules que des adversaires dont les défaillances peuvent seules assurer leur succès personnel et aspirent ainsi au sot honneur d'être les premiers dans un régiment d'éclopés.

De ces beaux raisonnements-là on en fait partout, et même au collége.

« On ne travaille pas dans ma classe, me disait un petit collégien. Tant mieux ! Je vais pouvoir, sans me donner beaucoup de mal, avoir des prix cette année. » Voilà, convenez-en, un *tant mieux* bien placé, et c'est une jolie ambition que celle d'un prix remporté sur des cancres.

Être le plus fort dans une classe où il n'y a que des faibles, je le demande à l'étourdi auquel j'entreprends de répondre, est-ce être fort? Non. Ce n'est qu'être le moins faible. De quoi s'agit-il cependant? C'est d'être fort en effet, et non de n'avoir de la force que l'apparence.

Pour faire une bonne classe, comme pour faire un bon régiment, il faut un ensemble solide, il faut le travail, il faut la force de tous ajoutant et donnant valeur à la force de chacun.

Il faut donc que professeurs et colonels, soldats et élèves s'entendent pour fortifier le corps tout entier.

Le combat de la vie n'est pas un duel, c'est une bataille rangée où tout le monde doit donner, si l'on veut avoir les joies et les profits d'une véritable victoire.

Si Christophe Colomb n'était pas parvenu à arrêter la révolte de ses compagnons et à se faire suivre enfin par eux jusqu'à ce nouveau monde que cherchait son génie, s'il avait abordé seul en Amérique, nous ignorerions peut-être jusqu'à son nom, et son œuvre en tout cas eût été à refaire.

Colomb l'avait bien compris, et quand il s'efforçait d'entraîner dans son élan les ingrats et les aveugles qui méconnaissaient sa pensée; c'est qu'il savait qu'il n'est pas de victoire solitaire, que la gloire a besoin d'être partagée, que l'homme ne serait rien qui n'aurait agi que pour lui seul. S'il a conquis un monde nouveau au monde ancien, c'est qu'il visait au vrai but : agrandir l'univers intellectuel.

Eh bien, nous sommes chacun dans notre sphère d'autres Christophe Colomb. Nous avons la même mission que lui : celle d'ajouter quelque chose à l'univers connu, celle de conduire l'équipage du monde à des destinées supérieures. Depuis le mousse jusqu'à l'amiral, depuis le conscrit jusqu'au vétéran, le devoir est le même, et ce beau devoir, celui-là seul l'aura glorieusement rempli pour sa part, qui aura pensé avant tout au salut du grand navire humain.

LE PREMIER.

Être le premier dans sa classe, quand on est un enfant, dans sa profession ou dans son art, quand on est un homme, c'est un avantage et c'est un mérite tout à la fois dont il est juste de tirer les légitimes satisfactions qu'on est en droit et en raison d'en attendre. Mais il faut se garder d'en tirer vanité. Il n'est point de triomphe qui puisse autoriser ce défaut. Il n'en est pas qui soit de force à le supporter. La vanité gâte et compromet tout, même les plus éclatants succès. Au lieu d'amis, ce sont des ennemis qu'elle leur fait, et au lieu d'émules, des envieux. La victoire de l'un, il ne faut pas l'oublier, se fait du revers de l'autre. Ce premier rang, vous ne l'obtenez qu'après l'avoir conquis sur des compétiteurs. Dès que vous l'aurez obtenu, c'est à ceux-là qu'il faut généreusement penser. Vous êtes le vainqueur, ils sont les vaincus. Il ne faut pas qu'ils demeurent les ennemis de votre succès, il faut qu'ils en deviennent les amis et qu'ils arrivent à se dire : « J'aime mieux ce vainqueur-là que tout autre. »

Il n'est qu'un moyen d'y parvenir, c'est d'user du triomphe avec modération — avec simplicité.

L'exercice du succès, comme celui du bonheur,

est une science; bien plus, c'est un art qui demande du goût, du tact, pas mal de bon sens et beaucoup de cœur; art difficile entre tous, vous le voyez, et dont les conditions, cependant, sont nécessaires au maintien de votre supériorité. Il faut savoir être heureux pour mériter de le rester.

Ayez donc le succès modeste, gardez-vous surtout de le montrer offensant. Ce serait le tourner avec tout le monde contre lui-même; ce serait en faire un écueil, cet écueil contre lequel se brisent, à l'entrée de la rade, les pilotes négligents à qui la vue du port fait oublier toute prudence.

Quel est le succès, d'ailleurs, qui puisse tant nous gonfler?

Dans toute supériorité il faut faire deux parts : celle des efforts personnels qu'on a faits pour la conquérir, et celle des circonstances, des chances favorables qui vous ont permis de la développer. La première part est bien à vous, mais dans l'autre vous n'êtes pour rien.

La nature répartit à chaque créature ses dons d'une façon en apparence très-inégale : dans un dessein secret elle donne aux uns les beaux et brillants rôles, aux autres les rôles sacrifiés. Nous ne sommes pas consultés par elle quand se fait cette distribution. Que l'aigle soit satisfait d'être un aigle plutôt qu'une tortue, rien de mieux. Mais qu'oublieux de ce qu'il y a eu de bonheur pour

lui dans le double hasard de naissance qui a fait
de lui l'aigle et d'un autre la tortue, il reproche à
celle-ci d'être ce qu'elle est, et prétende qu'on lui
fasse, à lui, honneur de ses facultés d'aigle, voilà
ce qui n'est pas admissible, et ce qui explique que
parmi les aigles eux-mêmes il y ait de grands sots,
lesquels sont de vraies tortues au moral, de même
qu'il peut se rencontrer de braves tortues qui, sur
le point spécial du bon sens, dépassent tous les
aigles du monde.

Si cette qualité du bon sens qui vous paraît vulgaire et qui ne l'est pas, car seule elle peut donner la juste mesure, la juste appréciation de la position qu'on a dans le monde, si cette qualité vous manque, fussiez-vous le roi des airs, les gens de vrai jugement feront fort peu de cas de votre personne. Ils admireront vos qualités natives, ils admireront la puissance de vos ailes, mais ils feront bon marché de votre cerveau, ils ne vous admireront pas, vous.

Il se peut même que dans leur for intérieur, voyant votre arrogance, ils aient en meilleure estime la tortue modeste, résignée, accomplissant de son mieux l'humble tâche qui lui est dévolue, que l'aigle infatué de lui-même dont l'insupportable vanité efface toutes les qualités.

Et en cela ils seront justes.

Le monde est un tout, immense pour nous, qui

tient cependant une place bien petite dans la main de Dieu. Si, aux yeux des hommes, il y a ici-bas des fonctions, des aptitudes plus relevées que d'autres, il n'est pas certain qu'aux yeux de Dieu cette différence existe, et il se pourrait bien que dans l'ensemble de l'œuvre du Créateur la fourmi eût une importance égale à celle de l'éléphant.

Qu'est-ce qui constitue la vraie importance?

C'est qu'on soit ce que l'on doit être de la façon la plus parfaite possible. Un bon insecte, faisant en conscience son petit métier d'insecte, vaut mieux pour la perfection du grand tout que le plus puissant des quadrupèdes qui se croirait permis d'avoir des lubies.

Vous est-il arrivé de monter sur un clocher, sur un pic, sur un lieu élevé quelconque, d'où l'on pût dominer la plaine? Oui. Eh bien, qu'avez-vous observé? Est-ce qu'à mesure que vous montiez, les différences entre les choses de la plaine, qui de la plaine vous paraissaient énormes, n'allaient pas toujours en diminuant?

Si, au lieu de vous contenter de vous grandir par l'ascension d'une simple montagne, vous aviez pu monter en ballon et atteindre à cinq ou six mille mètres au-dessus du sol, qu'auriez-vous vu? C'est que de là-haut il n'y a plus guère ni montagnes ni collines, et que la terre n'est, après tout, qu'une petite boule ronde sans inégalités appréciables.

Vous voyez donc que les choses ne sont grandes ici-bas, plus grandes les unes que les autres, que par le défaut d'élévation de notre point de vue.

Eh bien, dans l'ordre moral, il en est de même que dans l'ordre matériel. Les sommets de l'esprit s'effacent aussi à mesure que l'on monte. Les géants ne sont grands que parce qu'au lieu de les voir de haut on les voit de très-bas. L'égalité se rétablirait bientôt entre les prétendues supériorités et les prétendues infériorités de notre petit monde, si l'œil qui les examine pouvait, comme l'œil de Dieu, les considérer de plus haut.

Vous pouvez avoir de cette vérité un exemple plus frappant encore, sans prendre, comme tout à l'heure, la peine de monter sur les rocs ou de risquer une ascension en ballon.

Restons par terre, vous et moi; mais, au lieu de jeter les yeux sur la terre, élevons nos regards jusqu'au ciel.

Qu'y voyons-nous d'ordinaire? Le gros soleil pendant le jour, la grosse lune pendant la nuit.

Comparés aux petites étoiles, ces deux astres sont énormes. Il y a pourtant, parmi les petites étoiles, ces insectes du ciel apparent, des astres qui sont des milliers de fois plus gros en réalité que le soleil et la lune.

Vous voyez donc bien que la supériorité n'est très-souvent qu'une affaire d'apparence, et que la vanité que nous inspireraient nos petits avantages pourrait bien ne pas résister à l'examen.

Donc, soyons très-modestes, alors même que nous serions le premier.

Soyons-le ce jour-là surtout, et n'ayons de dédain pour rien de ce qui nous semble au-dessous de nous.

Les premiers oublient trop, d'ailleurs, de quelle nécessité leur sont ceux qui ne sont pas les premiers comme eux, et de quel secours leur est le dernier, même de leurs semblables.

Que ferions-nous de notre priorité, je vous prie, et quel moyen aurions-nous de la constater, si nous étions tout seuls au monde?

Le chiffre UN aura beau faire, s'il n'était suivi d'un autre, il ne serait jamais qu'une unité. Il ne doit d'être le premier qu'à ces chiffres inférieurs qu'il dédaigne et qui, en se rangeant derrière lui, constatent son rang.

Que penseriez-vous d'un roi qui, parce qu'il serait roi, c'est-à-dire le premier de son royaume, ferait fi de tout ce qui n'est pas lui dans son royaume, et se croirait à lui tout seul son royaume tout entier? Vous vous diriez : Voilà un roi qui ne réfléchit guère, car enfin si son peuple, le laissant avec sa vanité sur son trône, se séparait de lui, il ne serait plus roi que de sa vanité, que de son trône, tandis que son peuple, à lui tout seul, serait un peuple encore.

Un peuple peut toujours se donner un roi; — mais on a vu des rois qui ne parvenaient pas aussi aisément à se donner des peuples.

Si vous étiez l'ami de ce roi, vous l'avertiriez qu'il s'abuse et qu'il faut qu'il ne dédaigne pas ce qui, à toute force, peut se passer de lui, ce dont, au contraire, il ne peut, lui, se passer pour rester roi.

Eh bien, nous sommes tous ce roi sans raison quand, enivrés d'un succès, nous devenons assez fous pour ne pas comprendre que le succès a besoin de ceux mêmes sur qui il est remporté pour être un succès, et que notre petite royauté, pour n'être point idéale, a besoin de n'être pas solitaire.

C'est un point essentiel dans la vie de comprendre que toute supériorité, tout près de ses droits, a ses devoirs, et que le premier de ses devoirs, c'est de se la faire pardonner par la façon dont on en use. Une supériorité dont on abuse pour soi, dont on ne sait pas user pour les autres, n'est déjà plus une supériorité. Si vous vous targuez de votre mérite, il me blesse; si de vos talents, ils sont mes ennemis. Vous vous applaudissez vous-même ? — Pourquoi vous applaudirais-je! — Ma justice ne s'en acquittera jamais aussi bien que votre vanité.

Le monde veut être servi modestement par les plus forts, parce que personne n'est plus fort que lui. Rien de ce qui est impérieux, de ce qui s'impose, n'est fait pour lui plaire longtemps. Personne n'est supérieur à tous, TOUS le savent bien, PERSONNE ne doit l'ignorer.

La supériorité bien entendue ne doit donc point être une force individuelle et égoïste. Elle n'a son laisser-passer, son permis de circulation dans le monde, son brevet, qu'à la condition qu'elle viendra ajouter sa valeur à la fortune publique.

Ne pas la comprendre ainsi, c'est s'exposer à voir un jour pour son compte la vérité de cette parole :
« Les premiers seront les derniers. »

LE DERNIER.

I

Je ne lui dirai pas que son sort est beau, je ne lui dirai pas qu'il mérite la croix d'honneur, et qu'on a tort de ne pas lui dresser un petit arc de triomphe; je n'essayerai pas de lui faire croire que sa place est digne d'envie, surtout si c'est par sa paresse qu'il est parvenu à se la faire décerner; mais s'il est le dernier par des circonstances indépendantes de sa volonté, parce qu'il s'est trouvé aux prises avec des adversaires mieux préparés que lui, parce qu'il est nouveau dans une lutte où ses concurrents se sont déjà essayés, parce qu'il commence, en un mot, et débute dans la carrière de l'étude et du travail, et qu'il a combattu ainsi à armes inégales, je lui dirai qu'il aurait le plus grand tort de s'arracher les cheveux et de désespérer de l'avenir. Il n'est pas mauvais d'avoir été vaincu pour apprendre à vaincre à son tour. La défaite est une leçon dont les natures franches tirent tôt ou tard un profit. Être le dernier, en un mot, dans ces conditions-là, c'est un malheur, ce n'est pas une faute. Or le malheur n'a jamais déshonoré personne qu'aux yeux des sots. Il n'est pas de malheur, d'ailleurs, qui n'ait sa fin en ce monde, où le bien lui-même est souvent passager, quand on ne l'aide pas à durer.

Être le dernier, cet échec radical, dont l'évidence ôte tout recours aux illusions, cette leçon carrée que vous donne le destin et qui vous interdit les faux-fuyants de l'amour-propre dont se payent les avant-derniers, à l'aide desquels ceux-ci, trop souvent, se consolent par la vue de celui qui vient après eux ; être le dernier ce n'est pas agréable ; non, cela ne l'est pas ! mais cela peut être très utile, si, comme on dit, le dernier *a de ça!*

Cette position tranchée, nette, brutale, si vous n'avez pas la vocation, le parti pris d'être un cancre, avouez qu'elle a du moins l'avantage de vous remuer, de ne pas vous permettre cette indifférence banale avec laquelle on accueille les demi-insuccès. — Être le quinzième sur vingt vous aurait laissé dans votre léthargie. Être le dernier, être battu à plate couture, si vous êtes un petit homme désireux d'en devenir un grand, c'est peut-être une bonne fortune pour vous ; c'en est une, si c'est occasion d'un réveil.

Car enfin, vous voulez bien l'avoir été une fois, — et puisque cela est, il n'y a pas à s'en dédire, — mais la position n'est pas assez brillante pour que vous teniez à la garder. Vous ne la garderez donc pas, car je vous vois d'ici, grâce à cette chute profonde, obligé de vous adresser à vous-même cette familière apostrophe : « Mon garçon, il ne s'agit pas de croupir dans sa bourbe, il faut en sortir, il faut s'en relever ! »

Un dernier, qui n'est pas fermement résolu à être le dernier et en tout, toute sa vie, c'est quelquefois celui de toute une classe en qui un professeur sagace pourrait découvrir et faire germer les meilleurs desseins.

Le premier va peut-être s'endormir sur son matelas de lauriers; le dernier, s'il a du cœur, ne dormira pas, je vous en réponds, sur sa couche rembourrée d'épines.

Le premier comme le dernier, il faut bien que quelqu'un le soit. Seulement, l'effort que je conseille au premier pour qu'il garde son rang, je le conseille au dernier, je l'exige de lui pour qu'il le perde.

Or il le perdra, s'il le veut. Il ne tient qu'à lui, je l'affirme, de rectifier cette parole : « Les premiers seront les derniers, » que je citais dernièrement aux premiers qui ne font pas, pour maintenir leur supériorité, les efforts qu'ils ont faits pour la conquérir, par cette autre parole que j'aime mieux : « Les derniers seront les premiers. »

Vous êtes dans une troupe de jeunes gens, d'enfants, si vous le voulez, qui ont un long chemin, le chemin tout entier de la vie, à parcourir. Les forces, les tempéraments de chacun des individus dont se compose cette troupe ne sont pas toujours égaux. Les uns, trop confiants dans leurs jambes toutes neuves, qu'ils croient inusables, se mettent dès le début à courir. L'intention est bonne, mais ils ont tort; car si, grâce à ce départ précipité, ils sont les premiers pendant les premières heures du voyage; il est à parier que, dans les heures suivantes, ne pouvant maintenir l'impétuosité de leur élan, ils perdront peu à peu leur avance et seront tôt ou tard dépassés à leur tour par ceux-là mêmes qui, calculant mieux leur force, seront partis d'un pas modéré qu'ils auront toujours pu soutenir.

La vie est plus longue qu'une classe, elle est plus longue que le collége lui-même ; la question n'est donc pas de partir vite, mais d'arriver à point.

Je ne veux pas, pour encourager les derniers, ralentir l'ardeur des premiers ; mais je veux dire aux uns et aux autres qu'il est une juste mesure à apporter dans l'exercice de ce zèle, et que le vrai zèle est celui qui peut durer tant que le but n'est pas atteint.

Le cheval de course est une bête très-curieuse ; mais, s'il n'y avait que des chevaux de course, c'est-à-dire des chevaux éclatants, des chevaux de luxe capables de fournir avec éclat une carrière courte et rapide, une carrière de cinq minutes, j'imagine que l'on ne dirait pas partout que le cheval est la plus précieuse conquête que l'homme ait faite sur l'animal.

Ce que je voudrais donc, ce serait de parvenir à convaincre les chevaux qui ne courent pas comme des flèches, ceux à qui le galop semble interdit par leur tempérament, que le trot et même le pas sont encore de bonnes allures, pourvu qu'elles soient continues.

Vous êtes au collége, vous avez un siècle devant vous pour arriver à la fin de vos classes, c'est-à-dire à être, vers dix-huit ans, un garçon sachant tout ce qu'on peut apprendre au collége. Eh bien, soyez tranquille, la nature n'eût-elle fait de vous qu'un cheval au pas lent et lourd, vous arriverez à ce but, certainement, tout aussi bien que ceux de vos camarades qui semblaient avoir des ailes dès le début.

Il n'est donné à personne de galoper pendant huit ans sans relâche. Si vous dépensez en six minutes la force qui ne doit se dépenser qu'en six jours, soyez assuré qu'après vos six minutes de galop fou il vous faudra six jours de repos.

On ne surmène jamais impunément la nature, elle se venge de tous les excès en reprenant ses droits et son temps par l'extrême fatigue qui suit les efforts téméraires.

Donc, mon cher dernier, ne te mets pas trop martel en tête si à ton entrée dans la lice tu t'es vu dépasser d'abord par tous les autres, et, au lieu de t'arrêter en route pour gémir sur ton sort, marche à ton pas, marche toujours, seulement ne perds jamais le but final. Il n'est pas si malaisé que tu crois de l'atteindre. Récite-toi de temps à autre, pour te donner force et courage, la jolie fable du Lièvre et de la Tortue. Une fois au but, qu'importe que tu y aies couru ou marché! Je ne

m'en cache donc pas, j'ai un faible pour le dernier.
Il m'intéresse; il a une figure a part. Il est, par sa
position, hors de la foule ; il y est par le mauvais
côté, c'est vrai, mais il dépend de lui de n'y pas
rentrer pour s'y perdre.

Et d'abord je veux que le dernier sente son mal;
s'il ne le sentait pas, il ne serait plus seulement le
dernier, il serait mort. Mais je ne souffrirai pas
qu'il se l'exagère.

Il est par terre, c'est à lui qu'il faut donner la
main, et si le premier, par chance heureuse, est
digne de sa haute situation, c'est à lui d'aller la lui
tendre. Qui sait s'il n'aurait pas, d'ailleurs, à faire
à ce pauvre dernier une confidence qui vaudrait
mieux que mille leçons pour lui rendre du cœur,
un aveu qui, en un clin d'œil, remettrait le petit
désespéré de tout à l'heure sur ses deux pieds?

Et, à l'appui de mon dire, laissez-moi vous conter une histoire.

II

HISTOIRE D'UN PREMIER ET D'UN DERNIER

L'ENTRÉE AU COLLÉGE.

J'ai connu un premier, digne de l'être, celui-là,
qui fit un jour précisément ce que je viens de dire

à qui son succès bien compris avait inspiré cette belle, non, cette bonne action, et qui ne s'en est jamais repenti, je vous l'affirme.

Cela se passait à la rentrée des vacances, dans un des grands colléges de Paris.

Il y avait parmi les nouveaux pour la classe de cinquième un pauvre petit garçon débarqué tout neuf de sa province. Le malheureux enfant avait quitté de la veille le nid paternel, pour venir faire, en qualité d'interne, ses études à Paris. Il n'en pouvait croire son cœur de se voir aussi subitement, lui, l'aîné, le chéri, l'adoré, l'embrassé jusque-là, à toutes les heures de sa vie, de tout ce qui l'avait vu naître, de se voir, dis-je, tout à coup au milieu de quelques centaines de petits gaillards qui ne faisaient attention à lui que pour lui rire au nez ou pour lui faire quelques méchants tours.

Quoi ! pas une main ne s'ouvrait pour prendre la sienne ! On ne voyait donc pas qu'il avait beaucoup de chagrin, qu'il pensait à sa chère maman, à son père, qui n'étaient plus là, et que ses yeux étaient pleins de larmes qui n'osaient pas tomber ! Il s'était couché pour la première fois sans recevoir les doux baisers du soir, l'adieu si tendre de la famille qui clôt si bien les paupières, qui prépare un si bon sommeil, et personne ne plaignait son affreux malheur ! Et, loin de le plaindre, on le bousculait, on le brutalisait, on le menaçait, que dis-je, on le frappait ! Oublieux de ce qu'ils avaient dû être, ne fût-ce qu'un jour, eux aussi, tous ces petits enfants, dont il avait cru qu'il se ferait tout de suite des amis ou tout au moins de bons petits camarades, tous, presque tous se moquaient à l'envi de l'air effaré, de l'air égaré de cet oisillon tombé de son nid parmi eux.

Mais ils n'avaient donc jamais eu de papa ni de maman, ces méchants-là ?

Ils jouaient, ils riaient, ils se battaient. Les plus forts faisaient, comme par plaisir, du mal aux plus faibles; les petits ne savaient où se cacher quand ils les rencontraient : c'était là le collége ! et cela devait durer six ans tout au moins !

Le petit nouveau se sentait à jamais perdu dans ce milieu terrible. Figurez-vous une goutte de rosée tombée dans un torrent.

Il tremblait en classe, il tremblait en récréation; au lieu de dormir la nuit, il pleurait, et c'était encore le meilleur de sa nouvelle existence, il pleurait en pensant à sa mère, qui bien sûr pleurait, elle aussi, de leur cruelle séparation. Il pleurait en se rappelant que son père, son père lui-même, en le laissant à la porte du collége, quand il avait dû repartir, avait tant de peine que, de peur d'éclater, son dernier adieu n'avait été qu'un regard.

N'en doutez pas, ce pauvre enfant-là était digne de pitié. Qui ne se rappelle ces premières déchirures du cœur? La première douleur est celle qu'on n'oublie pas, si l'on est resté digne de son innocente candeur.

Sa petite âme meurtrie se fondait en prières touchantes qu'il adressait tout bas, craintivement, à Dieu, dans le silence, dans le froid de ses nuits. « Papa! maman! mon Dieu! » et il s'endormait les yeux gonflés de larmes amères sur ces pieux soupirs.

III

LA PREMIÈRE COMPOSITION.

Un matin, il se réveilla plus troublé encore que les jours précédents. C'était le jour de la première composition ; on allait voir lesquels étaient les forts, lesquels seraient les faibles.

Le petit nouveau pensait avec épouvante à ce qu'allait avoir de grave pour lui cette première épreuve.

C'était en version latine qu'on allait composer.

Chez son père, qui avait commencé son éducation, les devoirs étaient encore un plaisir. Il traduisait déjà avec facilité les auteurs correspondants à la classe où il venait d'entrer à Paris, et plus d'une fois le proviseur du collége de sa ville natale avait dit, en voyant ses devoirs, que son père lui montrait quelquefois : « Le petit Jacques ira bien, il fera honneur à notre ville, vous pourrez le faire entrer en cinquième et vous verrez qu'il y aura un bon rang. »

Pauvre petit Jacques ! quand le texte de la version fut dicté, comme il le regarda, ce texte ! comme il le scruta ! Une version de Paris, cela ne pouvait pas se faire comme celles d'autrefois, les versions paternelles, en se jouant et tranquillement. Oh ! non.

Il tâcha de rassembler tous ses esprits, il ne vit plus qu'une chose, c'est qu'il fallait faire un bon devoir et pouvoir envoyer dans huit jours à sa maman la joie d'une bonne place conquise par son application.

Sa petite tête était en feu. Œdipe, devant l'énigme du sphinx, n'avait pas toutes ses facultés plus tendues que Jacques devant les énigmes de son texte.

Il se mit au travail.

Son voisin de droite, qui le regardait d'un air sournois, le voyant si appliqué, lui poussa le coude. Jacques, croyant que son coude le gênait, replia son petit bras sur son corps pour tenir encore moins de place, et ne dit rien. Cela ne faisait pas le compte du voisin — qui recommença une fois, — deux fois — dix fois peut-être ! Jacques se contentait de jeter sur lui, à chaque nouvelle tentative, son grand regard bleu étonné.

Le méchant voisin, loin d'être désarmé par cette patience du petit Jacques, passa à un autre exercice. — Il lui prit sa plume entre les doigts, de façon à les lui faire noircir, — puis il lui cacha son encrier, puis il lui jeta son dictionnaire, puis enfin, exaspéré de la douceur de Jacques, il lui déchira sa page commencée.

« Je vous en prie, lui dit alors le petit Jacques d'une voix suppliante, laissez-moi travailler, je veux avoir une bonne place pour faire plaisir à maman. »

L'impitoyable gamin auquel s'adressait cette tendre, cette suprême prière, qui eût mouillé les yeux d'un homme, y répondit par de grossières moqueries.

« Faire plaisir à maman ! ah ! qu'il est bête ! est-ce qu'il y a des mamans au collége ? Tu ferais aussi bien de penser à ta nourrice. »

Devant ce blasphème, le petit nouveau fondit en larmes.

Le professeur, qui avait cinquante enfants à surveiller, tâche tout bonnement impossible, avait vu quelque chose de la scène sans trop pouvoir l'apprécier.

Il punit les deux enfants, tous les deux, de peur sans doute de ne pas punir le vrai coupable.

La punition était légère, je l'avoue, et de celles dont un collégien émérite se serait peu soucié. Elle terrifia le pauvre Jacques. C'était la première qui lui eût été infligée de sa vie — et il ne la méritait pas. Il vit bien que le professeur se trompait. Mais comment le détromper?

« Je veux, dit-il avec résolution à son voisin, que tu dises au professeur que c'est toi qui es le coupable.

— Le coupable, lui répondit son voisin, c'est celui qui se laisse prendre. Si tu n'avais pas pleurniché, le professeur n'aurait rien vu ; — c'est toi qui m'as fait punir, — en sortant de classe tu verras ! » Et il lui montrait le poing.

Jacques perdit la tête ; il avait un ennemi, il y avait quelqu'un qui non-seulement ne l'aimait pas, mais qui encore lui voulait du mal, — et ce quelqu'un était son voisin ; il aurait à vivre, pendant toute une année, à côté de ce méchant deux fois par jour. — Le cœur de Jacques se serra, — il connaissait un nouveau genre de douleur, celui qui ferme le cœur au lieu de l'ouvrir ; — il fut consterné.

Vous comprenez que sa tête, dès lors, ne fut plus à son devoir. Les mots qu'il cherchait dans son dictionnaire sautaient devant ses yeux et ne pouvaient s'y fixer ; — il acheva sa composition cependant, — mais comment ! Quand il la remit au professeur avec les autres à la fin de la classe, il pensait bien qu'elle ne serait pas ce qu'il aurait voulu qu'elle fût, ce qu'elle aurait dû être.

Son petit voisin lui tint parole : à peine sorti de classe, il l'attaqua. Jacques, qui n'était pas poltron, repoussa son attaque; mais, tout en le faisant, comme il avait encore peur de faire du mal à son adversaire, comme il avait ce respect du visage humain qu'il ne faudrait jamais perdre, puisque l'oubli de ce respect fait du coup une insulte, il fut vaincu.

La facile défaite de Jacques fut un triomphe pour le vainqueur. Elle eut des témoins qui célébrèrent sa victoire comme si elle eût été personnelle. Défiez-vous, dès le collége, de ces amis des vainqueurs. Ce ne sont pas des timides, ce sont des lâches, dans le sens le plus honteux du mot.

« Qu'est-ce que je leur ai fait? pensait Jacques. Ils ne m'aiment pas; pourquoi? Je les aimerais tant, moi, s'ils voulaient être bons et m'aimer! Chez nous tout le monde m'aimait. »

IV

LES PLACES.

Vint le jour où les places furent données, — il y avait cinquante élèves dans la division.

Le nom de Jacques tardait bien à sortir, il ne venait pas. Est-ce que le professeur aurait égaré sa copie? Jacques l'espéra un instant. Hélas! il se trompait, le nom de Jacques sortit, mais le *dernier*, de la bouche du professeur.

Ce nom fut accueilli par un murmure moqueur. En un instant tous les yeux furent braqués sur Jacques. Jacques aurait voulu être à cent pieds sous terre. Il aurait voulu être mort.

« Maman! Maman! » s'écria-t-il, — et il se mit à sangloter. La plupart de ses camarades se mirent à rire. Son voisin, qui était l'avant-dernier, avait l'air triomphant.

J'ai dit que la plupart des camarades de Jacques s'étaient mis à rire, — parce que tous, en effet, ne rirent pas : — il y en eut un — un surtout que le désespoir du pauvre petit homme avait ému. Et celui-là, c'était précisément celui qui venait d'être nommé le premier. Ceux que le bonheur attendrit, ceux qu'il rend meilleurs, ce sont les vrais bons. Albert était un de ceux-là.

Jacques était un petit blond, un peu débile, frêle et pâle, au teint si délicat, que son voisin, pour se moquer de lui, avait fini par l'appeler : « Mademoiselle. »

Albert était un petit homme brun, d'apparence ferme et déjà énergique, fort aimé, et, ce qui est meilleur encore, fort estimé dans sa classe.

Le hasard l'avait placé presque en face de Jacques. Il avait, depuis plusieurs jours, remarqué son petit vis-à-vis. Sa douceur, la tristesse profonde empreinte sur sa figure, et tous les jours croissante, l'avait, sans qu'il en fît rien voir à Jacques, intéressé pour lui.

Le désespoir soudain de Jacques, son cri : « Maman ! Maman ! » qui en avait tant fait rire d'autres, avait été jusqu'à son cœur ; — il avait pensé, pour son compte, à sa mère pour la joie qu'allait lui faire son succès, il se dit que celui qui pensait à la sienne pour la peine que sa chute allait lui causer avait une pensée non moins bonne, et, cédant à une bonne inspiration, — il lui barbouilla bien vite, sur un petit bout de papier qui n'était pas trop propre, je l'avoue, le petit mot que voici :

« Ne pleure donc pas. Il y a deux ans, quand je suis entré au collége, j'ai été comme toi, et, à ma première composition, ce qui t'arrive m'est arrivé. J'ai été le dernier. Mais je ne me suis pas découragé. J'ai travaillé comme un bœuf, et, six mois après, j'étais le premier, comme aujourd'hui. Tu en feras autant, si tu veux m'écouter. Je serai ton ami, tu sortiras dimanche avec moi, je vais écrire pour cela à papa. Tu viendras chez nous. Maman t'aimera bien et moi aussi. Quant à ton voisin, sois tranquille, quand il nous verra bien ensemble, il y regardera à deux fois pour te tourmenter; — ce n'est rien de bon, — et j'aime mieux que tu l'aies pour ennemi que pour ami. »

Vous croyez peut-être que ce billet sécha les yeux du petit Jacques? pas du tout. Son émotion fut telle en le lisant que sa tête blonde s'inclina sur ses deux bras repliés, et qu'il demeura immobile, comme s'il eût dormi, pendant au moins cinq minutes.

On crut qu'il cachait sa honte, — il n'y pensait plus. Il cachait sa joie. Son cœur tout entier s'était fondu devant cette marque inattendue d'intérêt. Il arrosait de ses larmes le petit mot d'Albert, — il le pressait sur ses lèvres, comme le papier sacré sur lequel lui avait écrit sa mère. Ces quelques lignes avaient allumé dans son âme une de ces belles flammes d'amitié pure qui éclairent les débuts de la vie des enfants comme l'aurore éclaire un beau jour. Bien sûr Albert ne pouvait être qu'un héros! Jacques pleurait encore, c'était plus fort que lui; mais que ces larmes cette fois étaient douces! Quand il releva la tête, ses yeux humides étaient pleins de sourires, son regard reconnaissant traversa la table et pénétra jusqu'au cœur de son nouvel ami. Albert lut dans ce regard qu'il avait bien placé sa sympathie. Sa bonne figure rayonna.

L'heure terrible, ce matin encore, de la récréation arriva, Jacques l'attendait comme une heure bénie.

Albert et lui n'étaient pas encore dehors que déjà les mains frémissantes des deux enfants s'étaient serrées. Quand ils furent dans la cour, ils s'embrassèrent.

Jacques n'était plus seul, Jacques avait un frère, un bon frère qui l'aida, qui le soutint, qui le fortifia comme eût pu faire un frère aîné pour son frère moins âgé, qui le défendit contre les méchants, qui le fit aimer des bons, qui lui rendit enfin la force et le courage.

Ce qu'Albert avait prédit arriva, l'année ne se passa pas sans que Jacques, à son tour, fût le premier. Ce jour-là Albert ne fut que le second, mais sa joie était telle qu'on l'eût cru le vainqueur. Jacques, confus, regrettait presque sa victoire. Albert et Jacques achevèrent leurs études ensemble. Émules et amis tout à la fois, ils se partagèrent les prix de leurs classes, — et après le collège, restant unis, dévoués, sûrs l'un de l'autre, chacun suivit sa voie, l'un aidant l'autre et accourant dès que son ami avait besoin de lui.

Cette histoire n'est pas d'hier, malheureusement. — Des deux amis, un seul, hélas! est resté pour la redire à celui qui vient de l'écrire : — le premier, le bon Albert, n'est plus là! — Je me trompe, ceux dont on se souvient ne sont pas morts, — et que de souvenirs il a laissés, notre bon, notre cher ami Albert, à tous ceux de nos camarades à qui ces lignes tomberont sous les yeux!

Je me suis laissé entraîner par ce souvenir, — qui est venu comme de lui-même en aide à mon sujet. Il n'est pas mauvais que les enfants sachent que les souvenirs des années de collége sont impérissables, et qu'à travers tous ceux que la vie amoncelle autour des existences les plus agitées, ils conservent leur droit de priorité.

Que si quelques-uns, amis dès le bas âge du mélodrame, trouvaient ce récit un peu simple, tant pis pour eux. Je m'inquiète peu des esprits forts de quinze ans. Outre qu'ils sont moins forts qu'ils ne pensent, ils sont, d'ailleurs aussi, meilleurs qu'ils ne croient. Ils savent, à l'heure qu'il est, qu'Albert et Jacques étaient deux braves garçons. Ils savent que le premier et le dernier peuvent se valoir et *se rejoindre*. Ils savent tout ce que je voulais leur apprendre.

DU CHOIX DES LECTURES.

I

Rien n'est plus important que le choix des premières lectures. Tout le caractère de l'enfant, et, par suite, de l'homme, en dépend. Nous sommes tous plus ou moins de l'école des premiers livres dont la lecture nous a frappés.

Ces maîtres commodes qu'on prend, qu'on laisse, et qu'on retrouve à son gré, qu'on interroge et qui vous répondent à l'heure même qui vous convient, qu'on ouvre ou qu'on referme à volonté; ces instituteurs discrets, confidents muets et éloquents de nos rêves, qui nous entraînent, sans nous faire changer de place, dans des pays inconnus, ont sur nous une influence d'autant plus grande, qu'elle ne fait rien pour s'imposer.

Le livre, c'est quelqu'un qui n'est pas là, qui ne vous parle pas et que pourtant on entend; c'est un ami mystérieux dont l'esprit seulement est avec vous, dont la personne ne peut vous inquiéter, dont rien de lui-même ne vient gâter le prestige, dont le désintéressement est certain, car il ne demande rien, car il n'interroge pas; c'est un témoin qui ne témoignera jamais contre moi, car s'il me connaît, il ignore pourtant qui je suis; c'est un tête-à-tête où je suis seul, c'est par conséquent, après la pensée, la chose la plus intime de la vie, c'est-à-dire ce qu'il y a de pire s'il ne vaut rien, ce qu'il y a de meilleur s'il est bon.

Combien donc il importe que l'enfant, que le jeune homme ou la jeune fille, au moment d'entr'ouvrir la vie, n'aient que de bons livres sous les yeux! Le choix d'un ami ou d'une amie n'importerait à coup sûr pas davantage.

II

L'esprit est un enfant avant que d'être un homme. L'esprit a ses âges comme le corps, qu'il faut entourer des mêmes sollicitudes.

Bien lire est aussi important pour l'hygiène morale que bien boire et bien manger, c'est-à-dire que boire ou manger avec mesure, pour l'hygiène physique. L'esprit se fausse aussi vite que se gâte l'estomac. Dans les premières années, le goût ne résiste à aucun excès. C'est le plus délicat de nos sens.

Si tu n'as jamais lu que de bons livres, que des livres bien portants, je réponds de la santé de ton esprit; si, au contraire, tu t'es nourri de livres mal choisis, de livres malsains ou malades, c'en est fait de toi. Tu as eu une nourrice équivoque, tu as bu de mauvais lait, ton sang est gâté.

L'axiome « Dis-moi qui tu hantes, je te dirai qui tu es » pourrait se compléter par celui-ci : « Dis-moi ce que tu as lu, je te dirai ce que tu seras. »

III

Il y a sur cette question « des lectures qui conviennent à l'enfance et à la jeunesse » deux systèmes en présence.

L'un ne craint rien. Il faut tout laisser lire à l'enfant, comme il faut tout lui laisser faire si l'on veut que l'enfant soit robuste.

L'autre craint tout. Il conduit l'enfant par la main, les yeux baissés et presque bandés, jusqu'au seuil de la virilité. Sous prétexte de le garder innocent, il le livre ignorant à tous les hasards de la vie.

Malheureusement pour le premier de ces systèmes, on en arrive, par lui, à tuer même des Hercules. Pour une barque qui traverse sans pilote ce bras de mer aux vagues courtes, mais terribles, qu'on appelle l'enfance et la jeunesse, il en est mille qui sombrent avant que d'être au port.

J'aimerais autant, pour ma part, voir abandonner à l'enfant la clef de la cave et du garde-manger, que celle de la bibliothèque.

C'est ce système de liberté prématurée qui explique une des pires maladies de notre temps : ces gastrites du cerveau dont souffrent nos jeunes générations. On a goûté à tout, l'on n'a rien digéré. D'indigestions en indigestions l'esprit en est arrivé à ne rien supporter. On a vingt ans et l'on est vieux.

IV

Il n'est que temps de réagir contre ce dangereux système. Il faut que la jeunesse comprenne que, dans l'intérêt non pas seulement de sa santé, mais de ses plus vrais plaisirs, il n'est pas bon de prématurer, de précipiter, d'exagérer sa vie; que chaque chose doit arriver à son heure et en son temps; qu'il ne faut surmener ni son esprit ni son corps, et qu'imposer à ce qui est jeune le régime échauffant qui fatiguerait l'âge viril lui-même, c'est tuer dans son germe ce que la jeunesse a de meilleur, c'est jeter la maison par les fenêtres.

Je n'aime donc pas, en fait de lectures surtout, ce système, par trop commode pour les maîtres qui le professent, de liberté hâtive. Mais je ne lui préfère pas pour cela le système de compression absolue que soutiennent ses adversaires, car tout ce qui est extrême aboutit à l'absurde, et je crois que s'il fallait entre deux maux choisir le moindre, je dirais qu'il vaut mieux encore laisser les enfants manger à tort et à travers que de les faire nourir de faim.

Or, les élever dans le système de l'abstinence, de la diète prolongée, des tisanes sans vertu, de l'eau tiède et de l'ignorance de toutes choses, c'est leur donner l'envie de se jeter dans les excès dont on a voulu les garantir, dès que sonnera l'heure de la liberté.

V

Ces extrêmes sont heureusement plus faciles à éviter qu'on ne pense. La vérité est au milieu.

N'en déplaise aux anarchistes de l'éducation, il faut du lait pur, non des alcools à l'enfant, et il lui faudra encore, quand il aura quitté sa nourrice, des aliments transitoires proportionnés à l'inexpérience de son estomac. Mais, *n'en déplaise* aux partisans des jeûnes trop rigoureux, il faut au jeune homme et à la jeune fille une nourriture substantielle.

Si l'on n'est pas encore un homme ni une femme à quinze ans, on est certes sorti de sevrage à cet âge, et le moment est très-évidemment venu, au moral comme au physique, des biftecks et des côtelettes, des viandes et des livres sérieux ; mais il est pourtant à ce second âge de la vie deux sortes de livres dont il faut garantir le jeune homme et la jeune fille.

1º Les livres excessifs, les mets pimentés, qui mettent le feu au cerveau sans l'éclairer.

2º Les livres plats et mous, les aliments sans saveur, qui chargent l'estomac sans le nourrir.

Un livre bête, malgré les naïfs préjugés qui règnent en sa faveur, n'est jamais innocent. La bêtise a sa contagion, et le maître qui vous apprendrait à devenir un sot n'est à coup sûr pas celui qu'il faudrait préférer. Il serait superflu, je suppose, de développer en France les inconvénients de la bêtise.

Quant aux livres excessifs, leurs dangers sont dans le sens contraire. L'enfant prend volontiers la violence pour la force. Le livre excessif le jettera hors du ton ; il lui plaira tout d'abord par ses défauts plus que par ses qualités, et comme il est infiniment plus facile d'imiter un défaut que de s'approprier une qualité, ce sont les défauts qu'il prendra.

VI

Il n'est rien de plus antipathique au vrai tempérament français que l'emphase, si ce n'est la platitude.

Cependant, plus d'une fois on a vu le génie littéraire en France s'égarer, par réaction, de l'une à l'autre, dans son dégoût alternatif pour toutes les deux. Les extrêmes engendrent toujours leurs contraires. Après l'atonie, l'exaltation. Comme l'âme humaine n'est pas plus faite pour la passion continue que pour la fièvre continue, dès que la France a exagéré pendant un certain temps la passion, elle tombe pour un temps aussi dans la platitude.

On m'accordera que la meilleure musique devient odieuse quand elle est chantée au-dessus du ton ; eh bien, les livres où l'emphase et la déclamation tiennent la place du naturel donnent à la vérité elle-même la fausse note et la couleur du mensonge. La vérité n'a pas besoin d'être enflée ; elle ne se déclame pas, elle se dit. Quant aux livres plats et mous, ils ont l'abominable défaut de laisser à croire que l'ennui est inséparable de l'idée du bien, ils font de la figure ferme et sérieuse de la vertu je ne sais quel portrait maussade qui éloigne d'elle ceux qui voudraient s'en approcher. Si l'absinthe littéraire affole et abrutit les esprits, la bouillie littéraire des livres plats les affadit et les écœure.

C'est donc, je le répète, contre ces deux sortes de livres qu'il faut prémunir le second âge, qui est l'âge d'incubation et de préparation de l'esprit

VII

Le véritable diapason de l'esprit français c'est la franchise et la sincérité dans le ton. C'est, pour le fond, la raison dans l'esprit, le cœur dans le bon sens. Hors de là le génie français sort de son emploi. Il peut briller dans tous les autres : dans celui-là seul il est maître.

Les livres qui répondent à ce programme sont les seuls qu'il faille servir à la jeunesse française. C'est les yeux sur ces livres-là qu'elle doit entrer dans la carrière. Ce sont eux qui la conduiront au but.

Mais, me dira-t-on, les livres sont rares qui réunissent ces qualités et qui évitent ces défauts.

Ils sont rares, c'est vrai, mais moins que vous ne l'imaginez. Le trésor littéraire de notre pays s'est accru de nos jours, et si les instituteurs de la jeunesse voulaient faire, sans préoccupation du système, un choix attentif dans les œuvres des maîtres contemporains, ils s'apercevraient bientôt que tous les classiques ne sont pas morts, qu'on peut être classique de son vivant, et que la France moderne a dans la main de quoi suppléer à la plupart des lacunes du passé.

Quoi qu'il en soit, le nombre des bons livres est et restera toujours petit. Mais on aurait tort de s'en nquiéter. La bibliothèque de l'humanité n'a pas besoin d'être si grosse qu'on soit obligé d'y ajouter d'une main trop complaisante.

Ne se composât-elle que de deux cents, que de cent volumes, je vous dirais : « Tranquillisez-vous, c'est assez; car ces cent-là, si vous savez les lire et les relire, en valent cent mille, car ils contiennent tous les autres, car ils suffiront longtemps encore à défrayer le monde intellectuel.

C'est le propre d'un bon livre qu'il est inépuisable, qu'il est toujours nouveau. Comme ceux de l'horizon, ses aspects varient à l'infini, suivant l'heure de la vie à laquelle le regard l'interroge.

Que si chaque siècle augmente d'une dizaine de volumes seulement le petit mais inappréciable trésor des bons livres, n'en demandons pas davantage, car chaque siècle ainsi aura suffi à son œuvre.

On n'a pas besoin, je suppose, de compter par milliers ses amis intimes. Quand dans la foule humaine on peut rencontrer quelques hommes dignes d'être considérés comme des frères, comme des amis pour toute la vie, il faut en remercier et Dieu et les hommes. Un bon livre est un ami intime. Chacun de nous en a cent : ne nous plaignons pas.

LES PREMIÈRES ARMES
DE L'ESPRIT.

De toutes les manifestations de l'intelligence, l'esprit est celle qui demande le plus de tact, de goût, et, par suite, de maturité.

Il ne suffit pas en effet d'être spirituel, il faut savoir l'être.

L'esprit peut être, suivant qu'on l'emploie bien ou mal, une qualité ou un défaut.

C'est une arme qui peut être dangereuse et dont il n'est pas bon d'user à tort et à travers, dont il faut bien connaître les effets et les secrets avant que de la mettre au vent.

Dans la jeunesse, l'esprit se présente presque toujours avec les apparences d'un défaut.

C'est un fouet trop tôt mis dans la main d'un enfant, qui n'en mesure pas la portée, qui s'en sert où il ne faut pas, qui ne veut que jouer et qui blesse, et qui, trois fois sur quatre, atteint ce qu'il ne vise pas.

Les essais de l'esprit chez les jeunes gens ont je ne sais quoi d'agressif, d'inopportun et de brutal dont il faut se garrer comme des accès de gaieté trop brusque des jeunes chiens de Terre-Neuve. Cela saute partout, c'est familier et violent, c'est presque sauvage, tant parfois c'est cruel, et il est rare que, dans ses cabrioles intempestives, cela ne casse pas quelque chose. Je sais bien que ce n'est que pour essayer ses dents encore nouvelles que l'esprit, à quinze ans, s'essaye à mordre; mais, comme il ne connaît encore ni le degré de sa force, ni le degré de sensibilité des épidermes qu'il attaque, il lui arrive plus souvent qu'il ne veut d'emporter le morceau et de faire plaie là où il ne songeait qu'à montrer ses petites défenses.

Les premières passes de l'esprit de la jeunesse rappellent les premières leçons de la salle d'armes, toujours dangereuses pour le maître.

Les fleurets sont mouchetés, mais le jeu est si vif, si ahuri, si déréglé, que le bouton saute, l'élève n'en voit rien, et, si le maître n'avait ni masque ni plastron, il serait bientôt la victime de ses innocents mais trop bouillants élèves.

Ces premiers engagements, ces premiers ferraillements plaisent singulièrement à ceux qui s'y croient quelque vocation. Prenant l'entraînement qui les pousse comme la preuve d'une aptitude spéciale, ils ne désarment plus, ils sont toujours en attitude de combat, ils passent leur vie à riposter à des bottes qu'on ne leur a pas portées, et à tomber à l'improviste sur des gens qui n'ont aucun souci de se mettre en défense.

Ils se croient gais, ils sont taquins; malicieux,

ils sont mauvais; moqueurs, ils sont impertinents; railleurs, ils sont offensants.

Ce qu'il y a de pis, c'est que c'est d'ordinaire contre ce qui les aime le mieux qu'ils font ainsi leurs premières armes; le père, la mère, les frères, les sœurs, les amis, sont les premières victimes des ergots impatients de ces trop jeunes coqs.

C'est si commode de pouvoir déployer tout son courage contre un adversaire dont on n'a rien à craindre, de donner de toutes ses forces contre un cœur dont on est sûr, de faire l'essai du mal aux dépens des autres seulement, de frapper quand on n'a pas l'inquiétude de la riposte, de s'escrimer contre qui vous ménage, et de faire, en un mot, ses premières dépenses de caractère contre qui ne vous présentera pas la carte à payer.

Que voulez-vous! quand on est batailleur, il faut bien batailler; on a de petites griffes, c'est sans doute pour griffer. A qui s'en prendre, si ce n'est à ceux qui sont là?

Les premiers essais de ses défauts, c'est donc contre les cœurs qui l'adorent que la jeunesse, presque toujours impitoyable, parce qu'elle est toujours irréfléchie, ne manquera pas de les faire.

Que j'en ai vu de mères, de mères tendres et parfaites, recevoir tout à coup en plein cœur, dans le sein, de ces coups innocents, mais cruels, de l'enfant qu'elles venaient d'allaiter! Que j'en ai vu pâlir sous la douleur, qui la dissimulaient sous un sourire, par un triste et sublime effort, et qui n'y répondaient que par un baiser!

Ah! les chers, chers enfants! qu'ils sont barbares souvent sans s'en douter! Quels bourreaux que ces bébés ingénus, qu'ils aient quinze mois ou quinze ans!

Mais patience, — la revanche des mères arrive tôt ou tard; c'est le jour où l'enfant, devenu homme, voyant soudainement devant lui, comme pour la première fois, le visage exténué de sa mère et ses yeux prêts à s'éteindre, ces yeux qu'il a connus si doux, si pleins de caresses, se rappelle tout à coup sa vie d'enfant tout entière, sa vie d'enfant trop sûr d'avoir été trop aimé, — et comprend, — comprend tout enfin, — même ses égoïsmes féroces.

Tâchez que ce jour-là la revanche de la mère ne soit pas trop complète, — et qu'ayant tout oublié, hormis ce qui a été bien de vous, elle puisse vous dire ici : « Je te bénis, mon enfant; oui, j'ai, je le crois, été une bonne mère, mais, rassure-toi, tu as été, toi, un brave enfant. »

Pourquoi faut-il que le premier cœur que l'homme déchire soit celui de sa mère!

IL FAUT ÊTRE TRÈS-BON.

La bonté n'est pas un objet de luxe dont au besoin on pourrait se passer. C'est un objet de première nécessité.

Ce n'est pas non plus un objet d'agrément qui ne doit servir qu'aux heures de loisir, quand on a le temps. C'est une chose fondamentale, c'est une qualité essentielle à la vie de l'individu comme à la vie des sociétés

Si on pouvait arracher entièrement du cœur de l'homme ces sentiments de bienveillance, de charité, d'humanité, d'indulgence, qui constituent la bonté, on ferait de lui un monstre aussi funeste à lui-même qu'à ses semblables.

Si, dans un cataclysme moral soudain, la bonté pouvait disparaître de la terre, ce ne serait pas un moindre malheur pour l'universalité de ses habitants que si le soleil, qui vivifie tout dans l'ordre matériel, s'éteignait subitement.

Et pour tout résumer en un mot, s'il y avait plus de mal que de bien sur la terre, plus de méchants que de bons, on peut dire que le monde toucherait à sa fin.

Autant vaudrait que tous les hommes à la fois

fussent malades d'une maladie mortelle que malades de cette maladie mortelle des âmes qui est la méchanceté.

La santé physique est indispensable au développement des corps et à leur conservation. Eh bien, la bonté, qui est la santé morale des âmes, est indispensable à la vie de tous et de chacun. C'est le lien qui réunit les sociétés et qui les défend victorieusement contre tous les germes de dissolution qu'elles semblent contenir.

Ce n'est donc pas une petite affaire que d'être ou de n'être pas bon. Car, pour être bon, il ne suffit pas de n'être pas méchant; et l'on peut dire que n'être pas bon c'est déjà être mauvais.

Être bon, c'est faire le bien et empêcher le mal. Celui qui ne fait ni l'un ni l'autre est le complice du méchant; il est de son côté. La bonté est une chose active, non passive.

Le méchant est un être incomplet dans le sens absolu du mot. Il manque à son cœur, il manque à son esprit les qualités qui achèvent l'homme, qui le rendent propre à la vraie vie.

Il est plus de la moitié des choses, et la meilleure, qu'il ignore, dont il est retranché.

Il ne sait ce que c'est que l'amitié, la fraternité, le dévouement, l'attendrissement, la reconnaissance, le respect, l'admiration, toutes choses qui procèdent de l'amour d'autrui, qu'on en soit le principe ou le but. L'émotion du bien n'existe pas pour lui, ses joies sont menteuses et douloureuses; aucune ne remonte de son cœur, aucune ne descend jusqu'aux profondeurs de son âme.

Si donc vous voyez des satiriques ou des misanthropes qui vous disent que tout va toujours de mal en pis, que le mal est décidément le maître de l'univers, dites-vous hardiment que, ne jugeant de l'ensemble que par des détails mal compris, ces pauvres gens calomnient sans le savoir la nature humaine, qui vaut mieux qu'ils ne pensent.

Puisque le monde fait œuvre de durée, puisque les sociétés sont sur leurs pieds, ils se trompent. La masse du bien n'est pas où ils sont; elle est ailleurs. Ils prennent les déplacements du progrès, les malaises de la croissance pour les infirmités de la décrépitude.

Si le rôle de la bonté est si grand sur la terre, vous voyez combien il est important, et pour soi et pour tous, de prendre rang, dès le début, dans l'armée des bons et non dans l'armée des méchants.

Vous rencontrerez des gens qui se prétendront honnêtes au fond et qui oseront vous dire qu'il n'est que deux catégories d'hommes en ce monde, celle des trompeurs et celle des trompés, et que, comme de deux maux il faut bien choisir le moindre, ils ont, à leur grand regret, pris le parti de hurler avec les loups, d'être dupeurs plutôt que dupés. « Ah! si le monde était meilleur, ils seraient meilleurs aussi! »

Si vous n'avez pas les vertus et les priviléges du médecin, qui ne doit reculer devant la vue d'aucun mal, parce que son devoir est de connaître et de secourir tous les maux, voire les plus hideux, fuyez ces gens-là comme la peste; ils l'ont.

Croyez d'ailleurs qu'un homme ne dit jamais de bien du mal sans quelque secret motif, et que l'avocat d'une mauvaise thèse plaide toujours pour quelque vice ignoré qu'il est humilié de renfermer en lui-même, auquel il cherche à gagner le droit au grand jour, et qu'il voudrait rendre général parce qu'il se dit que d'un mal commun à tous il aurait moins à souffrir.

En quoi il se trompe; car la maladie des autres ne guérit pas la nôtre, car les méchants ont autant besoin des bons que les malades des médecins.

On vous dira encore que tel homme qui est mauvais est très-intelligent, qu'il a tel ou tel génie, qu'il a eu entre autres celui de réussir, qu'il a fait fortune et qu'il est à tout prendre parmi les heureux, parmi les enviables de ce monde.

Inscrivez-vous sans hésiter contre ces menteuses affirmations. Il n'est que les gens à vue superficielle, les faibles ou les sots, qui puissent tomber dans cette confusion d'admirer ce qui ne vaut rien et de prendre pour écus sonnants un or qui n'est pas contrôlé.

Celui qui n'est pas assez intelligent pour être bon, son intelligence n'est pas la vraie et son bonheur n'est pas plus vrai que son intelligence. Il n'a que le matériel de l'une et de l'autre.

N'est-ce pas contre lui un argument sans réplique que quiconque a la juste vue des choses puisse lui dire : « Si vous aviez fait cette fortune, que les niais vous envient, sans y laisser votre réputation de brave homme ; — si, au lieu d'être un scandale, cette fortune était bénie comme un bienfait public ; — si, au lieu de n'être salué que par des gens qui sont les valets de tout ce qui reluit, vous étiez l'homme honoré dont le consentement des bons voit le triomphe avec joie, comme une preuve que, grâce à Dieu, la fortune n'est pas toujours aveugle, est-ce que très-évidemment vous n'auriez pas été plus intelligent encore ?

« Vous le voyez bien, votre intelligence a une tare et vos trésors ne se composent que de ces monnaies douteuses que chacun scrute et met dans la balance quand il lui en passe dans la main.

« Vous mourriez demain, et, trompant momentanément la mort après avoir trompé la vie, vous en

seriez arrivé à avoir ce qui constitue aux yeux des passants les beaux enterrements, beaucoup de voitures vides derrière votre cercueil, des discours encore intéressés sur votre tombe, célébrant effrontément, à la stupeur des bons, vos vices comme s'ils eussent été des vertus, que je vous dirais encore : « Au bonheur de votre vie, comme aux
« honneurs de votre mort, je n'y crois pas, car
« le silence des honnêtes gens fait plus de bruit
« dans la conscience publique que le tapage des
« fripons ; car, du fond de votre tombe, vous l'avez
« compris enfin, vous, ce silence ; car, à l'heure
« qu'il est, vous savez qu'il est une justice à la-
« quelle rien n'échappe, et que cette justice vous
« tient. »

Non, il ne faut pas croire au bonheur des méchants. Si vous n'avez pas vu leur âme à nu durant leur vie, la mort implacable vous en découvrira les plaies. Il est un jugement dernier pour tous, même en ce monde. Qu'importe que le contemporain ait crié « gloire ! » si la main froide de la postérité doit biffer le mot et le remplacer par cet autre : « mensonge ! »

Donc soyez bon, bon avant tout.

Il est quelqu'un que vous connaissez, bien que vous l'oubliiez quelquefois. Il est quelqu'un à l'estime, à la bonne opinion, à l'affection de qui vous tenez tant, que vous aimeriez mieux être brouillé avec l'univers entier qu'avec lui.

Je vous félicite d'autant plus d'avoir pour ce quelqu'un cette amitié solide, que celui-là, fussiez-vous l'objet de l'admiration universelle, si cette admiration n'était pas méritée, ne vous épargnerait pas de vous le dire.

Je loue d'autant plus le cas que vous faites de votre intimité avec ce quelqu'un, qu'évidemment, puisqu'il est inexorable quand vous faites mal, c'est qu'il est digne du cas tout spécial que vous faites de lui.

Eh bien, si vous voulez rester dans ces termes d'étroite union avec ce quelqu'un, soyez bon, car il n'est pas une de vos fautes dont il ne dût souffrir, pas une qu'il pût vous pardonner, et si ces fautes se perpétuaient, son attachement pour vous se changerait peu à peu en une sorte d'horreur mêlée de mépris.

Or, avec son mépris, que serait pour vous la vie?

Ai-je besoin de vous dire que ce quelqu'un, c'est vous-même?

Vous imaginez-vous qu'un homme, si envié qu'il puisse être par ceux qui ne sont pas dans son secret, puisse être heureux s'il est brouillé avec sa conscience, s'il n'est pas en paix avec lui-même, avec les forces vives de sa nature, c'est-à-dire avec tout ce qui est inséparable de lui, avec ces voix qu'on ne peut réduire au silence, qu'on peut encore moins faire mentir, les voix intérieures?

Je vous adjure donc, au nom de l'intérêt légitime que vous vous portez à vous-même, d'être bon.

Si vous êtes un homme de génie, la bonté ajoutera à votre génie, elle fera de ce génie un secours pour l'humanité tout entière. Si vous n'êtes qu'un homme de la classe moyenne des esprits, elle ajoutera comme un sceau de grandeur à cette médiocrité même. Le caractère n'est jamais petit quand l'homme est bon.

Est-ce que j'ai à vous apprendre que les grands hommes à qui a manqué la bonté, c'est-à-dire ce qui rend le génie utile, ne sont que des météores, et que l'étonnement qu'ils causent n'est de l'admiration que pour les sots?

Est-ce que j'ai à vous apprendre que les pauvres d'esprit eux-mêmes, quand ils sont bons, le royaume des cieux est encore à eux, et qu'en ce monde il leur reste cette meilleure part des joies de la terre, la joie, ignorée du méchant, de pouvoir être aimé, laquelle, à côté de cette autre joie, la joie d'aimer, est la vie tout entière?

Qui est-ce qui aime le méchant?

Et qui le méchant peut-il aimer, lui dont le premier et continuel supplice est de détester le bien des autres? Son amour même serait un affront.

Et au contraire, qui est-ce qui n'aime pas le bon? Qui donc s'est jamais inquiété de savoir si l'être aimé et dont l'affection lui est douce à toute heure est ou n'est pas un être supérieur? Ce qu'on aime est supérieur à tout. Ce qui vous aime est supérieur à tout. Ce qui vous aime est meilleur que tout, et l'on n'aime bien que ce qui est aimable dans le vrai sens, dans le sens latin du mot, c'est-à-dire digne d'être aimé.

Or, quoi de plus digne d'être aimé que la bonté, qui a pour essence de se réjouir du bien des autres et de souffrir de leurs peines, qui est là pour faire fête à votre prospérité, qui est plus près de vous encore aux jours de l'infortune?

Soyez donc bon, car la bonté éclaire tout ce qu'obscurcit la méchanceté, car elle réchauffe tout ce que l'autre glace, car où l'une blesse l'autre guérit. La bonté, j'aurais dû le dire en un seul mot, c'est le bon sens du cœur, plus nécessaire encore que le bon sens de l'esprit.

IL FAUT ÊTRE AIMABLE.

Il ne suffit pas d'être bon, il faut le paraître, il faut que la bonté soit aimable. C'est beaucoup d'avoir en soi tout plein de qualités; mais si ces qualités ne voient pas le jour, il en est d'elles comme du trésor de l'avare qui ne sert à rien.

La douceur est cette grâce du cœur qui centuple tous les mérites. Elle leur ajoute surtout, et l'on aurait tort de s'en étonner, une force invincible. Il n'y a rien de plus fort, en effet, que la douceur. C'est le roseau qui ne rompt pas parce qu'il plie, sans pour cela perdre un pouce de son terrain. La douceur dans la raison est donc la vraie fermeté.

Il est très-agréable d'être un chêne et de braver les orages aussi longtemps qu'on est plus fort que les vents. Mais le jour venu où ils vous brisent, est-ce que l'arbuste modeste qui leur a résisté doucement, sans cependant reculer devant eux, n'a pas été plus intelligemment fort que le chêne? Il ne faut point irriter ceux qu'on veut vaincre. La lutte ne doit jamais avoir pour but que la paix. C'est rendre la paix impossible que d'offenser irréparablement son rival, son adversaire. Il faut donc être aimable jusque dans le combat. Il faut que celui que vous affrontez sente qu'il ferait bien mieux d'être votre ami, et que si vous êtes un ennemi redoutable, vous ne demanderiez pas mieux que de lui montrer que vous seriez un allié précieux.

A plus forte raison, avec ceux qu'on aime et qui vous aiment, dans l'exercice quotidien de la vie, est-il indispensable d'être non-seulement bon, mais aimable. Si les gonds de la porte qu'on ouvre toute la journée grincent, est-ce que vous ne trouverez pas nécessaire d'y mettre de l'huile? La bonne grâce, l'amabilité, c'est l'huile qui adoucit tous les ressorts de la vie.

Faites cette petite dépense, croyez-moi, de ne pas laisser se rouiller et grincer les gonds de votre porte. L'entrée et la sortie de votre maison, aussi bien que l'entrée et la sortie de votre cœur, y gagneront de ne point ressembler à l'entrée et à la sortie de ces prisons où tout est barreau et verrou, où tout semble crier à ceux qui entrent : « Pourquoi entrez-vous ? » à ceux qui sortent : « Ne revenez pas. »

IL FAUT ÊTRE TRÈS-PROPRE

Nous sommes tous d'accord qu'il convient, pour qu'on puisse dîner de bon appétit, que la nappe soit blanche, que les assiettes soient bien lavées, qu'il n'y ait pas de cheveux dans la soupe, que le couteau qui coupe le pain n'ait rien retenu de ce qu'il a coupé la veille et ne laisse pas de sa vilaine trace sur l'entaille qu'il fait.

Nous sommes d'accord que, pour boire avec plaisir dans un verre, il faut qu'il soit net et bien rincé, que l'eau qu'on y verse soit claire et limpide, qu'elle ait la bonne saveur de l'eau fraîche et non cette odeur indéfinissable et nauséabonde de l'eau qui a trop longtemps séjourné dans le fond des carafes.

Eh bien, pourquoi, vous qui, avec tant de raison, aimez que ce qui doit vous servir et que ce qui vous est servi soit propre et appétissant, pourquoi n'êtes-vous pas, — je ne puis pas reculer devant le mot, puisque vous ne reculez pas devant la chose, — pourquoi n'êtes-vous pas toujours propre vous-même ?

Ma question vous paraît brutale ? Croyez que j'aimerais mieux vous en faire une autre. Je n'aborde pas sans répugnance ce rôle de nettoyeur, et je ne me dissimule pas que, malgré mon envie de traiter délicatement un sujet qui n'est pas délicat, je pourrai bien m'y salir un peu les doigts — et me faire dire, en outre, par ceux et par celles, en grand nombre, je l'espère, qui sont désintéressés dans la question : « De quoi nous parlez-vous là ? »

Eh bien, supposons que je ne parle que pour vous, ma chère enfant, et pour un autre encore, peut-être, et souffrez que je vous répète, avec cruauté, avec férocité, si vous le voulez, ma question : « Pourquoi n'êtes-vous pas propre ? »

Pourquoi vous, qui êtes si volontiers dégoûtée, ne craignez-vous pas de dégoûter un peu les autres, et peut-être beaucoup ?

Pourquoi, ce matin, n'avez-vous lavé que le fin bout de votre charmant petit nez ? Pourquoi avez-vous été avare d'eau pour votre front ? Vous êtes en pleine lumière, je vois comme des ombres sur votre cou : d'où viennent-elles ? est-ce la poussière d'hier ? Ce n'est pas celle de ce matin ; vous sortez de votre lit.

Et vos oreilles ? — Ma foi, tant pis, quoique la corvée soit lugubre, je me permettrai d'inspecter jusqu'à vos oreilles. Ah ! pour le coup, vous n'y avez même pas pensé, à vos pauvres petites oreilles. Mais savez-vous que c'est tout bonnement hideux, une jolie oreille, le dedans de la plus jolie oreille du monde, quand ce n'est pas pur comme la nacre d'un coquillage au sortir même de l'onde? Savez-vous que c'est pire encore peut-être qu'un nez mal mouché? Vous me direz qu'elles sont presque derrière votre tête, vos oreilles, et comme perdues dans les broussailles de vos cheveux, et si petites, d'ailleurs, que vous ne savez comment les trouver.

A d'autres! Vous ne les voyez pas, vous, j'en conviens, mais tout le monde les découvrira comme moi, gardez-vous d'en douter, précisément, peut-être, parce qu'elles sont fines et jolies. Eh bien, observez tout le monde. Si un mouvement de répulsion ne se manifeste pas dans tous les yeux, après l'humiliante découverte, c'est que vous ne savez pas lire dans les yeux qui vous regardent.

Nous parlions tout à l'heure des conditions de propreté nécessaires à l'appétit : je vous le dis, en vérité, votre voisine et même votre voisin de table aimeraient mieux, quand va sonner, tout à l'heure, la cloche du déjeuner, un verre sale devant leur couvert, qu'à leur côté, à la hauteur de leur œil ces délicieuses petites oreilles, qu'ils ne pourront pas renvoyer à la laveuse de vaisselle.

Vous voudriez m'arracher les yeux, car vous voyez que je ne suis pas au bout, que je n'ai pas fini et que je m'interroge sur un autre point encore obscur pour moi. Voyons, éclairez-moi. Qu'est-ce que vous avez bien pu manger hier soir : des œufs, des glaces, du chocolat? Vos pauvres lèvres, qui pourraient se dessiner si bien sous le délicat duvet de pêche de vos seize ans, ressemblent à deux vieilles écailles, et vos mignonnes dents sont perdues dans cet écrin rugueux comme trente-deux perles dans une huître.

Quoi, vous êtes jeune, vous êtes jolie, et ceci, je vous le dis parce que je vous dois la vérité du bien comme du mal, vous êtes jolie comme le printemps, vous êtes une fleur éclose du matin, et cette fleur que vous êtes, vous la gâtez par ce qu'il y a de plus abominable et de moins excusable au monde, par le peu de soin que vous avez d'elle! Une fleur malpropre, est-ce assez monstrueux? Voilà pourtant ce que vous êtes.

Vous cachez votre visage dans vos mains; prenez garde, cela ne remédiera à rien. Vos ongles sont en deuil.

Vous vous fâchez! Vous n'êtes pas coquette, dites-vous, comme telle et telle de vos amies qui passent tout leur temps devant leur miroir... Vos amies ont tort d'exagérer une qualité, mais vous avez un plus grand tort d'exagérer un défaut.

Après tout, vous ne vous voyez pas, dites-vous; que vous importe comment vous êtes! Vous avez mieux à faire, et vous aimez mieux ne rien faire que de passer vos jours à vous tirer à quatre épingles.

Mais ce qui, à tort, ne vous importe pas, importe aux autres, importe à ceux qui vivent avec vous, à ceux qui vous aiment, car ils pâtissent de vos imperfections, et pour eux et pour vous.

Parce que vous ne souffrez pas de vos défauts, vous croyez pouvoir les garder. Vous n'en avez pas le droit. Votre vie ne se passe pas dans une prison cellulaire. Vous n'êtes pas Robinson dans son île et, fussiez-vous Robinson, il vous faudrait penser encore un peu au pauvre Vendredi, qui d'un jour à l'autre peut survenir.

Est-ce que cela vous plaît, les défauts des autres? Non. Est-ce que vous engageriez volontiers vos amis et vos amies à ne jamais se corriger de ceux qui vous sont le plus particulièrement insupportables? Non encore.

Eh bien, pourquoi garderiez-vous les vôtres, qui font leur supplice?

Vous êtes une égoïste, et une égoïste très-malavisée, vous vous apercevrez bientôt qu'on ne s'aime bien que quand on ne s'aime que pour les autres.

Oui, c'est être un égoïste que d'avoir peur de l'eau. Ne vous récriez pas, ne dites pas que j'exagère. Je ne rabattrai rien de ce jugement.

Admettez-vous que les gens qui vous aiment le

mieux, votre mère, votre sœur, votre père, peuvent, à un moment donné, avoir besoin de vos soins, comme vous avez eu si souvent besoin des leurs? Admettez-vous qu'ils peuvent avoir besoin de vos mains, par conséquent?

Supposez-les malades, blessés. Croyez-vous que si vous avez à leur préparer, à leur sucrer leur tisane, à toucher pour eux à tout ce qui doit leur servir, à leur prêter le secours de vos mains pour leur remplacer les leurs, mises hors de service par la maladie, croyez-vous que la vue de vos mains, telles que je les vois, n'ajoutera pas au malaise, au dégoût de leur situation?

Vous mettrez des gants frais. Est-ce que les gants sont jamais frais sur des mains qui ne sont pas nettes? Ces gants-là, on devine bientôt ce qu'ils cachent. — Ce sont de pauvres petits sépulcres blanchis.

Il faut qu'une jeune fille, il faut qu'un jeune homme, il faut qu'un enfant, il faut que tout ce qui vit dans la société de son semblable, puisse lui plaire, soit propre par conséquent.

La propreté, c'est la vertu, c'est la chasteté du corps.

C'est ce qu'il ne faut jamais différer ni oublier.

Vos yeux s'ouvrent; vous vous levez; que votre toilette de propreté soit faite cinq minutes après et avant tout, rien n'est plus pressé, et vous vous apercevrez bientôt qu'on se rafraîchit le cerveau en se rafraîchissant les yeux.

Vous êtes presque une grande demoiselle. Vous voudriez peu à peu entrer dans le monde, où votre âge déjà vous appelle. Vous espérez aller au bal que donne, la semaine prochaine, Mme X... Vous voulez danser : rien de plus légitime, rien de plus innocent; mais il faut qu'avant de penser à vous, Mme X... pense à ses autres invités, à qui elle ne doit offrir que des danseuses agréables.

Ce jour-là, dites-vous, vous vous ferez belle, très-belle. Détrompez-vous; quand on n'a pas l'habitude toute naturelle du soin, même aux grands jours il y a encore quelque chose d'oublié. Restez chez vous.

Vous me trouvez plus que fâcheux de vous dire tout cela; mais si ce n'est pas moi qui vous le dis aujourd'hui, dans l'intimité, ce sera tout le monde bientôt qui le dira de vous, en public. Lequel préférez-vous?

Croyez-moi, aimez l'eau, adorez l'eau; prodiguez l'eau à votre petite personne. Vous arrosez votre rosier; arrosez-vous vous-même; les roses de vos joues ont besoin d'eau tout comme les siennes. Tout a besoin d'eau; tout se lave dans la nature. Les rivières sont les pots à l'eau de la toilette de l'univers; quand elles remontent au ciel en vapeurs, quand elles s'y condensent en nuages, ce n'est pas à d'autre fin que d'en redescendre pour débarbouiller la terre. Les nuées sont les éponges qui amassent l'eau au profit des forêts, au profit des montagnes, au profit des vallées. Vous figurez-vous la terre tout à coup privée d'eau ? — mais l'œuvre de Dieu même y périrait!

Et vous, chère petite, vous qui n'êtes que vous, vous voudriez vous soustraire à cette loi de la purification par l'eau, qui est la loi universelle.

Croyez-moi, dès aujourd'hui, soyez propre. La propreté pare et relève tout.

La laideur propre vient à bout d'être avenante. Une femme bien tenue n'est jamais laide.

La beauté sale ne sera jamais qu'un monstre, et d'autant plus odieux qu'il gâte ce que Dieu avait fait de beau.

Connaissez-vous rien de plus touchant, rien qui attire mieux le service, la charité, la sympathie, meilleure encore que la charité, que la pauvreté propre? Par contre, il n'est rien de plus repoussant que la saleté dans la richesse.

Vous êtes riche et fripée, et désordonnée, et sale, car il faut toujours en revenir à cet horrible mot. Eh bien, votre toilette, sortît-elle des ateliers des meilleures faiseuses, votre toilette, fût-elle une toilette d'impératrice, c'est du marché aux guenilles, c'est du Temple, c'est de chez la revendeuse qu'elle semble venir.

Sans compter que ce défaut de propreté à l'extérieur peut donner justement à penser que l'esprit, le caractère, le cœur, que l'intérieur n'en est pas exempt.

Non, on n'imagine pas plus facilement une âme propre, une âme sans tache dans un corps malpropre, qu'une eau pure dans un vase immonde. Il semble impossible que l'un ne gâte pas l'autre, que la coupe ne fasse pas de tort à la liqueur.

Des idées claires, justes, dans une tête toujours mal peignée, des sentiments sains dans une enveloppe d'une apparence volontairement malsaine, on n'y croit pas.

La propreté est la seule des apparences qu'il ne faille pas négliger, la seule des recherches qu'il faille rechercher.

On n'approche pas des maisons dont le seuil est fétide. La maison que votre âme habite, c'est votre corps. Il ne faut pas que la maison donne mal à croire de l'habitant.

Et quand on pense que, pour se corriger de cet affreux, de ce honteux défaut, il ne faut rien qu'une carafe d'eau répandue à propos, et qu'un peu de soin dépensé au jour le jour, on se demande comment une jolie tête, bien faite comme la vôtre, peut s'obstiner à le garder.

LE SOIN.

Le soin, c'est plus qu'une qualité, c'est presque une vertu. Avec lui rien ne se perd. Celui qui a du soin conserve tout, il n'est jamais tout à fait pauvre. Le soin fait des miracles, car de peu, car de presque rien il fait assez, tandis que le manque de soin, qui de beaucoup trouve le moyen de ne rien faire, opère tous les jours sous nos yeux le miracle contraire.

C'est le soin qui multiplie les cinq pains, c'est le soin et la surveillance spéciale de Dieu qui a rendu possible, sans doute, que les habits des enfants d'Israël ne s'usassent pas durant quarante années qu'ils vécurent au désert. Je ne veux pas vous dire que le soin, de nos jours, puisse arriver à de tels prodiges : bien que le bras de Dieu ne soit pas raccourci, le temps des grands miracles semble passé. Les robes et les pantalons de quarante ans pourraient bien d'ailleurs ne pas faire votre affaire; mais essayez toujours : si le soin ne fait pas les mêmes miracles, il en fera d'autres qui vous étonneront tout autant.

Il n'est pas que les habits que le manque de soin puisse user beaucoup trop vite : votre petite cervelle, faute d'ordre, a déjà gaspillé bien des choses; croyez bien qu'elle ne serait pas si vide si l'ordre y régnait, si vous aviez su conserver avec soin les richesses qu'on y a fait entrer depuis que vous êtes en état de penser, et que le désordre en a chassées par votre faute.

La confusion, le manque d'ordre, équivalent au vide absolu. Avoir son épingle à chercher dans une botte de foin, n'est-ce pas comme si l'on n'avait pas d'épingle?

Avec le soin on a tout sous la main; l'esprit retrouve tout de suite la chose précise dont il a besoin; où manque le soin, on ne trouve jamais que la chose dont on n'a que faire.

LES PETITS DÉFAUTS.

Il ne faut pas mépriser les petits défauts. Il n'est si petit ennemi qui ne puisse nuire à la longue. Ce ne sont pas les éléphants qui détruisent les moissons et ruinent les laboureurs dans les plaines de la Beauce; ce sont les sauterelles et les petites chenilles, quand les blés sont en herbe, les charançons et autres insectes imperceptibles, quand ils sont mûrs.

Si vous ne défendez votre treille que contre les gros voleurs, les petits, les mouches et les moineaux, auront beau jeu. Ce ne sont pas les murs qui les empêchent d'y entrer.

Les petits maux qui se répètent, qui ne vous lâchent pas, et dont on ne se méfie guère, sous prétexte qu'ils ne sont pas mortels, sont de plus insupportables ennemis que les grosses maladies contre lesquelles dès le début on se met en défense. Ce n'est presque jamais que par les petits maux négligés que les grands arrivent. Il faut se garantir des plus petits rhumes, si l'on veut éviter les fluxions de poitrine. Les petits défauts sont là tous les jours. Les grands sont comme les aérolithes, qui ne tombent du moins sur la terre qu'à de longs intervalles.

Ce n'est pas une petite chose, d'ailleurs, qu'un petit défaut, puisque le plus petit gâte un chef-d'œuvre en lui ôtant la perfection.

Ce n'est pas bien gros une verrue, mais si vous l'avez sur le bout du nez, à la portée de tous les regards, vous serez pour tout le monde, fussiez vous un Apollon, l'homme à la verrue.

On ne peut pas dire qu'un petit défaut qui s'invétère et devient permanent soit de petite importance ; ce qui est durable n'est jamais petit.

Qui est-ce qui voudrait passer sa vie en compagnie d'un moucheron toujours bourdonnant ? Un lion y deviendrait enragé. Votre petit défaut est ce moucheron ; pourquoi imposez-vous sa compagnie à tout le monde et à vous-même?

D'ailleurs un petit défaut est toujours le commencement d'un grand ; les vices eux-mêmes sont les enfants des petits défauts. Il n'est pas si rare de voir des fils plus méchants que leur père. Rien ne grandit et ne grossit plus vite qu'un petit défaut; rien ne multiplie plus promptement.

Un petit point noir sur une dent, ce n'est rien ; si vous ne le montrez pas bien vite au dentiste, c'est bientôt toute la dent gâtée, et une fois la dent gâtée, si vous ne la faites pas arracher, ses voisines se gâteront à leur tour, puis les voisines de ces voisines, et toute la bouche y passera.

Laissez une prune pourrie dans un panier de prunes fraîches, en une nuit elle pourrira tout le panier. J'aimerais mieux que les prunes saines pussent guérir les pourries. Malheureusement la vertu du bien ne s'étend pas jusque-là. Le voisinage d'un petit défaut n'est donc jamais indifférent.

La vanité passe pour être un petit défaut? Pas si petit! car elle ment toute la journée. Quand vous faites une faute, qui est-ce qui, au lieu de l'avouer, la nie? C'est elle. Quand un autre fait mieux qu'elle, qui est-ce qui refuse de confesser son infériorité et de reconnaître la supériorité d'autrui ? C'est elle encore.

Le mensonge est donc le fils de la vanité, et en ligne droite ; malheureusement ce n'est pas le seul enfant qu'elle ait. Je lui vois en outre deux filles, toutes deux pires l'une que l'autre : la jalousie et l'envie, d'où naît fatalement la haine, mère à son tour de bien des crimes. Que dites-vous de votre petit défaut et de sa jolie progéniture ?

Un petit défaut n'est jamais seul, un petit défaut a toujours une famille ; il n'est jamais garçon ; il pullule comme les rats, il n'en faut qu'un pour remplir toute la maison. Si donc ce n'est pas pour lui, c'est tout au moins pour sa postérité qu'il faut le craindre.

Ce n'est rien qu'un grain de poussière, mais laissez la poussière s'amasser, elle couvrira bientôt tout au logis. Ninive, Babylone et Carthage, et tout ce qui est mort en fait de cité et de nation, tout ce qui a disparu, ce sont des grains de poussière accumulés, c'est la cendre du temps qui les cache à jamais.

Une seconde, c'est bien court ; la vie pourtant n'est qu'une multiplication de secondes, et aussi tout ce que le temps peut mesurer.

Ce n'est rien qu'une goutte d'eau ; l'océan furieux n'est qu'un rassemblement de gouttes d'eau.

Un petit défaut qui n'est pas passager, n'en

faites donc pas fi. La plus petite épine qui se sera logée dans son pied, si elle s'y fixe, empêchera le roi des animaux de marcher; et un grain de sable dans votre soulier, fussiez-vous un autre Alexandre, viendra à bout d'arrêter votre course. Le petit défaut, c'est l'épine plus forte, à la longue, que le lion; c'est le grain de sable faisant échec à Alexandre et retardant peut-être la conquête d'un monde.

Ne croyez pas que j'exagère, prenez plutôt exemple des architectes.

Voilà un monument qui a fait l'admiration de vingt générations, les siècles même n'ont pu le toucher; une pierre tombe de son fronton. « Ce n'est rien, dites-vous, l'édifice est fort, et c'est si haut d'ailleurs et le dégât est si petit, qu'il faut être averti pour le voir. » L'architecte n'est pas de votre avis. Tout de suite il prend l'alarme, car il sait, lui, que si on ne remplace pas et sans plus attendre la pierre tombée, le monument est en péril. Ce petit trou, insignifiant à vos yeux, est pour les siens la voie ouverte à tous les ennemis de l'édifice : la pluie et le vent, le froid et le chaud. La brèche est faite, et si on ne la bouche pas au plus vite, tous les agents de destruction vont se mettre à l'œuvre. Il convoque les charpentiers, et voilà que pour faire cette réparation, qui vous paraissait inutile, il faut commencer par élever à côté du monument de pierre tout un monument de bois, un immense échafaudage de poutres énormes, comme s'il s'agissait de reconstruire le tout à nouveau.

Nous ne sommes pas au bout, et nous allons s'il vous plaît, grimper à la suite du maçon. Il faut que vous voyiez de près ce qu'à son tour cet ouvrier habile va être obligé de faire pour en arriver à remplacer une pierre tombée. « C'est bien simple, dites-vous, il va le plus vite possible boucher son petit trou avec des matériaux quelconques. » Ce n'est pas si simple que cela. Pour guérir une plaie, il faut, hélas! commencer par l'agrandir; il ne s'agit pas d'enfermer le mal sous l'apparence d'une guérison. De même pour boucher un trou; car il faut que puissent y entrer, non-seulement la pierre solide qui doit remplacer la pierre tombée, mais encore les pierres ses voisines qui en dépendaient et que sa chute avait compromises et ébranlées; ajoutez-y le mortier qui est destiné à les relier toutes entre elles.

Si vous voulez éviter d'avoir jamais à procéder à une opération si compliquée, si vous redoutez l'intervention bientôt nécessaire du maçon ou du chirurgien, ne laissez jamais tomber une pierre de votre maison morale; surveillez votre caractère, soyez attentif à ce que, sous la forme d'un petit défaut, un petit trou ne vienne pas s'y déclarer.

Tout se tient, tout s'enchaîne, tout est solidaire dans l'âme humaine ; la plus petite fissure peut y laisser pénétrer un germe de mort. Les voies d'eau n'ont pas besoin d'être bien grandes, qui font sombrer les plus fiers navires.

Ce qui fait l'extrême danger des petits défauts, c'est leur ténuité même, c'est leur air d'innocence : les gens qui ne les voient qu'en passant les classent volontiers au nombre des défauts qui ont leur grâce, au nombre des défauts *aimables*. S'ils avaient à faire ménage avec eux, ils changeraient bientôt d'opinion et les redouteraient à l'égal de la peste.

Soyez indulgents aux petits défauts de vos amis, si vous ne pouvez les réformer ; mais aux vôtres, qui sont toujours sous votre main, croyez-moi, soyez implacables. La rouille vient à bout de l'acier le mieux trempé. Le taret, qui est un bien petit insecte, a mis vingt fois la Hollande en danger en perçant ses digues, — les plus fortes du monde.

LES PETITES VERTUS.

J'ai dit des petits défauts qu'il ne fallait pas en faire fi. Je dirai des petites vertus qu'il faut en faire très-grand cas. Outre qu'elles sont d'un plus fréquent usage que les grandes, elles sont aussi d'une plus grande aide qu'on ne croit dans la vie.

Faire des actions d'éclat, c'est très-beau, mais l'occasion en est rare; si l'on attendait pour bien agir le moment d'être héroïque, on risquerait d'attendre toujours, et la paresse, qui n'est pas une vertu, pourrait trouver son compte à cette attente. Quand il s'agit de faire le bien, il faut donc se contenter du petit à défaut du grand, et ne se jamais croiser les bras; l'exercice des petites vertus d'ailleurs peut seul mener à la pratique des grandes.

Il faut savoir être soldat dans l'armée du bien avant que d'y être capitaine, et il n'est pardonnable qu'aux plus petits enfants de ne prétendre s'engager pour la bataille de la vie qu'en qualité de général. Cette bataille-là, comme toutes les autres, se gagne par les soldats aussi bien que par les chefs; Alexandre, César et Napoléon n'ont jamais rien vaincu à eux tout seuls. On ne peut pas être un conquérant sans l'assistance d'une armée;

on peut être un vaillant, un intrépide, un héros, un dévoué, sans l'assistance d'un conquérant. Les bonnes actions, pour le mérite de qui les fait, valent les grandes; souvent elles coûtent moins cher et sont d'un meilleur produit. Comme la menue monnaie qui a son emploi tous les jours, les petites vertus ont le grand avantage d'être à toutes les portées, même à celle des petits enfants. Elles n'ont pas besoin de théâtre, un coin leur suffit; elles n'ont pas besoin de paraître, — être — est tout ce qu'il leur faut; elles n'ont pas besoin du plein soleil, elles croissent partout, et de préférence à l'ombre; si elles ne sont pas ce qu'on appelle la gloire dans la vie, elles en sont pourtant ce que les anciens appelaient *decus*, c'est-à-dire tout à la fois l'honneur et le soutien.

Les petites vertus n'éblouissent pas, j'y consens, mais elles embaument : ce sont les violettes de l'âme; elles n'éclatent ni ne brillent, mais elles apaisent et consolent; elles ne sont pas l'astre, mais elles sont l'atmosphère; elles font l'air meilleur, plus respirable pour tout ce qu'elles entourent; elles n'élèvent pas de monument, mais j'ose dire qu'elles seules les conservent; elles ne demandent pas d'arc de triomphe, elles n'ont peut-être pas fait la guerre, mais elles font la paix; elles ne bâtissent pas la maison, mais elles la meublent; elles sont les ménagères de la vie.

Quand l'émoi est au camp des grandes vertus, quand l'ordre a été troublé par les grandes solennités ou par les grandes calamités, on les voit sortir des replis du cœur, où elles se confinent d'ordinaire; et sans bruit, sans tapage, grâce à elles tout se répare, tout reprend sa place. La nation a dépensé toutes ses forces dans une action d'éclat, c'est sur le doux oreiller des petites vertus qu'elle va se reposer et se refaire.

Les petites vertus excellent à défendre le foyer; ce n'est pas l'armée de campagne, c'est la garnison, c'est la cité armée à son tour, armée modeste mais solide, parce qu'elle connaît le lieu qui est confié à sa garde et qu'elle le chérit. Les petites vertus ont la veille discrète et le sommeil léger. Mieux que les grandes, elles connaissent les faiblesses de la place et sauront la protéger. L'ennemi ne les surprend jamais; elles ne font point d'imprudentes sorties, et il n'est point à craindre que par témérité elles se mettent en défaut; elles sont la réserve du pays comme de l'individu. Dans la défaite, c'est l'arrière-garde et souvent le salut. Elles relèvent les blessés, elles rassemblent les débris; elles ont les mains adroites, douces et sûres, les doigts flexibles et comme ouatés; on a reçu leurs soins, c'est tout au plus si l'on a deviné leur présence. C'est la patience qui rebouche tous les trous, répare toutes les brèches et efface les violences du canon; c'est l'aiguille silencieuse et active qui reprise toutes les déchirures; c'est la charpie qui va cicatriser toutes les blessures; c'est l'eau pure qui les rafraîchit; c'est le bain réparateur qui, après les labeurs excessifs, rend au corps son jeu et sa souplesse et ranime l'âme endormie.

Les petites vertus vivent de peu, elles ne demandent point de salaire; leur récompense est dans le bien qu'elles font. Si vous êtes sauvés, si vous êtes heureux par elles, dussiez-vous ne le soupçonner jamais, vous ne serez ingrats qu'aux yeux des autres; elles n'exigent aucun retour, elles ne réclament rien; elles se désirent inaperçues, leur bonheur serait d'être invisibles.

Les grandes vertus ne peuvent guère travailler qu'aux fêtes carillonnées; les petites travaillent tous les jours, elles n'ont point de dimanche.

Un beau petit paquet, une simple gerbe de petites vertus vaut un bloc d'héroïsme; un bouquet de ces petites fleurs-là, pour les gourmets du cœur, cela vaut tous les jardins, tous les parcs royaux.

Ce sont les petits ruisseaux qui font les grandes rivières, mais alors seulement que déjà la besogne de chacun d'eux est faite. Le fleuve songera aux vastes espaces; le petit ruisseau s'est préoccupé des plus petites vallées; soyez tranquille, il a tout visité, il n'a rien oublié; où il a passé tout est bien.

La petite vertu dans son unité, c'est la goutte

de rosée qui sort de terre pour penser aux brins d'herbe ; il faut que chacun d'eux ait sa fraîcheur, il l'aura. Ce n'est qu'après son humble petite tâche accomplie qu'elle consent à remonter au ciel. Cependant demandez aux nuages ce qu'ils les estiment, les gouttes de rosée. Les plus gros, ceux qui font ombre au soleil, savent bien qu'ils en sont faits.

Ne méprisez pas ce qui est menu, ce qui est petit, ce qui est humble. C'est le petit multiplié qui fait le grand. L'univers tout entier est composé d'atomes. La force est dans le faisceau. C'est bien peu de chose un fil de chanvre : les plus robustes câbles en sont faits, ceux qui doivent résister aux tempêtes !

Ayez donc beaucoup de petites vertus, semez-en partout, dans vos palais aussi bien que dans vos chaumières, dans vos parcs et dans vos potagers. Rappelez-vous, qui que vous soyez, pauvre ou riche, noble ou peuple, que les vrais grands hommes ne les ont jamais dédaignées. Philopœmen a fendu le bois d'un aubergiste. Cincinnatus conduisait lui-même sa charrue. Turenne entendait fort bien la plaisanterie, alors même qu'elle le frappait un peu rudement par la main de son domestique. Fénelon a aidé une bonne femme à retrouver sa vache, et c'est en la cherchant, sinon en la rencontrant, comme l'a si bien dit M. de Saint-

Marc Girardin, qu'il a presque mérité ce doux nom de *saint* que la bonne femme, dans sa naïve reconnaissance, lui avait décerné.

Ayez beaucoup de petites vertus, et vous ne serez jamais pris au dépourvu; avec elles vous saurez monter ou descendre, et toujours simplement, c'est-à-dire noblement. Sous leur garde point de désastre complet, point de calamité irréparable, point de chute sans remède, point de disette absolue, point d'ascension vertigineuse non plus.

L'armée des petites vertus ne connaît ni les triomphes qui rendent fou, ni les déroutes sans merci. Quoi que fasse l'ennemi, autour de lui, derrière lui, devant lui, elles se reforment, et pied à pied reprennent tôt ou tard leur terrain. Elles sont ce qui demeure.

Celui qui ne court pas après les victoires lointaines échappe sûrement aux pires défaites; celui qui ayant rencontré les triomphes en use avec modération, avec équité, en recueille tous les fruits.

Je ne vous nommerai pas les petites vertus, elles ne veulent pas être proclamées. Elles sont tout unies et toutes simples, et si pareilles d'ailleurs entre elles, qu'en eût-on mille autour de soi, on croirait toujours n'en avoir connu qu'une, toujours la même, celle dont on a le plus besoin; les petites vertus sont les sœurs de charité de la vie, entre lesquelles choisir serait impossible.

C'est la poussière de diamant des cœurs, indispensable pour polir et mettre en valeur le diamant tout entier. De ces milliers de grains de précieuse poussière lequel préférer, je vous prie ?

J'achèverai l'éloge des petites vertus en disant aux grandes vertus qu'il ne leur manquerait rien, si elles pouvaient toujours avoir l'humble et aimable aspect des petites.

LES DÉFAUTS DES AUTRES.

LES DÉFAUTS CHARMANTS ET LES DÉFAUTS DÉSAGRÉABLES.

Oui, parlons des défauts des autres. Outre que cela nous permettra de laisser dormir les nôtres dans du coton, il est à croire que c'est un sujet sur lequel il nous sera plus facile de tomber d'accord que si nous étions en jeu, de nos personnes, dans la question.

Sur nos défauts, d'ailleurs, qu'aurions-nous à dire? Nous en avons si peu que nous n'en avons peut-être pas. Et il serait dès lors blessant pour notre modestie d'avoir trop tôt fait d'en dresser le trop court inventaire.

Nos pauvres défauts, nous ne les cachons pas; tout le monde les connaît; à quoi bon en parler? « Nous sommes trop bons, trop francs, trop vifs, nous avons le cœur trop sur la main, nous sommes trop sensibles, et nous sommes si scrupuleux en toute chose que nous en sommes bêtes! » Joignez deux ou trois *et cætera* à cette nomenclature, hélas! et tout serait dit.

Mais les défauts des autres, il faut bien en convenir, nous en pourrions parler jusqu'à demain.

Que les défauts des autres se rassurent cependant, nous ne les prendrons que dans leurs circonstances générales, nous ne descendrons pas jusqu'au détail, et, décidés que nous sommes à ne point nous occuper des défauts capitaux, nous aurons vite fait, je l'espère.

Qui sait ce que va amener pour nous-mêmes, d'ailleurs, cette petite incursion sur les terres du prochain?

Il me paraît équitable de diviser en deux catégories principales *les défauts des autres*.

Dans le nombre, il en est que certaines gens, qui ont peut-être l'esprit trop bien fait, et dont la morale n'est pas cruelle, ne peuvent pas se décider à appeler tout haut de leur vrai nom : des défauts. Ce sont ceux qui ne nuisent qu'à celui qui les a et dont tout ce qui les entoure tire en quelque sorte profit et plaisir. Ces défauts-là sont ceux qu'on a classés sous le nom de défauts charmants. La prodigalité, la facilité, etc., sont du nombre. Si vous n'aimez pas ceux qui ont ces défauts-là, si vous ne vous souciez pas de ce qui leur importe, si vous ne tenez à eux par aucun lien sérieux et si vous êtes tant soit peu égoïste, je crois que vous ne leur tiendrez pas volontiers rigueur de les avoir et que vous n'exigerez pas d'eux qu'ils se renferment jamais dans un cloître pour s'en corriger.

Ces défauts-là ont une cour aussi longtemps qu'ils peuvent durer. Vous y serez peut-être invité, c'est à vous de voir si ce métier de courtisan de ce qui en soi est mauvais, a ou n'a pas d'attrait pour vous.

Parmi les défauts des autres il s'en trouve une autre sorte, toute contraire, qui, au lieu d'avoir pour un certain public leur bon côté, qui, au lieu de servir à ce public, le desservent : la lésinerie, la personnalité, l'égoïsme, par exemple, et beaucoup d'autres. Comme ces défauts-là sont exclusivement désagréables, contre eux tout le monde est d'accord.

Les courtisans des défauts charmants n'ont pas de mots assez durs pour qualifier les autres, et les indifférents, loin de les tolérer, s'en font les juges sévères et les condamnent sans rémission Quant aux adversaires de celui qui les a, ils sont pour eux une bonne fortune, c'est une vraie aubaine que de pouvoir envelopper l'homme et le défaut dans une même réprobation.

Je n'ai pas besoin de dire qu'au rebours de ce qui arrive pour des défauts charmants, au lieu de les accueillir, c'est à qui les éconduira, les isolera, et qu'il se forme bientôt entre le monde et eux comme un cordon sanitaire.

J'ai prononcé le mot de *défauts charmants*. Je tiens à m'expliquer dès à présent sur ce point, car vous pourriez conclure de ce que j'ai dit que, puisqu'il y a des défauts charmants, il faut tâcher d'avoir de ceux-là, sinon des autres. Or, c'est une conquête dans laquelle je ne me pardonnerais pas de vous engager.

Les défauts charmants, qu'on se le dise, sont peut-être pires que les autres, et plus à redouter. Ce sont ceux qui mènent le plus sûrement un homme à sa perte.

Quand un défaut n'est pas charmant, en effet, quand il n'a rien pour lui, quand il ne peut rien rapporter aux complaisants, il déplaît à tous, aux mauvais comme aux bons. Il est reçu partout comme on dit que sont reçus les chiens dans les jeux de quilles, et ce qu'a de mieux à faire l'homme qui en est atteint, c'est de s'en guérir, et le plus tôt possible.

Mais le défaut charmant, ce défaut qui, loin d'être rebuté, est accepté, ou du moins toléré par les indifférents, encouragé et entretenu par les intéressés, celui-là ne lâche son homme que quand il n'est plus temps pour lui de s'en défaire, c'est-à-dire quand il est ruiné, s'il est prodigue; quand il est trahi, si, trop accessible, il a été trop peu soucieux du choix de ses amis.

Mieux vaudrait donc, à ce compte, me direz-vous, s'il était possible, s'il était sensé de faire un choix entre deux choses qui ne valent rien, donner la préférence au défaut désagréable sur le défaut charmant.

Non, car si un défaut agréable vous conduit fatalement à mal par un chemin semé d'illusions, un défaut désagréable ne vous laisse même pas cette éphémère satisfaction. Il vous nuit, lui, et dès le premier jour, et fait, dès qu'il est découvert, des non-valeurs de vos meilleures qualités.

La vraie morale de tout ceci, c'est qu'il n'est pas de bons défauts et qu'il serait bon d'être sans défauts. « Sans défauts! vous écriez-vous, mais ce n'est pas possible. »

Je vous demande pardon, c'est possible.

Je ne vous dis pas d'être parfait tout d'un coup. Il se peut que l'effort soit au-dessus de votre meilleure envie, mais je vous dis d'être, et de jour en jour, le moins imparfait que vous pourrez.

Un défaut moral n'est pas comme une imperfection physique dont on n'est pas coupable, qu'on ne peut pas corriger. Un défaut moral c'est quelquelque chose dont, avec de la bonne volonté, un galant homme parvient toujours à se défaire.

Et d'abord l'effort seul vous est déjà compté par ceux qui vous aiment, par ceux qui sont en communauté de vie avec vous; et ensuite, comme il n'est pas d'effort sincère qui ne soit suivi d'un bon résultat, ceux mêmes qui ne vous aiment que tout juste, peut-être à cause de votre défaut, finissent par être moins frappés de votre défaut quand il leur apparaît moins souvent, et ils se trouvent peu à peu contraints de désarmer.

Contre les défauts charmants je n'irai pas chercher bien loin ni bien haut des exemples. Voici un petit enfant gâté, pas méchant; il est haut comme ma botte et n'arriverait pas d'ailleurs, quand bien même il y penserait, à bouleverser l'univers. Mais il est mal élevé, il bouleverse la maison. Je suis en visite chez ses parents. Il se peut que pendant dix minutes je m'amuse de son tapage et de ses turbulences, et que pendant ces dix minutes je me laisse aller à le trouver charmant. Mais si ces dix minutes doivent durer toute la journée, toute la vie, soyez assuré que je ne désirerai rien tant que de pouvoir l'envoyer au bout du monde.

Contre les défauts désagréables, ma tâche n'est pas plus difficile. Voilà une petite demoiselle qui est ou curieuse, ou impertinente, ou grossière. Elle ne cache pas ses défauts sous l'apparence de quelques qualités ; elle en est tellement possédée qu'elle les fait voir tout de suite. Je l'ai laissée entrer une fois dans ma maison. Dussé-je me brouiller avec son père, elle n'y rentrera pas une seconde fois.

Il n'est donc pas un défaut qui profite à celui qui en est atteint.

Quant à ce sot calcul qui consiste à garder des défauts qui peuvent plaire un instant au prochain, à l'indifférent, à celui qui n'a pas pour vous une affection certaine, il serait, n'en doutez pas, remplacé avec avantage par cet autre calcul de ne plaire aux autres que par ses qualités.

Une qualité a toujours sur un défaut cette supériorité que personne ne s'en lasse, ni le prochain qui en a l'usage, ni celui qui en a la propriété. Et par contre, un défaut a toujours sur une qualité cette infériorité que celui qui l'a, comme celui qui le subit, finit toujours par en découvrir, après la médaille, le revers.

Il faut donc absolument se corriger de ses défauts, et pour cela il n'est qu'un moyen : c'est de substituer à chaque défaut la qualité qui lui est contraire. Tant que cette substitution n'a pas eu lieu, la place où il a été reste vide, elle témoigne comme un trou remplaçant une tache qu'il a été là, et donne à penser qu'il pourrait bien y revenir.

Vous me dites, tout bas il est vrai, qu'il est des défauts qu'on sait bien qu'on a. Mais comment s'en défaire? Ils vous font plaisir à avoir, ils sont si commodes, qu'on les aime!

A quoi je vous répondrai : Si vous voulez jamais savoir combien une qualité est précieuse, voyez de quel secours elle est pour celui qui la possède et combien il vous plaît de la trouver dans les autres.

Si vous voulez savoir, au contraire, combien un défaut est fâcheux et nuisible, examinez combien ce défaut vous déplaît dans le voisin et quel tort il lui fait, et dans votre esprit et dans celui de tous.

De ces deux observations, tirez les conséquences.

Et pour finir, complétez-les par une troisième. On déteste souvent dans autrui des défauts qu'on a soi-même sans s'en douter. C'est la vieille histoire trop éternellement vraie de la paille et de la poutre. Tâchez de la faire mentir, au moins en ce qui vous concerne, cette vieille histoire-là.

Nous ne devions rien dire de nos défauts. Est-ce ma faute si nous les avons rencontrés dans les défauts des autres?

DU TROP D'APLOMB

ET DU TROP DE TIMIDITÉ.

Il faut rougir de ses défauts, non de ses qualités. Quand une vérité se présente avec cette simplicité, tout le monde est d'accord pour en proclamer l'évidence, et je suis bien sûr que, parmi ceux qui me lisent, quelques-uns vont sourire de la naïveté de ma morale, qui pèchent contre elle dix fois par jour.

Oui, messieurs les grands garçons de seize à dix-sept ans, qui étiez des enfants hier et qui ne serez des hommes qu'après demain, oui, vous péchez dix fois par jour contre ce lieu commun de morale.

A l'enfant que vous étiez à six ans, à dix ans, à quatorze ans peut-être, cette vérité n'avait pas besoin d'être dite. Les vrais enfants ont la naïveté, la candeur de leurs petites vertus, ils en auraient plutôt la vanité que la honte. Mais sans être un vrai homme, vous n'êtes plus qu'un faux enfant, et vous ne seriez pas juste si vous ne reconnaissiez pas que c'est précisément pour vous, qui essayez de me rire au nez, qu'elle est de saison, ma morale.

Votre cœur et votre esprit, mon brave garçon, sont dans cet âge de transition où en est arrivé votre corps. Votre corps n'a plus les grâces de l'enfance, il n'a pas encore les qualités d'harmonie qui sont le fait de l'âge viril; vous êtes quelque chose de mixte qui n'a pas le droit de se montrer satisfait de lui-même, qui n'a pas surtout le droit de se montrer si peu satisfait des autres.

Je ne vous ferai pas un crime de cet état, il faut bien avoir été chrysalide pour devenir papillon; mais je veux que vous le connaissiez avec ses imperfections, cet état, pour que, ayant à choisir entre les défauts et les qualités qui se livrent à l'heure qu'il est bataille dans votre cerveau, vous ne fassiez pas la sottise de faire de mauvais choix.

Le moment de la vie où l'être humain devrait être le plus modeste, c'est celui que vous venez d'atteindre.

Prenez votre miroir, vous êtes encore un collégien, et pourtant vous avez quelques poils de barbe qui estompent inégalement votre menton. Ce commencement de barbe vous occupe plus que la barbe de Moïse ne l'occupait probablement. Vous avez les bras trop longs, votre jolie petite figure d'enfant qui a fait l'admiration de vos parents est en train de se déformer, votre petit nez s'est allongé, votre menton s'affermit. Ces changements s'opèrent sans beaucoup de symétrie, c'est un chaos provisoire, d'où sortira, je l'espère, quelque belle statue d'Antinoüs ou d'Apollon ; mais cette future statue n'est à l'heure qu'il est, sachez-le, qu'une ébauche encore mal dégrossie, une ébauche d'argile ; il faudra plus d'un coup de pouce du temps pour rétablir les proportions, et faire du marbre de cette terre molle.

Votre démarche n'est pas des plus gracieuses, vous ne trottinez plus comme les jolis bébés des Tuileries, vous procédez par bonds, comme les kanguroos, avec des membres sans proportion ; vous êtes, en un mot, en train de vous faire, mais vous n'êtes pas fait.

Ces duretés que je dis là à votre personne physique, et qui ne sont que des remarques de naturaliste, ne doivent pas plus vous offenser qu'une description scientifique ne peut offenser l'animal qui en est l'objet. A moins que vous ne soyez un gandin prématuré, la pire espèce de l'adolescence, vous n'êtes pas d'ailleurs encore dans l'âge où les prétentions physiques sont implacables, et vous m'excuserez d'avoir fait de vous ce croquis, quand vous saurez qu'il n'est pour moi qu'un moyen de vous dire quelque chose de bien plus désagréable encore, et ce quelque chose, le voici :

C'est que votre esprit, votre caractère, votre cœur, votre raison, en sont au point où en est votre corps, ni plus ni moins, c'est-à-dire à cette époque de transformation qu'on a appelée l'âge ingrat (*ingratus*, ingracieux).

Eh bien, si l'âge ingrat du corps n'a pas le droit d'être fier de lui, vous conviendrez bien avec moi que l'âge ingrat de l'esprit ne ferait pas mal de se montrer un peu humble.

Oui, mon cher petit futur monsieur, votre esprit en ce moment a le nez ou trop gros, ou trop court, comme celui que je vois sans avoir besoin de mettre mes lunettes dans le milieu de votre visage; votre esprit est dans son âge de développement, de formation, et de disgrâce momentanée par conséquent; c'est un chaos provisoire comme tout changement, comme toute révolution.

Ce n'est donc pas le moment d'avoir cet aplomb formidable qui ne convient qu'aux choses bien assises, qu'aux choses achevées.

Cependant cet aplomb, vous l'avez; les messieurs de cinquante ans, les maîtres de la science hésitent là où vous affirmez. Leur main, qui sait, tremble un peu là où la vôtre, qui ne sait pas, tranche sans délibérer.

Ceci est tout bonnement insupportable; ce serait à vous jeter par-dessus les moulins si, heureusement, ce n'était, comme on dit, qu'un temps à passer.

Pensez-vous de tout et de tous ce matin ce que vous en pensiez hier? Savez-vous aujourd'hui

quelque chose de ce que vous ignoriez hier? Oui.
— Ce que vous êtes aujourd'hui n'est donc pas définitif, et il me paraîtrait convenable que vous ne fissiez pas à votre avenir le tort de croire qu'il n'a plus rien à vous apporter.

Que vous soyez de toutes vos forces ce que vous êtes, rien de mieux; mais soyez-le avec cette inquiétude prévoyante qui est le fond de la sagesse à tous les âges. Fussiez-vous la raison suprême, ce ne serait pas servir cette raison que de la jeter comme un pavé au nez de ceux à qui vous croyez l'apporter.

Car vous croyez l'apporter au monde, la vraie raison, avouez-le; et, sans vous en rendre bien compte, vous n'êtes pas loin peut-être de vous en croire l'inventeur. Non? Eh bien tant mieux, car, en vérité, au petit ton dont vous parlez, on croirait que vous vous imaginez que c'est vous qui venez de découvrir tout ce que vous nous faites l'honneur de nous débiter, et que cela n'avait jamais pu être dit avant vous.

L'aplomb, mon cher demi-grand garçon, l'aplomb est un des défauts de votre âge, par ce simple motif que c'est le défaut éternel de l'ignorance. Le conscrit, qui ne connaît pas le danger, court au feu. Le vétéran se contente d'y marcher. Mais s'il y va moins vite, il en revient moins vite aussi, soyez-en sûr.

Vous êtes ce conscrit ignorant du danger. Ce n'est pas par la témérité sans la force, sachez-le bien, qu'on donne raison même à la raison, encore moins à ce qui n'est pas du tout la raison.

Le sage affirme peu de choses, le sage n'impose rien ; il tâche de prouver et de persuader.

Si vos professeurs de rhétorique et de philosophie, de mathématiques et de chimie, professaient leurs sciences à coups de poing, trouveriez-vous le procédé intelligent ? Non ?

C'est pourtant le vôtre, au moral. Ne me faites pas de mauvaise querelle, on est très-rhéteur pendant qu'on fait sa rhétorique. Je ne vous dis pas de ne pas avoir les vivacités de votre âge et la jeunesse de votre jeunesse, je vous dis de n'être ni brutal ni suffisant; on peut être pédant avec ou sans violence : ne le soyez d'aucune façon, ne professez pas. Il est trop tôt. Il n'y a qu'un enfant qui ait osé enseigner les doctrines, et c'était l'enfant-Dieu.

Êtes-vous cet enfant-là ?

Si d'ailleurs j'ai entrepris de vous donner votre *paquet*, croyez que vous ne serez pas le seul à la distribution.

Tenez, je vois là, derrière vous, votre camarade, qui ne dit rien, pendant que vous, vous trépignez de ne pouvoir, pour cette fois, me couper la parole. Eh bien, c'est pour lui plus que pour vous qui m'intéressez peut-être moins que lui, que je me suis donné aujourd'hui la tâche de vous prendre à partie; pour lui, dont le défaut est plus intéressant que le vôtre, et pour qui vos défauts me paraissent un danger sérieux.

C'est tout le contraire de vous, votre ami Charles. Vous êtes un miracle de bagout et de forfanterie semi-enfantine et semi-virile; il est, lui, un phénomène de timidité.

Je sais bien que, quand les grandes personnes ne sont pas là, qu'il est tout seul avec vous, que vous le tenez, il va bien mieux à votre sens. Je sais aussi que, le croyant tout à vous, vous trouvez qu'il vient, pour me servir d'un de vos mots de collége, de *caponner*, rien qu'en se taisant.

J'ai bien vu vos regards se jeter sur lui avec quelque courroux, parce que, pas même par un geste, il n'a protesté tout à l'heure contre la barbarie de mes paroles, et il se peut que vous lui fassiez payer, dès que j'aurai le dos tourné, son mutisme.

Je crains fort même que le pauvre bon garçon, dont l'esprit vaut le vôtre tout au moins, quoi qu'il fasse et peut-être parce qu'il fait moins de bruit, je crains fort que, mis au pied du mur par votre petite autocratie, il n'ose pas vous dire que, bien qu'un peu chargé, le portrait que j'ai fait tout à l'heure de l'écolier qui a trop d'aplomb lui a paru assez ressemblant, et il est fort possible que vous l'entraîniez une fois encore à faire chorus avec vous, contre son sentiment, en faveur de vos sentiments à vous, qui ne sont pourtant pas les siens.

C'est là un des torts de l'extrême timidité qu'elle conduit le timide à l'indécision, et de l'indécision à des compromis, à des transactions fâcheuses pour sa conscience.

Mais cette victoire, espérons-le, sera la dernière. On peut être timide et ne point manquer pour cela de courage. J'espère que votre ami Charles n'a que cette timidité-là, et que peu à peu, l'âge et l'observation aidant, son esprit se raffermira, et qu'il sera d'autant plus assuré dans sa voie qu'il l'aura cherchée, choisie, et qu'il n'y sera pas entré, comme vous dans la vôtre, à l'étourdie.

La différence qu'il y a entre lui et vous, c'est qu'il ne connaît pas encore sa force et que vous ignorez, vous, votre faiblesse. C'est aussi que, séduit par l'apparence, il croit plus volontiers aux mérites des autres qu'aux siens propres, et qu'irrésolu, comme il est naturel qu'on le soit quand on ne se sent sûr ni de soi ni de son terrain, l'affirmation, rien que parce qu'elle est l'affirmation, lui semble une supériorité chez autrui et opère sur lui une fascination momentanée qui l'empêche de découvrir tout d'abord qu'elle ne conduit souvent qu'à l'absurde.

La différence qu'il y a entre lui et vous, c'est

que, par une sorte de pudeur mal entendue, il rougit de ses qualités, lui, tandis que vous êtes, vous, très-satisfait de vos défauts.

Or, c'est un défaut aussi qu'il a là, votre ami Charles, et ce défaut, pour être moins intolérable que le vôtre, n'en est pas moins un grand défaut.

Tenir en main le bon drapeau, celui du vrai et du juste, et, dès que le combat s'engage, le replier et le mettre dans sa poche, c'est de la couardise; et c'est de cette couardise et non de sa cause que je prétends le faire rougir.

Quand il en sera là, et quand de votre côté, rendu a la raison par les échecs multipliés que ne manquera pas de vous attirer votre trop belle confiance en vous-même, vous en serez venu à confesser votre défaut, à le connaître, et, dès lors, au lieu de vous en glorifier, à en rougir, vous ferez chacun de votre côté une utile découverte. Votre ami Charles s'apercevra que sa timidité, vous vous apercevrez, vous, que votre aplomb n'avaient réussi jusque-là qu'à stériliser de très-bonnes qualités que vous avez l'un et l'autre, qui disparaissaient sous vos défauts, et dont vous avez été deux maîtres sots de ne pas trouver plus tôt l'emploi.

Votre pauvre ami Charles a été tenté de prendre modèle sur vous; il est un âge où l'on estime, surtout, ce dont on se croit incapable. Il a eu tort.

Je ne vous dis pas de prendre modèle sur lui, vous savez bien ce que je pense de sa timidité; mais je vous dis : Prenez de sa timidité ce qui tient à la modestie; et je lui dis, à lui : Empruntez à l'aplomb exorbitant de votre ami Maurice cette part légitime de confiance en soi sans laquelle l'homme, appelé à marcher dans le dur chemin de la vie, resterait immobile au lieu d'avancer.

Ce mutuel emprunt opéré, au lieu de voir avec terreur l'amitié qui vous unit, je la verrai avec joie se resserrer et grandir.

Unis ainsi par ce que vous avez de bon, au lieu de la contagion du mal, c'est celle du bien qui s'établira entre vous.

Vous comprendrez, vous, Maurice, que c'est un crime d'intimider une qualité; vous comprendrez, vous, mon cher Charles, que c'est une lâcheté de la renier.

L'amitié qui naît entre deux jeunes gens doit avoir pour résultat de les perfectionner l'un par l'autre. L'amitié qui s'établit sur la mise en commun des qualités est seule digne de ce nom; celle qui prétendrait s'établir sur une communauté de défauts en est indigne : c'est une association perverse que le moins mauvais des deux a le plus grand intérêt à rompre.

Un temps viendra où vous saurez ce que vaut un bon ami, où vous saurez, par conséquent, que l'ami de collége, l'ami d'enfance, ce témoin présent et futur des efforts quotidiens de toute la vie, est le plus précieux des amis.

Choisissez donc votre ami comme s'il vous était donné d'avoir à choisir votre frère. Le bon ami est celui dont on sent qu'on n'aura jamais à rougir, qui sent de son côté qu'il n'aura jamais à rougir de vous.

Pour ce qui est de ce camarade de punition, dont le salut seul vous embarrasserait peut-être un jour, celui-là n'est pas votre ami.

Vous serez bien étonnés, quand vous serez sortis du collége, de voir que les tapageurs, que les violents, que les bruyants de la cour, que les héros de la récréation et de la retenue, une fois entrés dans le monde, s'y évanouissent comme des ombres, et que ce sont les modestes, au contraire, les travailleurs, ceux qui faisaient tranquillement leur petite affaire, qui, peu à peu, sortant de la foule, se distinguent, puis sont distingués, et en arrivent enfin à devenir des hommes utiles à eux-mêmes, utiles à la patrie.

Devant ce résultat de la conduite tenue pendant les années d'éducation, qui pourrait hésiter?

DE LA MOQUERIE

ET DE L'ESPRIT DE LA MOQUERIE

Ce n'est ni la plaisanterie, qui est la critique bienveillante mesurant ses attaques de façon à ce qu'elles puissent corriger sans blesser; ni la raillerie, qui est la critique cherchant une affaire et peut-être une revanche; ni la satire, qui est la critique indignée, s'efforçant de soulever le monde contre le mal qu'elle déteste. C'est le diminutif de tout cela. C'est à tout cela ce que le singe est à l'homme.

La moquerie est le dernier des genres de l'esprit. Son nom seul nous dit que c'est une petite chose.

La moquerie est presque toujours l'arme des enfants perdus de l'intelligence. On se sent stérile, on n'est bon à rien, on ne croit à rien, on n'est même plus de force à pleurer sur soi-même, on a pris son parti de sa propre chute, cependant il faut faire quelque chose, on a encore la vanité de l'attitude, on essaye de se faire un état de rire de tout ce qui est resté debout : on se fait moqueur !

La moquerie n'a pas besoin qu'on lui fournisse des raisons, les prétextes lui suffisent. Le bien, le mal, tout lui est bon, par cela même que tout lui est indifférent. Ce qui importe au moqueur, ce n'est pas de redresser un tort, c'est de vider son petit carquois. Que sa petite flèche parte, c'est tout ce qu'il veut. Qu'elle égratigne ici ou là, pourvu et pour peu qu'elle égratigne, il est content.

Le moqueur ne connaît pas l'orgueil du but à atteindre. Les plus petites aubaines lui suffisent. Il n'a que la faculté de ce qui est frivole. C'est l'atome de liége qui espère qu'on le croira supérieur aux tempêtes parce qu'elles ne se donnent pas la peine de l'engloutir. S'il surnage quand le vaisseau a sombré, c'est donc qu'en somme il est le plus fort.

Le moqueur attaque de préférence ce qui est grand, non parce qu'il est brave, mais parce que, petit comme il est, son instinct n'a point à craindre que le grand s'abaisse jusqu'à se retourner contre lui. Le moucheron fuit l'araignée, mais il sonne volontiers la charge contre l'éléphant. Il sait bien que quand un éléphant écrase un moucheron, c'est sans le vouloir. Plus donc son adversaire le dépasse, plus pour lui le danger de l'attaque diminue.

La moquerie n'a jamais servi à rien, elle n'a jamais amendé ni corrigé personne. Je crois même qu'on peut dire que la peur de la moquerie a fait reculer plus de bonnes actions que de mauvaises.

Elle a pour aide le plus lâche des défauts de l'homme : le repect humain, qui n'est autre que la crainte du ridicule qui semble aux faibles pouvoir s'attacher même au bien.

La moquerie peut avoir son petit mérite, son petit sel, quand elle livre de petits combats, quand elle s'en prend aux petites choses qui sont à sa petite taille, aux travers, aux modes, aux menues sottises collectives. Si à l'individu, elle a toujours tort. On peut se moquer de quelque chose; il y a toujours mieux à faire que de se moquer de quelqu'un.

La moquerie prouve généralement plus contre le moqueur que contre le moqué. On peut estimer le satirique alors même qu'on le redoute, on peut aimer le plaisant alors même que momentanément il vous chagrine, on n'aime ni on n'estime jamais le moqueur : c'est le bouffon, c'est le paillasse de la troupe. Quand on n'a rien de mieux à faire, on peut consentir à regarder en passant tomber ses lazzis, mais on ne les ramasse pas. Comme son affaire est d'être drôle, non d'être vrai, ses coups, frappassent-ils juste par exception, sont de ceux qu'on peut dédaigner. Le moqueur a conquis aux dépens de son honneur le droit à l'impunité.

On combat le critique, on se met en garde contre le railleur, on se défend contre le satirique, on répond au plaisant; on tourne le dos au moqueur, et cela suffit à sa déroute. Ne pas le voir c'est le vaincre.

Le moqueur n'a qu'une chance de succès, c'est qu'un sot s'émeuve un jour de ses attaques et s'avise de lui riposter. Comme il y a toujours un fond de sottise dans la moquerie, le sot se trouve être le seul adversaire naturel du moqueur. C'est alors le combat de deux choses creuses se prenant au sérieux mutuellement : une bulle de savon, le moqueur, — un ballon, le sot.

La galerie, quand par hasard il s'en forme une autour de ces duels ridicules, se compose d'ordinaire de badauds qui ne savent pas de quoi il s'agit, mais qui s'en amusent. L'intérêt que ces curieux portent aux deux adversaires est tel, que ce n'est que quand ils s'enferrent mutuellement qu'ils applaudissent.

Où la moquerie est le plus sotte, où elle fait le plus de tort au moqueur, c'est quand elle s'attaque à des défauts extérieurs; elle n'est pas alors seulement d'un méchant esprit, elle est d'un cœur vil et mauvais. Se moquer de l'un parce qu'il est gros, de cet autre parce qu'il est fluet, de celle-ci parce qu'elle est infirme, de celle-là parce qu'elle est trop petite, de cette autre parce qu'elle est trop grande ou parce qu'elle a une prononciation difficile, ou parce qu'elle a l'accent du pays où elle est née et qui n'est pas celui de ses moqueurs, rien de plus niais. Cet épluchage du prochain par des gens qui perdraient tant à être épluchés eux-mêmes est une véritable infirmité d'esprit; c'est une bosse morale pire qu'une bosse physique, laquelle, après tout, peut contenir le bagage, le génie d'Ésope.

Ce qu'il y a à dire de plus définitif contre la moquerie, c'est qu'il n'est pas de grandes choses dont les moqueurs ne se soient moqués. Toutes les grandes idées, tous les grands sentiments, toutes les grandes figures ont eu leurs moqueurs; Dieu même, oui Dieu, le maître du tonnerre, a eu les siens.

Sur ce, soyez moqueurs si le cœur vous en dit.

LA SUSCEPTIBILITÉ.

« C'est un très-brave garçon, il n'a qu'un défaut, il est très-susceptible. »

Être très-susceptible, c'est-à-dire être un buisson d'épines, être un fagot d'orties, et n'avoir qu'un défaut, c'est tout bonnement impossible, car c'est contradictoire.

Il n'est guère de défaut, si circonscrit qu'on le

suppose, qui ne gâte quelque partie de l'ensemble, qui n'entraîne dans quelque manque de proportion la constitution même d'un individu Il est bien difficile de n'être imparfait que sur un point, et l'on peut dire avec raison qu'un défaut bien constaté ne va jamais seul.

A ce compte, la susceptibilité est un défaut qui en vaut, qui en contient mille.

L'homme susceptible, loin de pouvoir n'être que susceptible, est donc, par cela seul qu'il l'est, amené peu à peu à avoir, au contraire, presque tous les défauts. Et comment en serait-il autrement de celui qui, n'ayant jamais pu supporter, je ne dis pas la critique directe, mais la leçon, l'avis, le conseil, la plus douce remontrance, n'a jamais pu en profiter? Il n'est pas de qualité native qui ne succombe dans le voisinage d'un tel défaut.

Il n'est pas de défaut qui ne vienne à sa suite. Le soupçon, la défiance, la jalousie, puis l'envie, qui n'est autre que la souffrance du bien d'autrui, voilà ce qui est au fond de la susceptibilité.

Le susceptible, fût-il né très-brave garçon, comme vous dites, deviendra donc tôt ou tard un très-fâcheux et peut-être un très-dangereux, un très-méchant homme !

Dites-moi ce qu'il peut avoir d'aimable celui dont la personne tout entière est menaçante et hérissée comme une place de guerre. Cherchons les agréments du porc-épic quand toutes ses lances sont en arrêt.

Les marrons sont d'excellents fruits; mais qui est-ce qui les met sous sa dent avant qu'ils soient sortis de leur enveloppe épineuse, et grillés à leur point? Eh bien, pour utiliser un susceptible, il faudrait trouver le moyen de l'écosser et peut-être ensuite de le faire cuire. Mais cru, mais pris sur l'arbre, mais à l'état de nature, soyez sûr qu'il ne vaut rien. J'aimerais mieux, quant à moi, traverser sans guêtres, jambes nues, un champ de landes et de chardons que d'accompagner, sur la pelouse la plus unie, le susceptible : j'y trouverais moins de piqûres.

Le pauvre boudeur, à côté du susceptible, n'est qu'un simple hérisson; le susceptible est un hérisson double qui a double garniture de piquants, les uns au dehors, les autres en dedans; tout ce qui vit le blesse, et il blesse tout ce qui vit : les morts même lui veulent du mal, lui font du tort, et il tâche de le leur rendre.

De près, de loin, par devant, par derrière, ne pensiez-vous pas plus à lui qu'au Grand Turc, vous formalisez le susceptible. Toutes les pierres qui tombent, fût-ce de la lune, tombent dans son jardin. L'égoïste ne pense qu'à lui; le susceptible, plus fâcheux, en un sens, que l'égoïste, croit que tout ce qui arrive, même aux autres, n'arrive qu'à lui, est fait contre lui. L'univers lui marche sur les pieds tous les jours. Lincoln est assassiné? c'est fait pour lui.

Le susceptible éternue en Amérique, l'Europe ne lui écrit pas par le télégraphe : « Dieu vous bénisse! » Le susceptible prend note de ce déni d'intérêt.

Il fait un faux pas à vos côtés, vous vous précipitez pour lui éviter une culbute, le susceptible se formalise. « Le croyez-vous donc si peu solide! »

Il vient de faire un acte quelconque qui vous plaît, vous l'en loüez. « Votre éloge est bien froid; d'ailleurs, est-il sincère? de quoi vous mêlez-vous? » Les exigences du susceptible sont si variées, si multiples, si inattendues, si impossibles à prévoir, si opposées les unes aux autres, qu'il est, de fait, incapable de garder un ami. « Il a pourtant de bons moments! » dites-vous. Ne vous y fiez pas.

La journée s'est bien passée. Par miracle, l'homme qui n'est jamais content l'a été; vous allez le quitter, vous lui dites bonsoir, il vous a serré vivement la main en vous disant : « A demain. » Quelle fortune! Vous le revoyez le lendemain matin; qu'est-il arrivé? sa figure est décomposée, ce n'est plus le même homme; le susceptible, qui s'était endormi satisfait, s'est réveillé mal content.

Vous lui avez été désagréable au plus profond de son sommeil, il a trouvé des guêpes dans son oreille. Vous voilà brouillés.

On a gardé le nom d'un voluptueux dont le pli d'une feuille de rose suffisait à gêner le sommeil. C'était un sybarite, dit-on; soyez sûr que c'était en plus un susceptible. Le susceptible, en tous cas, est au moral ce délicat imbécile : le pli d'une feuille de rose suffit à troubler ses esprits.

La susceptibilité a pour mère une personnalité poussée jusqu'à l'absurde; le fond de son mal, c'est un amour-propre incommensurable et jamais satisfait, par conséquent.

S'il est peintre, fût-il peintre de troisième ordre, ne louez ni Raphaël, ni Michel-Ange, ni Léonard de Vinci devant lui, il en ferait une maladie.

S'il est musicien, ne louez que doucement Beethoven, Mozart et Weber, il y verrait la pensée de rabaisser sa musique.

S'il est écrivain, gardez-vous de parler de Shakespeare, de Corneille, et surtout des contemporains; ne nommez jamais Victor Hugo, il y verrait une attaque directe.

S'il n'est rien, ce qui est bien possible, ce qui est bien probable, car la susceptibilité n'est pas faite pour ouvrir les chemins au susceptible, et se loge rarement dans les grandes âmes ; s'il n'est rien, ne parlez de rien, et encore !

Cependant, un beau jour, poussé par un bon vent, estimé au-dessus de ce qu'il vaut par un homme qui ne le connaît pas, le susceptible arrive à un poste dix fois supérieur à son mérite ; vous croyez que ce succès démesuré va l'avoir calmé ? détrompez-vous, le susceptible n'est jamais à sa vraie place.

On ménage beaucoup trop, dans leur intérêt même et dans l'intérêt public, les susceptibles. La pitié, qui est due à quelques boudeurs, ne l'est point aux susceptibles ; leur défaut n'est jamais inoffensif qu'à l'état provisoire. Sous prétexte d'avoir à se défendre, il n'est rien qu'ils n'attaquent. Si le susceptible est faible, c'est un roquet toujours agacé, toujours prêt à vous mordre les jambes, faute de pouvoir vous sauter à la figure ; s'il est fort, c'est une de ces bêtes féroces, un de ces chercheurs de querelles sans but et sans cause, qui se croiraient le droit de tuer, selon ce qu'on appelle les lois de l'honneur, un louche qui les aurait regardés de travers, un myope qui ne leur aurait pas rendu le salut, un sourd qui n'aurait pas répondu à leur appel.

Leur mal, d'ailleurs, est de ceux qui s'aggravent par les ménagements mêmes qu'on a pour lui ; il ne faut pas arroser la mauvaise herbe.

C'est l'enfant gâté, devenu homme et resté gâté. La gâterie d'un enfant a son excuse dans le trop grand amour des mères. La gâterie d'un homme n'a pas d'excuses. La susceptibilité peut avoir des flatteurs, des domestiques ; elle ne doit pas avoir d'amis, elle ne peut en avoir que de faux.

Il semble qu'il y ait de pires défauts que la susceptibilité ; il n'en est pas, du moins, qui rendent leur homme plus insupportable, plus insociable.

En fait de tentatives à faire pour guérir le susceptible, je ne vois guère que les moyens violents. Si la vie n'est pas la tenaille qui arrache les pointes qu'il vous cache, le marteau qui enfonce celles qu'il vous montre, je ne crois pas qu'il dépende de l'effort d'un seul de le guérir. Pour moi, si j'étais un susceptible, et si j'avais le bon sens de me rendre compte de mon état et de mon défaut, j'irais chez un menuisier pour me faire raboter, chez un serrurier pour me faire limer, chez Nélaton, Velpeau ou Richard, pour me faire amputer.

Le susceptible qui n'a pas le courage de mettre le feu dans son mal est donc, pour le moins, une incommodité, et probablement un danger public. On ne devrait pas laisser sortir son amour-propre sans muselière ; la circulation devrait lui être interdite, car il est tel cas, dont personne n'est coupable, où il peut devenir enragé.

DE LA ROIDEUR.

Quand on est jeune, on est porté à confondre, et de très-bonne foi, des choses entre lesquelles il est important de distinguer : certains défauts avec certaines qualités, les pièces fausses avec les pièces vraies.

Comme on n'a pas encore atteint l'âge de la force et de la fermeté, et que, cependant, on ne serait pas fâché, ne pouvant être vraiment ferme et fort, d'avoir l'air d'être l'un et l'autre, on tombe dans la roideur. Il s'ensuit qu'en cherchant une qualité on se donne un défaut.

Or ce n'est pas atteindre un but, c'est le manquer que de le dépasser.

J'ai connu des jeunes gens qui, en affichant à tout propos et par conséquent presque toujours hors de propos, dans leurs rapports avec leurs camarades, ou même avec les personnes âgées, une inflexibilité bien contraire à leurs dix-sept ans, croyaient faire acte d'indépendance et montrer du caractère. Ils ne montraient que la fausseté momentanée de leur esprit. Ne céder jamais, de parti pris, et par suite être têtu, rogue, opiniâtre, c'est montrer un mauvais caractère, ce n'est pas montrer du caractère.

Dépenser de la fermeté là où il n'est pas besoin, c'est se mettre en frais de force pour soulever un poids de carton. Ce n'est pas de la fermeté, ce n'est que de la roideur.

Enverriez-vous un cartel à un moucheron, au vent qui vous tracasserait? Eh bien, dans mille et mille petites difficultés de la vie quotidienne, qu'un peu de savoir-vivre suffirait à arranger, la roideur est cette querelle en règle, est ce cartel à la fois inutile et ridicule que vous enverriez au vent ou au moucheron.

La roideur a tous les inconvénients de la force mal employée; elle n'a aucun des avantages de la force. Au lieu de vaincre les obstacles, elle les complique et les hérisse. Le nœud que la bonne humeur, la simplicité, l'esprit, dénoueraient, la roideur ne manquera pas de le faire plus serré. Elle tire du côté où il ne faut pas. Elle a, en outre, le défaut d'être toujours et souverainement déplaisante. Or, je vous le demande, quel secours a-t-on jamais tiré de déplaire?

On peut céder, après un conflit, à la persuasion, et rester ou même devenir l'ami de celui à qui l'on cède.

On peut céder, même à la force, après un engagement loyal, sans avoir de mauvais sentiments contre son adversaire plus heureux. Mais si, par impossible, on est obligé de céder à la roideur, soyez assuré qu'on se retire de la lutte, non pas seulement défait, mais offensé.

La roideur n'est que la fausse monnaie de la force. C'en est l'appareil toujours intempestif, c'en est la grimace, c'en est la caricature, ce n'est point la force elle-même.

Loin d'être roide, il convient que la force, pour être intelligente, soit pliable au même degré que le bon acier.

Sans doute il ne faut pas tomber d'un excès dans un autre, sans doute il faut se garder d'être souple, dans le sens servil de ce mot, c'est-à-dire qu'il ne faut ni déguiser ni renier ses sentiments. Mais les afficher d'une façon désobligeante pour ceux qui ne les partagent pas, mais les présenter sous cette enveloppe de morgue et de roideur qui glacent et figent dans les cœurs les meilleures dispositions, c'est faire à ses sentiments, c'est faire à cette cause, grande ou petite, qu'on prétend servir et faire triompher, au lieu d'amis des ennemis.

La roideur entre amis est un tort; elle provoque la susceptibilité. La roideur contre ses ennemis est une faute, elle maintient l'état de guerre.

La dignité n'est point roide et la roideur n'est jamais la dignité, elle n'en est que l'empois, que l'amidon. Or, pour garder la liberté de ses mouvements, pour rester dans le naturel, il ne faut trop empeser ni son caractère, — ni même ses cravates.

LE BON BOURRU

OU LE BOURRU BIENFAISANT.

Vous êtes un bourru bienfaisant, soit; cela vaut mieux que si vous étiez un bourru sans être bienfaisant. Mais combien vous seriez plus et mieux bienfaisant si vous l'étiez sans être bourru ! Ne gâtez donc pas vos services par le peu de grâce que vous mettez à les rendre. On conçoit qu'on sucre une médecine amère pour en déguiser l'amertume; mais que vous mêliez le vinaigre au miel que vous donnez, à quoi bon ? Vous voulez éviter les remerciements ? Ce n'est pas là un aussi bon sentiment que vous vous plaisez à le croire; quand votre obligé n'a rien à vous rendre en échange du service qu'il accepte de vous, laissez-lui du moins la joie, le mérite de se montrer reconnaissant. Son cœur en vous disant « merci » vous donne ce qu'il peut : pourquoi le priver de cette sorte d'acquit, le seul qui soit en son pouvoir?

Votre modestie souffre de ces témoignages? Cette modestie n'est pas la bonne, car par un point elle touche à l'aigreur, et la modestie vraie, comme la violette, son emblème, n'a que de suaves odeurs.

Il semble que, donnant au matériel, votre cœur ne sache pas donner au moral, ne soit pour rien dans ce que votre main distribue. Or cela n'est bon ni pour vous, ni pour la charité. Il faut que celui qui reçoit sente que c'est un cœur fraternel qui lui donne pour qu'il se sente en même temps relevé de l'infériorité de son rôle. C'est ce que saint François de Sales, qui fut un maître en l'art de donner, exprimait avec son cœur quand il disait : « La douceur est la grande amie et la compagne inséparable de la charité. » C'est ce qu'il donnait à entendre avec le charmant esprit qu'il avait quand il ajoutait, pour avoir raison des railleurs, « qu'aux bonnes salades il fallait plus d'huile que de vinaigre. »

Celui-là seul sait bien donner qui fait sentir à celui qu'il oblige, que, s'il est doux d'obliger, il l'est aussi d'être obligé.

LA COLÈRE.

Je voudrais convaincre tous ceux qui se laissent d'habitude aller à la colère qu'il n'est rien de plus vain que la colère, parce qu'il n'est rien qui, plus qu'elle, aille fatalement contre son but.

Vous avez des contradicteurs, une discussion ; il y a là une galerie, des témoins, et comme des juges, et, si la cause est grande, il y a le public, l'opinion, peut-être la postérité. Quel est votre intérêt, et celui plus sacré que le vôtre du bon droit, de la justice que vous défendez, je l'admets ? C'est de faire prévaloir votre avis.

Vous discutez d'abord avec calme, vous exposez les faits, le point en litige s'éclaire, vous allez triompher ! tout à coup un argument absurde ou perfide de votre adversaire vient suspendre, arrêter votre victoire. Vous devriez être ravi que votre adversaire s'enferre jusque-là, se perde jusqu'à montrer le défaut de sa loyauté. C'est le moment où jamais de garder votre sang-froid ; car l'heure est venue de mettre à nu l'absurdité, de dévoiler à fond la manœuvre à laquelle en est réduite votre partie adverse ; pas du tout, irrité du retard qu'apporte dans le débat cet élément nouveau, vou vous fâchez, c'est-à-dire qu'avec votre sang-froid vous perdez, comme on dit, la tête ! Vous étiez lucide tout à l'heure; votre regard ferme et clair, votre voix nette et juste allaient droit à l'esprit de vos juges, droit peut-être au cœur même de votre adversaire. Vous n'êtes plus que violent : votre cerveau bout, vous rougissez, vous pâlissez, votre langue s'embarrasse, vos idées s'embrouillent, chacune de vos paroles est une maladresse; votre adversaire, plus habile, reprend l'avantage, vous vous découvrez, il vous porte une botte, vous êtes blessé, peut-être à mort, et cependant vous aviez raison...

Vous aviez raison, soit, mais non pas, vous le voyez, de vous mettre en colère, puisque votre colère vous a fait ce dommage de faire échec à la raison elle-même, de faire tort à votre droit, de faire perdre sa cause à la justice.

Mais, direz-vous, contre quoi se fâchera-t-on en ce monde, si ce n'est pas contre l'absurde, si ce n'est pas contre la déloyauté, contre l'iniquité ? Quand on a raison, on a le droit de se fâcher !

C'est tout le contraire : puisque vous avez raison, à quoi bon vous fâcher ? C'est la raison, et la raison seule, qui donne raison à la raison; ce ne sera jamais la colère.

Par la colère, si vous êtes le plus fort, vous imposez par la force qu'il eût mille fois mieux valu imposer par la persuasion; votre adversaire n'est que battu, il n'est pas convaincu.

Mais, direz-vous, les cœurs honnêtes ont du sang, ce n'est pas du lait qui coule dans leurs veines; la vue de la méchanceté, de la sottise, les indigne, et cette indignation est légitime : c'est une vertu que de détester le mal.

D'accord, et je ne vous interdis pas la noble indignation qu'inspire la vue du vice tout près de l'emporter sur le bien. Mais cette indignation, mais cette émotion, ce n'est point de la colère, il ne faut pas que cela dégénère en colère.

La colère, c'est ce qui ne se contient pas, ce qui, par conséquent, ne peut dominer les autres. Celui qui n'est pas son maître n'est le maître de personne.

Vous voulez réprimer un acte mauvais, vous cédez à votre violence, vous faites un acte pire que celui que vous vouliez réprimer; où il n'y avait qu'un acte coupable, il y en a deux.

Cet axiome, souvent si injuste au fond, le « *Tu te fâches, donc tu as tort,* » est vrai dans la pratique, sinon en droit; car un homme qui se met en colère, eût-il cent fois raison, donnera par sa colère tort même à sa raison.

Quand un droit est méconnu, qu'est-ce qui importe? C'est qu'il cesse d'être méconnu, c'est qu'il en arrive à être reconnu. Qu'est-ce qui peut amener ce meilleur résultat? Croyez-vous que ce soit la colère? Non, c'est son contraire, c'est le sang-froid.

Le sang-froid est le maître de ce monde.

Sa force est telle, qu'il fait triompher souvent, hélas! jusqu'aux mauvaises causes, et parvient à maintenir pendant de longues années leur apparent triomphe.

Vous tous qui avez raison, n'abandonnez donc pas cette arme si puissante à vos adversaires; ne faites pas ce tort à votre bonne cause d'avoir l'air de si peu compter sur elle que vous n'ayez plus pour la défendre que les injures, les invectives, que la colère.

Défiez-vous des colères, de celles même qu'on a appelées de saintes colères. La colère n'est jamais sainte, car, fût-elle juste dans son principe, elle ne saurait l'être dans ses résultats. J'ajoute que le coupable qui n'est châtié que par la colère semble bientôt une victime; il a été puni, non jugé. Il a été réduit au silence; qui sait ce qu'il aurait pu alléguer pour sa défense, diront jusqu'à la fin des siècles ceux qui trouvent que la justice c'est le juge, et non le châtiment?

LA BOUDERIE

Je n'aime pas la colère, mais j'aime encore moins la bouderie.

A côté de la bouderie, en effet, il semble que la colère ait des qualités et comme une sorte de noblesse. Elle est imprudente, maladroite, brutale souvent, mais elle est franche, et, n'eût-elle rien qui puisse la justifier, elle peut mériter son pardon.

Mais la bouderie, cette colère froide, maladive et lente, qui semble ne faire long feu que pour mieux vous atteindre; cette colère hypocrite ou tout au moins sournoise, qui dissimule, qui ne s'exprime pas, même sur son sujet, qui ne se condense, ainsi qu'un nuage lourd sur votre tête, que pour en retomber à l'état de pluie invisible, mais opiniâtre et pénétrante, qui n'éclate pas comme la foudre, qui ne crève pas comme un orage, mais qui couve et subsiste à l'état de tison perdu dans les cendres, et qui, ne pouvant ni s'éteindre ni s'enflammer, se trahit seulement par une mauvaise odeur de fumée, la bouderie, là où la colère n'est qu'insupportable, elle est odieuse. Elle a quelque chose de petit qui offense en attendant qu'elle blesse, de mesquin qui diminue la cause qui en est l'objet, qui amoindrit et le boudeur et presque le boudé sa victime.

Vous êtes mécontent de tel ou tel de vos amis; vous n'avez pas l'assentiment du monde entier; quelque chose a été fait dans l'univers qui vous a déplu, — ne vous fâchez pas, mais, pour Dieu, expliquez-vous!

Si vous ne dites rien, par où vous prendrai-je, soit que j'aie eu tort, pour réparer ce tort, soit que je vous aie chagriné, pour panser la blessure que je vous ai faite, peut-être involontairement, et, si j'ai eu raison, si votre mal est imaginaire, pour vous faire voir votre erreur et vous en démontrer la chimère?

Il faut le dire, si la bouderie se tait, c'est que presque toujours elle aurait honte de parler, c'est que la blessure reçue est de celles qu'on rougirait de montrer, de celles qui ont leur siége dans un défaut et non dans une qualité, dans une prétention, dans une vanité illégitime secrètement égratignée, dans une susceptibilité inavouable, puérile, et non dans un sentiment viril injustement froissé.

De là l'attitude particulière du boudeur.

Vous voilà tout en boule comme un hérisson; il semble que vous n'ayez plus de visage; tout en vous est resserré, renfrogné; votre regard est comme replié et tout intérieur; vous semblez ne plus rien voir qu'en vous-même, et n'y rien voir que de lugubre. Ce qui, hors de votre état de bouderie, vous charmerait, est instantanément comme s'il n'était plus. Vous vous refusez à tout ce qui vous attirait. Votre père, votre mère, votre enfant, votre chien, le beau temps succédant à la pluie, le sourire des gens et des choses, des innocents comme des coupables, rien n'existe plus pour vous, si bien que, boudant contre les autres, vous boudez d'abord contre vous-même.

Le petit ou le grand monsieur, la jeune fille ou la grande madame dont je parle ont éteint subitement leur lumière ; leur lustre s'est métamorphosé tout à coup en une sorte de lanterne sourde, le colimaçon a rentré ses cornes, la tortue s'est retirée dans sa carapace, parodiant Achille sous sa tente. Que l'univers se voile, c'est le jour des limbes ! Que le silence des ombres succède aux aimables bruits de la vie ! Ayez soin de marcher comme sur d'épais tapis, ne respirez que la moitié de vos souffles, ne parlez pas : il y a bouderie ! « Oui, non, » et par signes ! c'est déjà trop.

Ah çà ! où avez-vous mal? Pourrait-on vous demander, sans manquer au respect qu'on vous doit, ce qui vous *chiffonne?* Où êtes vous piqué? est-ce au pied? est-ce au nez? Votre pied ne dit rien, votre nez ne répond pas. — Ce n'est ni au pied ni au nez, c'est partout, car, hélas ! c'est à l'esprit.

Et si ce n'était qu'à l'esprit ! Mais la bouderie que le premier rayon de bonne et chaude affection ne dissipe pas gagne bientôt jusqu'au cœur. Tout ce qui le faisait battre va cesser de le remuer. Il est figé aujourd'hui, demain il sera glacé, et s'il n'avait, pour tenir contre sa bouderie, que d'autres cœurs de boudeurs comme lui, la pétrification serait bientôt générale dans la maison.

Mais enfin vous boudez, ce n'est bien pour vous ni pour personne; mais c'est un fait, et c'est de ce fait qu'il faut avoir raison.

Vous vous donnez par votre bouderie cette satisfaction morose de remplir de votre brouillard toute votre atmosphère, ou d'en pomper l'air respirable comme le ferait une machine pneumatique; vous savez bien que cela n'est pas pour mettre à l'aise rien de ce qui y vit, dans votre atmosphère. Faire geler le rire jusque sur la bouche des petits enfants et le sourire jusque dans les yeux des mères qui voudraient leur répondre, c'est, en somme, leur infliger un supplice intolérable. Cependant, combien de jours, combien de semaines durera-t-il ce supplice? A combien sommes-nous condamnés? Est-ce à temps? est-ce à perpétuité?

Ce n'est pas à perpétuité, je suppose, car, comme on ne boude guère, hélas! que les gens qu'on aime, une bouderie perpétuelle ce serait une brouille, une séparation; ce serait la mort de ces affections qu'il semble vous plaire de contrister, mais qui vous sont chères et nécessaires en somme, et que vous ne voulez pas tuer. Ce n'est donc qu'à temps. Eh bien, dites ce qu'il sera, ce temps, ce qu'il durera. Nous nous armerons de patience jusqu'au jour trois fois heureux où le soleil de votre bonne humeur daignera remonter sur notre horizon. Aujourd'hui vous êtes sous terre.

Vous ne voulez pas nous fixer de terme? Mais savez-vous que vous êtes un pire distributeur de peines, un juge plus inhumain qu'aucun de ceux qui se soient jamais assis sur les siéges des plus hautes, des plus terribles magistratures, et que nous voici, par votre silence, dans une position plus cruelle que celle des condamnés des cours d'assises, à qui, du moins, on signifie, et tout haut, leur arrêt?

Ni défense, ni jugement; c'est vous qui êtes tout le tribunal, et vous êtes muet! il y a condamnation, et il n'y a pas de sentence.

Croyez-vous que même de braves gens seraient d'humeur à s'arranger de cela, s'ils n'avaient pitié de vous, et s'ils n'étaient, en somme, meilleurs que vous, monsieur le grand juge?

Ah! que des indifférents auraient tôt fait de vous laisser planté et tout droit dans cet agréable tonneau de mélasse où vous vous posez en statue, mais où, enfonçant tous les jours un peu plus, vous finiriez par disparaître.

Beau tombeau, pour un boudeur!

Vous n'avez pas fini de bouder, je ne finirai donc

pas de prêcher. Votre silence me fait la partie trop belle pour que je me refuse de la pousser jusqu'au bout.

Nous sommes d'accord que votre bouderie ne doit pas être éternelle. Alors elle cessera, oui, à un moment quelconque, cette attitude pleine de majesté; une rosée intérieure l'assouplira, la mouillera, et nous aurons le plaisir de vous voir en possession de nouveau de l'élasticité de vos articulations. Mais si elle doit cesser, pourquoi pas tout à l'heure? pourquoi pas tout de suite? Est-ce que quelque chose ne vous dit pas, à votre bon endroit, au cœur, dans cette partie du cœur où la raison elle-même va se réchauffer quand elle craint d'être trop froide, est-ce que quelque chose ne vous dit pas que plus elle se prolongera, plus il vous sera difficile d'en sortir, et que la figure que vous aurez le jour où vous vous en serez vous-même excédé n'en sera que plus lamentable?

Pour Dieu! rompez donc d'un brusque et généreux effort avec ce stupide défaut, qui ne frappe à coup sûr que sur ce qui vous est cher, qui n'est pris au sérieux que par ceux qui vous aiment, qui n'est tragique que pour eux, et qui touche au grotesque pour tous les autres !

La bouderie, vous avez assez boudé pour le savoir mieux qu'un autre, la bouderie n'est au fond qu'une sorte de torticolis de l'esprit, que ce bobo bête que les enfants douillets veulent ériger en maladie; que ce grain dont les poltrons qui se trouvent en mer pour la première fois voudraient pouvoir parler comme d'une tempête. Elle a sa source dans une douilletterie excessive de l'âme, dans une susceptibilité malsaine de l'esprit, comme les fausses maladies dans les douilletteries excessives du corps, qui font des existences de malades aux gens les mieux en santé, et des existences d'infirmiers de maux imaginaires à tout ce qui les entoure.

Je sais un grand médecin qui avait trouvé un moyen infaillible de guérir très-vite ceux de ses malades qui ne l'étaient pas. Ce ne sont pas les moins nombreux.

Il prenait au plus grand sérieux leur état, il leur accordait tous les maux dont ils avaient la lubie de se parer, puis il vidait sans barguigner dans leur estomac toute la boutique de leur apothicaire, et, pour compléter le traitement, il leur enjoignait de se couvrir des pieds à la tête de grands emplâtres très-vilains qu'il déclarait indispensables. Le faux malade, qui voulait bien les dorloteries, les petits profits, mais non les charges de la maladie, voyant ces apprêts, entrait dans de sages réflexions. Il déclarait bientôt qu'il se sentait un peu mieux; une heure après il était sur ses pieds.

Ah! que ce serait un grand médecin que celui

qui inventerait, et un grand apothicaire que celui qui fournirait des emplâtres assez terrifiants pour faire peur aux maladies de l'esprit !

La bouderie n'étant pas une maladie mortelle, on peut donc en guérir ; encore faut-il la prendre à temps et ne pas la laisser s'invétérer.

L'âme du bouMeur est comme une de ces habitations mal construites qui manquent d'air, où tout sent le renfermé, où tout moisit, par conséquent, hommes et choses, et même le feu, que les meilleurs soufflets ne parviennent jamais à y faire bien flamber.

Que fait-on à ces habitations, quand on tient à ne pas voir se détériorer les bonnes choses qu'elles peuvent renfermer ? On leur perce des jours, on leur fait des trous, on leur ouvre des fenêtres. Eh bien, il faut percer des jours, faire des trous, pratiquer des fenêtres dans l'âme du boudeur ; il faut veiller à ce que l'air extérieur puisse entrer en lui, il faut le ventiler, il faut l'aérer, et à tout prix.

Là est le salut. Encore faut-il que le malade aide lui-même à sa cure.

Il n'y a qu'une chose à dire en faveur du boudeur, c'est que, s'il est bon, il souffre du mal qu'il fait, c'est qu'il est très-malheureux. N'oublions pas que tous les malheureux sont à plaindre, et non-seulement à plaindre, à consoler, alors même qu'ils s'y prêteraient de mauvaise grâce.

Car la bouderie est quelquefois une maladie plus encore qu'un défaut. Cette maladie peut être le résultat d'un mal secret et profond qui exalte outre mesure la sensibilité du boudeur. Dans ces cas-là, qui heureusement sont exceptionnels, la bouderie elle-même mérite la plus tendre compassion, car c'est le cœur alors, et non plus l'esprit, qui boude. Si vous aimez le boudeur, c'est dans les moments où il se portera bien qu'il faudra chercher, gagner le secret de son mal. Ce secret, délicatement, tendrement surpris, vous éviterez mieux de le toucher à l'endroit que vous saurez sensible, vous l'y toucherez en tout cas d'une main plus douce, plus attentive et plus émue, et peu à peu, sous l'action de vos soins, l'air pur pénétrant enfin au siége même du mal, la blessure pourra se fermer. Vous aurez alors la joie d'avoir guéri un mal que celui même qui en souffrait pouvait croire incurable, mais qui, grâce à Dieu, ne l'est pas. L'âme immortelle n'est pas sujette aux maux qui ne peuvent pas guérir. La mort même, qui tue les corps, ne fait que délivrer les âmes.

LA RANCUNE.

Quand la rancune n'est pas, autant qu'elle peut l'être, justifiée pour les peuples et pour les races par ces oppressions séculaires dont l'histoire offre trop d'exemples; quand pour les individus elle n'a pas l'explication, je ne dis pas l'excuse, de la persécution sans merci du faible par le fort; quand elle est un vice de caractère s'exerçant dans les habitudes ordinaires de la vie, la rancune est la plus exécrable de toutes les formes de la colère.

C'est la colère des hypocrites et des poltrons, c'est la colère des pires natures, la colère des méchants.

La colère est une arme à la détente trop facile, qui éclate souvent dans les mains de celui qui l'emploie; la rancune est un fusil à vent qui tire sans faire de bruit, et qui a attendu pour cela que la paix ait eu l'air d'être faite : c'est la vengeance oblique et rusée qui marche dans les ténèbres, qui suit la victime à pas lents, mais qui ne s'arrête pas.

C'est la rancune qui fait les faux frères dans la maison, et les renégats dans la vie publique. Il suffit d'une seule préférence donnée à autrui, si légitime qu'elle soit, pour que la rancune s'établisse dans le cœur vaniteux que cette préférence a blessé et qui n'a pas osé montrer sa blessure. La rancune confine à l'envie. Tout ce qui lui est supérieur est son ennemi secret, et de cet ennemi abhorré elle se fera, s'il le faut, l'ami public, pour le mieux pousser à sa perte. La rancune ne combat jamais en face, elle rampe sous un couvert quelconque, et, l'heure venue, calomnie ou arme un assassin.

On peut aimer les gens et avoir contre eux des transports d'une aveugle fureur. Quand on leur tient rancune, c'est que la plus implacable des haines, celle qui se dissimule, a fait place à tout autre sentiment; l'idée fixe du rancunier, c'est de nuire à l'objet de sa rancune.

L'homme que la colère fait bondir a l'air formidable, il ne l'est pas. Ce n'est qu'un boule-dogue qu'avec un peu de courage et de sang-froid on finit toujours par dompter; le rancunier est un serpent. Comment s'en garer? il est dans votre ombre.

Défiez-vous de l'âme misérable, dont les replis peuvent cacher la rancune. Cette âme est évidemment petite et basse.

Défiez-vous du rancunier. Son pardon même ne vaut rien. Ce n'est jamais l'oubli; son sourire est une embûche, son baiser est celui de Judas. Judas était un rancunier avant que d'être un traître.

LA TRAHISON.

La trahison est un crime si irrémissible aux yeux de toute âme franche et loyale, que le traître ne peut lui inspirer que de l'horreur. Devant la trahison, la compassion s'éteint, et les cœurs les plus confiants en la miséricorde divine se demandent si le pardon de Dieu peut remettre ce crime comme tout autre, même après le repentir.

Saint François de Sales avait une des âmes les plus miséricordieuses qui aient jamais attendri le cœur d'un homme. Aucun n'a parlé de la charité et ne l'a pratiquée comme il l'a fait. A ses yeux, il n'était point de crime dont la grandeur pût égaler la clémence de Dieu. La bonté divine, supérieure à toutes les misères de l'humanité, ne pouvait avoir de bornes; elle pouvait tout pardonner, tout, au repentir.

Une seule fois il hésita dans cette affirmation.

Un de ses amis, dans un entretien familier sur ce sujet, lui avait dit : « Dieu n'a pas pu pardonner à Judas?

— Qui sait? » répondit le bon saint; et, après un moment de silence, où son esprit avait mis en balance l'horreur de la trahison et sa foi en la bonté divine : « Qui sait? » reprit-il, raffermi par sa réflexion ; et il ajouta dans sa langue charmante : « Mais si Judas n'est pas damné, il l'a échappé aussi belle que fit jamais homme; et s'il s'est sauvé de ce naufrage éternel, il en doit une aussi belle chandelle à Dieu que jamais personne à sa taille. »

Nous serons donc d'accord avec le plus compatissant des saints et des moralistes, en disant que le plus grand effort de la clémence humaine, c'est le pardon du traître, puisque ce pardon a été jugé le point extrême de la clémence divine elle-même.

CE QUI EST INDISPENSABLE.

C'est d'être un honnête homme.

L'honnêteté d'un homme relève tout en lui, sa condition, sa profession, les défauts involontaires de son éducation et l'insuccès lui-même; car l'honnête homme peut connaître les revers, il ne connaît pas les chutes.

Il n'est rien que l'honnêteté n'ennoblisse. Quelle que soit l'humilité apparente de la position sociale de l'honnête homme, il est l'égal de tous, et il n'est pas un homme intelligent qui songe à se considérer comme son supérieur, qui n'ait pour lui du respect !

Les sots et les fripons eux-mêmes lui rendent un secret hommage, et j'en sais plus d'un, parmi ceux mêmes qui l'ont trompé, qui lui porte envie.

Son estime, quel que soit son rang, est sans prix.

Il est tel parvenu, enivré en apparence de son triomphe, à qui dans son for intérieur tout manque, parce qu'il y a quelque part, dans un coin, un honnête homme qui, sachant par quels moyens il est arrivé, lui a refusé la main qu'il avait osé lui tendre.

L'honnête homme n'a pas besoin de triomphe, lui ; le muet témoignage de sa conscience lui suffit.

Dans la vie privée, l'honnête homme est un diamant de famille ; il est la raison, il est l'âme, il est la lumière de la maison.

Dans la vie publique, il est la conscience du pays. C'est de lui que les autres honnêtes gens, que ses adversaires eux-mêmes, forcés de l'admirer, sinon de l'aimer, disent : « Celui-là c'est mieux qu'un homme, c'est un caractère. »

Le bruit, l'éclat, viennent quelquefois à l'honnête homme, mais il ne va jamais au bruit et à l'éclat. L'honnête homme est simple. Il est modeste de la vraie modestie, c'est-à-dire sans même penser à l'être. Toute son ambition c'est le bien public.

Si tous les honnêtes gens avaient la conscience de l'autorité que porte en soi l'honnêteté, il n'y aurait plus de fripons effrontés. L'effronterie du fripon n'est jamais qu'extérieure ; le regard de l'honnête homme courageux la met bientôt en fuite.

Les fripons font des efforts pour se rapprocher des honnêtes gens. Ils espèrent ainsi remplacer leur honnêteté par celle des autres, mais ils ne respirent bien qu'entre eux. Il n'est rien de plus gênant pour les consciences vicieuses que la présence des honnêtes gens.

Devant l'honnête homme, tout ce qui a le cœur droit se sent à l'aise. Devant l'honnête homme il n'est pas de cœur pervers qui ne se sente troublé. C'est la domination du bien.

Il faut donc être un honnête homme, non parce que c'est beau, mais parce que c'est bon, parce que l'honnêteté est le seul fond solide de la vie, parce que c'est le seul oreiller où le sommeil puisse être sans épines.

« C'est bien, dites-vous, vous qui peut-être me lisez à côté de votre père. Je me souviendrai de tout cela pour plus tard. Je serai un honnête homme quand je serai grand, quand je serai un homme ! »

Vous vous méprenez, mon enfant.

Je vous ai parlé pour aujourd'hui, non pour demain. Car il faut que, sans désemparer, l'honnête enfant prépare en vous l'honnête homme. On est un honnête homme à tout âge.

Et d'ailleurs quelle idée avez-vous de croire que l'enfant n'est pas un homme? Est-ce qu'un petit chêne n'est pas un chêne? Croyez-moi, vous êtes un homme.

Vous n'avez que dix ans, vous êtes un bambin, vous êtes gai, étourdi, espiègle comme votre âge, vous avez même des défauts. Mais vous avez le cœur droit, mais vous avez l'esprit juste, mais le récit d'une belle ou d'une bonne action, ce qui est la même chose (car pour être belle il faut qu'une action soit bonne), mais le récit, dis-je, d'un beau trait vous mouille les yeux, mais celui d'une bassesse, d'une iniquité, d'un crime, vous fait horreur : vous êtes un honnête homme.

Vous n'êtes qu'un écolier, — mais devant vos devoirs d'enfant, de fils, de frère ou d'élève, devant la chose due, devant la vérité, devant votre conscience, vous ne bronchez pas : vous êtes un honnête homme.

Oui, aimer tendrement son père et sa mère, admirer ce qui est bien, détester ce qui est mal, faire avec soin son thème ou sa version aux heures d'étude, jouer de son mieux en brave garçon sans méchanceté, sinon sans malice, à l'heure des récréations, être bon pour ses camarades, être respectueux pour ses maîtres, c'est-à-dire leur rendre plus facile la plus rude des tâches, — celle d'apprendre à des enfants ce qu'ils ignorent, — faire et être tout cela c'est être un honnête homme.

Ce qui le prouve, c'est que si vous faites et que si vous êtes tout le contraire, — si vous êtes menteur, rusé, fourbe, paresseux, violent, méchant fils, méchant camarade et mauvais écolier, c'est-à-dire si vous êtes sans cœur et sans conscience, si vous n'avez pas le culte de cette chose qui doit être la chose sacrée à tout âge : le devoir, — n'eussiez-vous que dix ans, — vous êtes un malhonnête homme !

LA PUISSANCE DU BIEN.

Doutez de toutes les puissances, — mais ne doutez jamais de celle-là. Il n'est pas un atome de bien qui se perde, même en ce monde. Vous ne savez pas où germera ce grain qu'a emporté le vent, qu'a semblé submerger la tempête; soyez tranquille, il germera. Il est de l'essence du bien d'être indestructible, et, alors même qu'il est invisible, de croître et de se répandre toujours.

La pensée même du bien est déjà un profit pour le monde, car le monde, je ne sais comment, l'aperçoit aussi vite qu'elle est née, et déjà la respire. Cela sent meilleur autour d'elle.

La foi en Dieu pour l'éternité, la foi au bien toujours utile, utile à tous, sinon à un seul, même en ce monde : voilà ce qui fait que l'homme est un homme. Otez-lui cette double foi, l'homme n'est qu'une chose.

« Mais, dites-vous, l'homme de bien est quelquefois malheureux. » Qui oserait l'affirmer? et qui vous dit que l'adversité soit un mal pour le fort? Est-ce que l'hiver est un mal pour les arbres? cependant il les dépouille. Croyez-vous que la forêt ose douter du soleil en décembre? Ah! ne calomniez pas les assauts du temps, ne médisons pas des assauts de la vie. — C'est là l'épreuve nécessaire, — l'épreuve entre toutes salutaire.

« Tous ceux qu'atteint le malheur ne sont pas forts, » dites-vous?

C'est pour qu'ils le deviennent que la douleur les touche. C'est la lutte et non le repos qui fait les forts.

« Mais il est des bons qui succombent sous le poids de leurs maux? »

Vaudrait-il mieux pour eux qu'ils succombassent, comme le coupable, sous le poids des remords? Ah! vous n'avez pas vu mourir le juste, puisque vous craignez que le juste n'ait quelque chose à redouter de la mort. Que peut-on emporter de meilleur en ce monde, je vous le demande, que cette confiance qu'on arrivera dans l'autre pur de tout mal?

L'heure dernière, c'est l'heure du bon témoignage pour quiconque a bien vécu. C'est peut-être l'heure douce par excellence.

Quoi! les anciens eux-mêmes, qui n'avaient de la vie future qu'un sentiment vague et incomplet, — qui regardaient comme une sorte d'audace de croire à l'âme immortelle, en pleine immortalité de matière, — les anciens, qui assignaient à la vertu, au bonheur, l'enceinte de notre monde, les anciens eux-mêmes disaient : « Fais le bien, fais-le jusqu'à la mort, car la sagesse, c'est le bonheur! » Et nous, qui avons de plus qu'eux le souffle divin des temps nouveaux, nous ne comprendrions pas le sens profond de cette parole de la sagesse antique : « La vertu, c'est le bonheur! »

Un homme meurt au poste que lui a marqué sa conscience, et vous osez dire qu'il meurt misérable! Vous ne comprenez pas que, puisqu'il préfère la mort au mal, c'est que la mort est un moindre mal, pour lui, que le sacrifice de son devoir. Croyez-vous donc qu'il n'y avait que du poison dans la coupe de Socrate?

Non, vous ne le croyez pas. Votre âme, votre

conscience ne peut pas retarder de trois mille ans sur l'humanité.

Donc, faites le bien ; — soyez l'*homme* de bien, et advienne que pourra. Car l'homme de bien dépasse même l'honnête homme. C'est l'honnête homme éprouvé par la pratique, celui dont l'honnêteté a produit ses fruits, et qui a partagé sa récolte avec ceux dont le champ avait trompé les espérances.

LA PROBITÉ.

La probité a ceci de supérieur à tout que, dût-elle ne rien rapporter, pas même l'honneur, qui est à la probité ce qu'est à l'or son intérêt légal, c'est un joyau inestimable.

La probité se paye elle-même. Ses pertes au matériel sont ses gains au moral; plus elle appauvrit son homme sur la terre, plus elle accroît ses richesses aux yeux de Dieu. Son capital et ses produits, tout est en elle, rien ne lui vient du dehors, rien ne peut la diminuer au dedans.

La probité est le seul trésor qui ne puisse être entamé. Celui qui le possède l'a toujours tout entier. Il faut qu'il le conserve intact ou qu'il y renonce. La plus petite brèche lui ôterait toute valeur. La probité est une fortune qui ne se refait pas. On ne peut pas être probe à demi. On ne peut pas l'avoir été : — il faut l'être.

La probité est la seule richesse qui ait la vertu de se dérober au contact des indignes. Elle défie les voleurs. C'est la pièce d'or de la fable qui se change en feuille sèche dans la main de qui ne la mérite pas. Il ne dépend pas de celui qui possède ce trésor d'en faire part aux autres. C'est un bien qu'il ne peut pas aliéner. Il n'est pas un malhonnête homme qui puisse s'en approprier une parcelle, eût-il des milliards pour la payer.

La probité, c'est l'éternelle envie, et jamais satisfaite, du fripon.

Sois donc tranquille, pauvre honnête homme, et même sois fier si c'est ton plaisir. Les riches dont les richesses sont mal acquises savent bien qu'ils ne te valent pas. Aucun n'ignore qu'il y a de plus misérables mendiants que ceux qui demandent un sou de cuivre à la pitié des âmes charitables : ce sont les mendiants qui tendent la main à l'estime de ceux qui, seuls, sont en fonds pour en donner et de qui pourtant, si miséricordieux qu'ils soient, il ne sera jamais possible d'en obtenir.

L'estime n'est pas une aumône. C'est une monnaie précieuse qui n'a de cours que d'honnête homme à honnête homme, mais que tous doivent à qui la mérite. Quiconque n'estime pas l'honnête homme est vis-à-vis de lui insolvable. Il reste son débiteur, en état de faillite déclarée, en ce monde, en attendant que dans l'autre il ait à lui rendre ses comptes définitifs.

IL NE FAUT PAS PARLER

TOUS A LA FOIS.

Saint François de Sales venait de faire un très-beau sermon, un de ceux sans doute où il enseignait une si douce et si saine morale aux grandes dames de son temps.

Quand il fut descendu de sa chaire, beaucoup de grandes dames, que son sermon avait fort édifiées, l'entourèrent. Toutes avaient quelque cas de conscience à lui exposer : l'une lui demandai une solution à un doute qui la tourmentait; l'autre, une autre, presque en même temps.

Saint François de Sales, ne sachant à laquelle entendre, leur dit : « Je répondrai à toutes vos questions, pourvu qu'il vous plaise répondre à cette demande : En une compagnie où tout le monde parle et nul n'écoute, à votre avis, qu'est-ce que l'on y dit ? »

Toutes se trouvèrent fort embarrassées, et demeurèrent muettes à peu près comme des milliers de grenouilles se taisent en un instant lorsqu'on jette quelque pierre dans l'eau.

Ce que saint François de Sales a eu à dire un jour à des dames de son temps, trop pressées de parler, quel est le père, quelle est la mère, quel est le professeur, quelle est la maîtresse de pension, qui n'a pas eu, et cent fois, à le dire à ses enfants et à ses élèves?

SI LE SILENCE EST D'OR.

Voilà un proverbe qu'il ne faut pas prendre au pied de la lettre. Il ne veut rien dire, sinon : ne bavardez pas à tort et à travers, pesez vos paroles.

« La multitude des paroles, a dit saint François de Sales, n'engendre pas de grands effets. Quand la vigne produit beaucoup de bois, c'est lorsqu'elle porte moins de fruits. Quand un discours est trop long, la fin fait oublier le milieu, et le milieu le commencement. »

Tout ceci est sage ; mais il ne s'ensuit pas que pour avoir raison il suffise de se taire. La raison serait trop facile, les muets de naissance seraient, à ce compte-là, les seules sages de la terre, et les animaux, qui n'ont point de langage, à ce qu'il nous semble du moins, seraient supérieurs à l'homme.

Il faut savoir se taire, et se taire tout à fait, ceci est de règle, dès que l'on n'a rien de bon à dire. Mais par la même raison, il faut savoir parler et s'exprimer dès qu'il est convenable et utile qu'on se prononce. Parler dès lors est un devoir : Dieu ne nous a pas donné ce sublime don de la parole pour en abuser, mais il ne nous l'a certes pas donné non plus pour n'en point user.

Le silence n'est une vertu que quand il épargne à vous de dire, aux autres d'entendre une sottise. Mais la parole, elle aussi, est une vertu quand elle arrive en son lieu ; je dis plus, elle est une vertu supérieure à cette vertu de silence, qui n'est qu'une vertu négative, qu'une vertu d'exception ; et cela, parce que la parole est une action, et que l'action est le but de la vie.

Soutenir de sa parole une bonne cause, la cause du droit, du faible, de l'opprimé, porter témoignage à la vérité, faire comprendre à son prochain ce qu'il lui est bon de savoir, répandre la science, les notions du juste, l'amour du vrai, la haine du mal, questionner pour s'instruire ou répondre pour instruire les autres, c'est meilleur, et puisque c'est meilleur, c'est plus beau que de se renfermer dans un dédaigneux, dans un égoïste silence.

Si le silence est d'or, la parole bien employée est de diamant.

CE QUE C'EST QUE LA CRAINTE

DANS L'AMOUR.

« Il faut craindre Dieu par amour et non l'aimer par crainte. » Cette parole de saint François de Sales n'est pas vraie de l'amour de Dieu seulement, elle est vraie aussi de l'amour que l'enfant doit à ses parents.

Il faut craindre d'offenser ceux qu'on aime, non pas par crainte de la punition qui pourrait suivre l'offense, mais par crainte de leur déplaire et de les affliger. Quoi de plus légitime, de plus sensé, de plus avouable, de plus noble que cette frayeur que connaissent tous ceux qui savent aimer, de contrister le cœur qui les aime? Ne combattez donc pas en vous cette crainte-là comme si elle était incompatible avec le courage. N'en rougissez pas surtout, et si quelque camarade étourdi veut vous engager dans une voie où vous seriez assuré de trouver, en échange de son approbation à lui, la désapprobation de vos parents, qu'un faux respect humain ne vous arrête pas de lui répondre : « Je ne veux pas faire de peine à mon père parce qu'il est bon, à ma mère parce qu'elle est bonne; la crainte que j'ai de leur chagrin l'emporte sur toute autre. Penses-en ce que tu voudras, ou plutôt tâche d'en penser de même que moi : mon cœur me dit que j'ai raison de ne craindre rien que cela. »

Il se peut que, dans son dépit de vous voir meilleur que lui, votre camarade feigne de rire de la peur que vous osez montrer de ce qu'il sait aussi bien que vous être mal. Sachez supporter et dédaigner sa moquerie. Quand vous souffririez cela pour l'amour de ceux qui sont prêts à tout souffrir pour vous, ce ne serait qu'une petite compensation, ce ne serait que justice. Il n'est certes pas inutile d'apprendre de bonne heure qu'il est doux de souffrir quelque chose pour ceux qu'on aime.

D'ailleurs, soyez tranquille. Votre camarade ne sera pas toujours un enfant. Le temps de la réflexion, le temps des retours vers le passé viendra;

vous vieillirez l'un et l'autre, et, pensant aux jours écoulés, à ses parents, dont il n'aura plus, hélas! que le souvenir, et qu'il aura peut-être bien souvent désolés, il se dira : « Mon ami Maurice déjà valait mieux que moi, il a aimé son père et sa mère autant et aussi bien qu'il l'a pu, lui! Si j'avais la conscience d'avoir fait comme lui, je pourrais, comme lui, sans mélange d'amertume, penser aux jours de mon enfance. »

J'en atteste les orphelins de tous les âges ; est-il rien de plus cruel que d'avoir à se dire de ceux qui ne sont plus là : Je leur ai fait des chagrins que j'aurais pu leur épargner; ils ont pu emporter dans la tombe la triste pensée que je les avais mal aimés, et il est trop tard, trop tard pour réparer ce mal que je leur ai fait?

Que ne donnerait-on pas pour ressusciter un de ces jours si mal employés d'autrefois, pour pouvoir effacer, non de nos cœurs, car il faut garder la mémoire de ses fautes, mais des cœurs que nous avons affligés, toute trace des torts que nous avons eus envers eux.

Votre père est là plein de vie, votre mère aussi, telle et forte encore de cette beauté et de cette force que donne toujours l'amour maternel; vous usez d'eux, ils sont à vous. Vous en abusez aussi, sachant trop que le pardon de vos plus grandes fautes est au bout de vos plus petits repentirs, et remettant quelquefois à demain pendant des jours, pendant des mois, pendant des années entières, d'être un meilleur fils, une meilleure fille.

Hélas! hélas! mon cher enfant, n'attendez pas ce demain. Demain n'est à personne, demain n'appartient qu'à Dieu. Qui vous dit que demain vous aurez encore un père et une mère? Épargnez-vous cet horrible remords d'avoir compté sur un lendemain qui ne devait pas venir pour eux.

Je suis cruel d'amener votre esprit à ces tristes pensées; ne le serais-je pas cent fois plus si, pour ne pas vous dire la vérité, j'omettais de vous avertir? Je ne vous chagrine aujourd'hui d'un chagrin qui va passer dans les bras de vos parents, que pour vous faire éviter un chagrin qui ne passerait pas.

Cependant, vous voulez montrer du courage, de l'indépendance d'esprit. Eh bien, montrez-en contre le mal, et non contre le bien.

———

UN ARCHITECTE.

Un architecte dont le nom se perd dans la nuit des temps avait construit autrefois, dans un coin de l'univers inhabité, et en apparence si inhabitable qu'on eût dit le chaos, un monument admirable, d'une perfection si achevée que les siècles avaient passé sur lui comme sans le toucher; si bien que, quoique ce monument fût le plus ancien dont on eût connaissance, et vieux par conséquent de plusieurs milliers d'années, il eût paru fait de la veille, à côté des œuvres les mieux conservées des architectes de tous les temps. Peu à peu la petite terre qui le portait s'était peuplée: les premiers habitants avaient trouvé le monument très-beau, et pendant longtemps leur plus grande joie avait été de le contempler et de l'admirer; mais peu à peu l'habitude avait effacé en eux l'impression des premiers jours, et les nouvelles générations, dont les artistes s'extasiaient encore sur ce merveilleux ensemble, répondaient à ces artistes : « Oui, ça n'est pas mal, mais tout cela est bien ancien, et c'est toujours la même chose. » Quelques bonnes gens voyant que dans cette œuvre étonnante rien ne trahissait l'effort et la peine, en étaient venus à se dire : « Cela ne doit pas avoir été bien difficile à faire après tout, et on parle vraiment trop de cette vieille construction et de son vieux auteur. »

Les années s'amassèrent sur les années, le monument tenait toujours; les villes, les civilisations, les nations se succédaient, lui seul restait immuable; pas une pierre ne bougeait, et comme son entretien ne coûtait rien à personne, beaucoup avaient fini par ne pas plus se soucier de lui que s'il n'existait pas. Il y eut même des temps où l'on fut si indécis sur le nom de l'architecte qui l'avait élevé, que quelques esprits forts, amis des solutions commodes, et pour se débarrasser d'un mystère qui les dépassait, en vinrent à dire tout haut : « De quoi s'occupe-t-on là ? cela n'a été fait par personne, ce'a s'est peut-être fait tout seul. »

Cependant, l'esprit de l'architecte entendait tout cela sans se troubler dans sa demeure céleste, son œuvre vivait en dépit de tous les propos, sa volonté restait satisfaite, et les sottises des mortels n'étaient pas pour altérer la placidité de sa gloire éternelle.

Un jour toutefois vint où il lui plut de s'émouvoir de ce qui se disait sur la terre. Une doctrine s'était élevée qui gagnait du terrain. Quelques philosophes et quelques savants s'étaient, chose rare, mis d'accord pour expliquer ce qu'ils ne comprenaient pas. Selon eux, le temple était son propre architecte, son propre auteur, son créateur ; la terre tout entière s'était engendrée et créée d'elle-même, d'où il suivait que tout ce qui existe était son propre Dieu. Cette doctrine avait cela d'agréable que ceux qui l'avaient inventée et tous ses adhérents se trouvaient aussi ne devoir rien à personne qu'à eux-mêmes

Il résultait de cet étrange système que, chacun étant Dieu, chacun avait le droit de se croire le centre du monde et de prétendre que tout le reste lui fût subordonné : personne ne voulait plus rester à sa place, et se contenter du rôle qui lui était assigné dans la création. Les prétentions individuelles s'exaltaient, la vanité gonflait tous les cœurs, et le feu sombre de l'égoïsme couvait dans tous les cerveaux. Les grands, ceux qui se croyaient tels, opprimaient les petits, dédaignaient la part qu'ils prenaient dans l'œuvre commune, et, au lieu de leur rendre leur sort supportable, semblaient prendre à tâche de leur faire voir combien à côté du leur il était misérable : c'était à faire revenir le chaos.

Pour donner aux hommes la leçon dont ils avaient besoin, l'architecte sublime, Dieu, vous savez déjà que c'était de lui que j'entendais vous parler, Dieu permit aux pierres qui composaient son monument de parler.

Ce fut un grand émoi parmi les habitants de la terre, quand ils entendirent un matin les choses muettes jusqu'ici s'exprimer ; mais cet émoi centupla quand ils purent comprendre le dialogue qui de la base au sommet s'était établi entre toutes les parties de ce grand édifice qui, la veille encore, leur paraissait inerte.

Il y avait des pierres qui ne disaient rien ou pas

grand'chose, ce qui déjà faisait leur éloge; d'autres parlaient beaucoup.

Celles du fronton élevaient la voix par-dessus toutes les autres. Leurs pensées, pleines d'arrogance, se trahissaient par les mots : « Nous sommes au-dessus de vous, nous sommes la plus noble partie de cet édifice, nous en sommes la gloire et la couronne, vous êtes trop heureuses de nous porter, et que nous ayons consenti, en prenant place au-dessus de vous, à donner un sens et une beauté à l'amas de pierres sans formes que sans nous vous seriez. C'est en nous que réside la pensée de l'œuvre dont vous n'êtes que d'infimes parties; nous sommes votre cerveau. »

Les pierres d'en bas s'étaient d'abord contentées de gémir; mais peu à peu l'irritation avait amené des murmures, et les murmures avaient fait place à des grondements sourds qu'on eût dit monter des profondeurs mêmes de la terre. C'étaient les assises mêmes du monument qui prenaient la parole; leur voix, comme un tonnerre souterrain, sortit peu à peu des abîmes de la fondation éternelle, et elle déchira, comme l'explosion d'un volcan, la dernière coque de la terre.

Les pierres du fronton, il faut le dire, étaient devenues fort attentives, et leur silence tenait beaucoup plus de la terreur que du dédain.

Le discours des pierres d'en bas ne fut pas long,

mais il fut sage. C'est Dieu même qui les faisait parler sans doute.

« Nous ne sommes rien, n'étant pas plus que vous; vous n'êtes rien, n'étant pas plus que nous; nous sommes, vous et nous, à la place que Dieu nous a assignée dans ce monde. Notre emploi vaut le vôtre; Dieu n'a point fait de parts inégales, il n'a fait que des parts utiles et nécessaires à son œuvre; vous êtes notre cerveau, dites-vous, soit; nous sommes vos pieds; si vous êtes debout, c'est que nous sommes-là pour vous porter; si le maître voulait, s'il lui plaisait que, quittant la place où nous sommes, nous fussions jetées, par sa main puissante, à cent pas d'ici, vous ne seriez plus dans cinq minutes que poussière : il n'y a de supérieur dans ce monde que l'ordre divin qu'y veut et qu'y maintient notre maître; nous n'avons pas d'orgueil de vous être nécessaires, nous n'avons qu'un orgueil, et celui-là est légitime, c'est que nous savons mieux que vous que nous sommes vos égales devant Dieu; vous êtes plus belles, nous sommes plus solides. Chacun de nous a son lot ici-bas; ce n'est pas au détail à usurper les droits de l'ensemble. Si vous ne voulez pas que l'œuvre admirable du maître soit bientôt un amas de décombres, soyez plus humbles désormais, c'est l'œuvre de Dieu que nous accomplissons ici-bas tout comme vous, non la nôtre et non la vôtre. Mes sœurs, croyez-moi, il n'est que Dieu pour expliquer le monde, il n'est que lui pour le maintenir. La loi qu'il nous a donnée est une loi de fraternité et de charité. Devant cette loi, nous sommes égaux, nous ne pouvons grandir et nous rapprocher de Dieu qu'en l'observant. »

Le monument était redevenu muet. Beaucoup d'hommes avaient compris son langage, mais non pas tous, hélas !

VOYAGE

A BORD DU NAVIRE L'ILLUSION

Nous étions sur le bord de la mer...

Un navire allait mettre à la voile. Une petite barque verte s'en détacha et glissa vers nous. Un seul rameur, tout de rose habillé, la dirigeait. Il nous fit un signe.

Soudain une petite vieille qu'un angle de rocher avait cachée à nos yeux s'avança vers nous clopin clopant. Elle s'aidait, pour marcher, d'une mauvaise béquille à moitié cassée ; un vieux manteau noir, râpé et troué, sous lequel on entrevoyait son pauvre corps tout amaigri, couvrait ses épaules. Ses traits, flétris par l'âge ou par les fatigues, ne manquaient pas cependant d'un certain caractère de courage et de résignation.

« Si vous avez une femme, si vous avez un enfant, nous dit-elle en nous montrant ses vêtements noirs ; si vous n'êtes pas seuls en ce monde, si vous aimez, c'est-à-dire si vous vivez ailleurs qu'en vous-mêmes, s'il est un lieu de la terre où vous soyez attendus, n'affrontez pas la mer sur cette barque perfide ! »

En ce moment des chants harmonieux venus du navire traversèrent l'espace, et, comme une musique céleste, arrivèrent jusqu'à nos oreilles en sons doux et caressants. L'Aurore sortit du sein des eaux; devant son front radieux les vapeurs du matin disparurent, le ciel sans limites s'ouvrit devant nous, la barque était à nos pieds, apportée par la vague paisible. J'hésitai un instant; mais celui qui contemple l'abîme lui appartient. Déjà nous avions quitté la terre, et la brise empressée, soulevant doucement notre esquif, nous avait poussés vers le brillant navire.

Sur sa poupe on voyait représentés en relief, et avec un art exquis, l'histoire de tous les navigateurs célèbres qu'il avait conduits aux découvertes dont s'est agrandi le monde, et les faits principaux qui avaient signalé ces découvertes. Les voiles étaient d'un tissu si fin et si solide, si transparent et si impénétrable, qu'elles se confondaient avec le vent, dont elles avaient la couleur, sans en perdre le plus léger souffle. Des banderoles vert et or, que la main d'une fée pouvait seule avoir brodées, flottaient au-dessus de chacun de ses mâts, qui semblaient être sortis des ateliers d'un bijoutier, tant les ciselures et les incrustations de toutes sortes, dont ils étaient ornés jusqu'à la cime, étaient d'un travail précieux. Pour couronner cette œuvre merveilleuse, on voyait des groupes de petits anges, avec leurs ailes déployées, voltiger entre les cordages, qui étaient tous, même les plus gros, tressés de fils d'or, d'argent et de soie, et faire l'office de mousses avec une grâce extraordinaire et un ordre parfait.

Les passagers avaient ces mines hautes et fières qui appartiennent à ceux qu'attendent de nobles destinées ; et quant aux matelots, ils avaient tous l'air d'être, pour le moins, des princes déguisés.

Debout sur le pont, et parée d'une robe aux mille couleurs, les cheveux flottants, un bras tendu vers nous comme vers des hôtes attendus, se tenait, entourée de ses compagnes, gracieuses comme elle, une femme, que dis-je? une déesse au radieux sourire. Des fleurs naissantes couronnaient sa tête ; sur son front brillait une étoile et sur son sein dormait un enfant beau comme l'Amour, si ce n'était pas l'Amour lui-même.

« Je suis reine ici, dit-elle, soyez les bienvenus. »

A peine avions-nous mis les pieds sur le navire enchanté, qu'un vent propice enflant ses voiles diaphanes, nous fûmes emportés vers les régions inconnues.

Et les gais matelots chantaient ainsi :

« Celle qui embellit le présent, toujours triste des rêves brillants de l'avenir, c'est l'Illusion.

« Le moment n'est rien ;

« Hier était quelque chose, aujourd'hui est la veille de demain ; mais demain est si beau !

« Entre le passé enchanté et l'avenir enchanteur, que peut faire le présent, lui qui n'est qu'un simple mortel, si ce n'est de nous conduire de l'un à l'autre, guidé lui-même par l'illusion ? »

Et une des jeunes filles, prenant une harpe, chanta à son tour :

« Celui qui a tout perdu n'a rien perdu, si je lui reste ; on m'a nommé l'indomptable Illusion, celle que rien n'abat, celle qui survit à tout.

« C'est grâce à moi qu'on supporte la vie.

« C'est grâce à moi qu'on cherche la mort ; car le temps lui-même m'appartient, et je suis ce qui manque à chacun.

« J'ai pour sœur l'Espérance, qui a des chants divins pour les douleurs humaines, qui endort tous les maux; j'ai pour ennemi le Vrai, qui de sa voix grossière les réveille.

« Le Vrai est l'ennemi de l'homme.

« Quand, las de déchirer en vain le sein d'une terre ingrate, le laboureur épuisé abandonne sa charrue, c'est moi qui lui montre ses moissons déjà mûres, et le sillon interrompu s'achève.

« Vient l'orage qui détruit tout, — mais il a espéré.

« Quand une tombe vient de se fermer, et que sous sa lourde pierre semblent ensevelies à jamais, avec ce que tu as aimé, toutes les joies de ta vie, c'est moi qui soulève cette pierre et qui en fais sortir celui d'où te viendra, qui que tu sois, la consolation, — mon frère, l'aimable Oubli.

« L'Oubli, par qui tu seras ingrat sans remords. »

Le navire fendait toujours les flots dociles; mais la jeune fille avait cessé de chanter et les matelots avaient cessé d'écouter.

Le soleil s'était emparé de l'univers. C'est à peine si un nuage, mais léger et qui semblait un point sur la pourpre du ciel, faisait tache à la splendeur de cette belle journée.

La main sur le gouvernail, le pilote contemplait l'espace et semblait l'interroger.

Bientôt, sur un geste de lui, les barques furent mises à la mer.

L'Illusion avec son charmant cortége y descendit. — Elle nous jeta, en nous quittant, un doux adieu et un plus doux sourire; puis elle s'éloigna. Cette séparation fut si prompte, que nous ne songeâmes même pas à la retarder.

Longtemps nous suivîmes des yeux la voile inconstante qui la poussait vers d'autres rivages. Elle ne devait point revenir, le regard qu'elle nous avait jeté en partant avait été le dernier.

Quand la barque eut disparu tout à fait, et que nous reportâmes les yeux sur ce qui nous entourait, tout était changé autour de nous. — Comme l'Illusion, le soleil lui-même semblait nous avoir abandonnés; des nuages s'étaient amoncelés sur nos têtes; notre navire ressemblait à tous les navires.

Et à la place même que venait de quitter l'Illusion apparaissait la sombre figure de la vieille femme vêtue de noir, dont nous avions dédaigné les avis. J'eus d'abord quelque peine à la reconnaître, tant elle me parut formidable et grandie; son regard, plein de clartés funestes, semblait embrasser l'horizon tout entier. « Que me contez-vous là ? nous dit-elle d'une voix où il y avait à la fois de la tristesse et de la colère, et comme si elle eût répondu à nos plus secrètes pensées : ces matelots ont toujours été de pauvres matelots; ces passagers sont de bonnes gens, qui maudissent à l'heure qu'il est l'envie qu'ils ont eue de courir après les chimères. — Ce pont n'a pas cessé d'être ce que vous le voyez, c'est-à-dire fragile. — Le soleil s'était levé, je vous l'accorde, mais la tempête l'a chassé ; et, si vous voulez bien regarder le pilote, vous lirez dans les plis de son front que vous êtes perdus. »

Et en effet nous étions perdus.

Les vents, tout à fait déchaînés, courant à travers nos cordages, secouaient nos voiles avec furie et courbaient notre navire sur les flots, dont la colère nous repoussait bientôt vers les cieux. La Peur, aux pieds de plomb, avait fait de chaque homme de l'équipage une statue ; pas un ne bougeait, et la mort était si près de nous, que pas un non plus ne criait ; les plaintes elles-mêmes avaient cessé.

Les craquements de notre vaisseau, dont les flancs déchirés s'emplissaient de tous côtés, se mêlaient seuls aux mille clameurs de l'abîme.

On nous fit jeter à la mer tous nos bagages. « Jetez, disait la femme vêtue de noir, jetez jusqu'aux luths des séraphins, jusqu'aux ancres d'or ! N'oubliez ni les banderoles, ni les devises ; et, quand vous aurez tout jeté, faites un dernier paquet de vos illusions, et jetez-le avec le reste. »

Et à de pauvres diables qui se lamentaient : « Tout le monde ne peut pas arriver à bon port. — Que deviendrait la terre, si la mort ne fauchait

pas quelquefois ce pré, où la vie sème sans cesse?
— C'est une surprise que vous fait le destin. Aimeriez-vous donc mieux mourir de la peste ou de la faim? Seriez-vous friands des lentes agonies? — Priez : l'eau ne lave pas toutes les souillures.

« Les hommes se croient braves, et le malheur ramène plus d'âmes à Dieu que le bonheur. »

Nous songeâmes un instant à abandonner le vaisseau, mais elle s'y refusa. « Il n'est plus temps, nous dit-elle; pourquoi avez-vous préféré le Mensonge à la Vérité? »

Tout à coup un horrible, un dernier craquement se fit entendre. Je sentis vaguement que le pont s'abîmait sous nos pieds, et je perdis connaissance.

Quand je rouvris les yeux, j'étais dans mon lit et je venais de m'éveiller.

Grâce à Dieu, je ne m'étais embarqué qu'en rêve sur le navire l'Illusion.

LES DEUX SŒURS.

Le démon des voyages sans but nous avait emportés.

C'était après une course longue et pénible.

Je me trouvai subitement transporté à mi-côte d'une verte montagne. Mon ami Jacques, assis à mes côtés, contemplait avec un morne découragement, ainsi que moi, le magique paysage qui se déroulait devant nous, celui qu'on découvre à Bregenz, du haut du mont Saint-Gebhard. Si belle qu'elle fût, cette solitude pesait sur nous. Ce n'était pas la patrie. Je me serais cru dans une contrée inhabitée, si je n'avais vu venir de loin, par deux chemins, dont l'un aboutissait à ma droite et l'autre à ma gauche, deux femmes de haute stature, qui s'avançaient vers nous d'un pas égal.

Toutes deux me parurent belles et pleines de majesté ; seulement je remarquai que les fleurs naissaient, que les prés verdoyaient et que les arbres se couvraient de feuilles et de fruits sur le passage de celle qui était à ma droite, tandis que la terre se séchait sous les pas de l'autre comme si elle eût traîné après elle la destruction.

Elles se ressemblaient tellement qu'on aurait pu les prendre l'une pour l'autre, si la première, qui était la Vie, n'avait eu les lèvres aussi roses que l'autre, qui était la Mort, les avait pâles et froides.

A mesure qu'elles approchaient, je me sentais saisi d'une indicible angoisse.

Quand elles furent à quelques pas de nous, celle qui était la Vie, se mettant entre la Mort et nous :

« Je t'arracherai cette proie, dit-elle, ces deux enfants sont mes enfants chéris, ils ne veulent pas mourir encore.

— A t'en croire, répondit la Mort en écartant son voile et en découvrant tout à fait son visage, qui nous apparut à la fois terrible et charmant, la Mort ne saurait être aimée. Oublies-tu donc qu'un grand nombre de tes fils, las d'attendre sur cette terre l'effet de tes promesses, t'ont quittée pour me suivre ?

— Hélas ! hélas ! s'écria la Vie.

— De tous les points de ce vaste empire je m'entends appeler, et ceux qui m'appellent... ce sont tes enfants ingrats, ceux-là mêmes auxquels, jour par jour, tu partages en bonne mère l'inépuisable trésor dont tu disposes. »

Se tournant alors vers nous :

« Tout ce qui a été créé, dit-elle, a été créé pour

vivre et pour mourir ; vos lamentations sont venues jusqu'à moi, vous maudissez la Vie ; je suis la délivrance : suivez-moi...

— Oh! non, non, pas encore! m'écriai-je. Ta sœur est sévère, mais elle est juste et bonne. J'ai méconnu ses ordres, donne-moi le temps de les remplir. Je ne veux pas paraître devant Dieu ayant un si mauvais compte à lui rendre des jours qu'il m'avait donnés...

— Tu le vois, dit la Vie. O ma sœur! laisse-toi fléchir. »

La terrible déesse jetant alors sur nous un regard ou de pitié ou de dédain :

« La Mort, l'inévitable Mort peut attendre, » dit-elle.

Et elle s'éloigna.

Cependant la Vie nous prenant par la main et nous montrant par delà le lac de Constance, dont les eaux bleues dormaient à nos pieds, les sentiers fleuris qu'elle venait de parcourir et les campagnes cultivées, et les moissons abondantes qu'elles livraient aux travaux des laboureurs répandus dans la plaine :

« Ma loi est le travail ; je ne promets ni ne donne qu'à qui suit cette loi sainte. C'est donc par ici, dans ces sillons fécondés par le travail de vos frères, qu'il vous faut marcher, nous dit-elle, et non par là où des êtres sans force et sans courage suivent en gémissant les pas de ma sœur. »

Et du doigt elle nous désignait les sombres routes dans lesquelles s'était engagée sa redoutable compagne, et nous vîmes avec horreur que déjà elles étaient couvertes de morts et de mourants, tristes époux que depuis un instant la Mort avait laissés derrière elle.

En ce moment un murmure de voix jeunes et fraîches donnant la réplique dans une langue que je ne comprenais pas à une voix grave qui semblait réciter les versets d'un cantique, frappa mon oreille et monta jusqu'à moi.

C'était la voix d'un vieillard. Le front découvert, les yeux levés au ciel, debout sur le seuil de sa ferme, au milieu de ses nombreux enfants et de ses serviteurs, pendant que les troupeaux sortaient des étables, dont les portes venaient de leur être ouvertes, ce vieillard adressait à Dieu, au nom de tous, la prière du matin, lui demandant de bénir les travaux de la journée.

« Prions aussi, » me dit mon ami Jacques. Je me mis à genoux à côté de lui.

« Raymond, me dit-il quand il se releva, c'est assez courir le monde, nos vieux pères n'attendront pas plus longtemps leurs fils ingrats mais repentants. »

Quand je rouvris les yeux, je vis Jacques debout, son bâton de voyage à la main.

« Tout droit, me dit-il, tout droit sur la France ! »

Là finit notre course vagabonde.

LES JOIES DE L'HOMME.

I

C'était à la campagne et dans un beau pays.

On voyait au fond une jolie maison à moitié perdue dans le feuillage. Devant cette maison et à l'entour il y avait des prés et un bois qu'un beau verger et un jardin bien cultivé reliaient à la maison.

Un enfant, une petite fille, courait dans les prés.

Les Fleurettes et les Brins d'herbe se mirent à jaser.

« Elle est, ma foi, plus gentille que nous, disaient les premières.

— Et plus fine, ajoutaient les Brins d'herbe.

— Plus mignonne, dit la Pâquerette.

— Plus avenante, dit le Muguet.

— Plus animée, dit le Bouton d'or.

— Plus naïve, dit l'Argentine.

— Plus gaie, pardieu ! s'écria l'Alleluia.

— D'une odeur plus nouvelle, dit la Primevère.

— Plus souple, dit le Jonc fleuri.

— Plus aimable mille fois, dit le Myosotis.

— Et meilleure déjà, dit le Réséda.

— C'est une perle vivante, dit la Goutte de rosée.

— C'est un feu follet, dit l'Iris.

— Sa bouche est une rose pompon, dit l'Églantine.

— Tout cela est vrai, dit le Ruisseau, qui courait de son côté dans la prairie. »

II

Une jeune fille passait dans un jardin. Les Fleurs se mirent à parler.

« Vous êtes plus jolie que nous, ma belle demoiselle, lui disaient-elles.

— Plus fraîche dit la Rose de mai.

— Plus vermeille, dit la Grenade.

— Plus blanche, dit le Lis.

— Plus suave, dit le Jasmin blanc.

— Plus gracieuse, dit la Reine des prés, à qui le jardinier avait fait les honneurs du jardin cultivé.

— Plus pure, dit l'Épi de la Vierge.

— Plus chaste, dit la Fleur de l'oranger. »

La jeune fille n'entendait point le langage des Fleurs; son regard candide et doux s'arrêtait sur chacune sans rougir et les admirait toutes sans se douter des louanges qui lui étaient données par elles. Mais, ayant aperçu, à demi cachée sous un abri de feuilles vertes, la Violette aux bleus regards, elle se baissa vers elle, la cueillit de ses doigt délicats, et, après avoir respiré son parfum, elle lui fit une place tout près de son cœur.

« Que la Violette est heureuse! » dirent les autres Fleurs.

III

Une femme jeune encore et belle se promenait dans le verger, sur la lisière du bois. Sa beauté était telle, que non-seulement les Fleurs, mais encore les Fruits eux-mêmes et les Arbres, et rien de ce qui la voyait, ne pouvaient s'en taire.

« C'est notre reine! était le cri de tout ce qui avait le bonheur de se trouver sur son passage.

— Elle a plus d'éclat qu'aucune de nous, disait la Cerise.

— Plus de parfum, disait la Fraise.

— Voyez le velours de ses joues! disait la Pêche.

— Et la richesse de sa taille, soupirait le Roseau.

— Et l'élégance suprême de toute sa personne, disait l'Acacia rose.

— Et la fermeté de tout son maintien, disait le Chêne.

— Et la légèreté de son pas, chantait l'Oiseau.

— Et l'intelligence de son front, disait la Pensée.

— Et la tendresse de son regard, disait la Pervenche.

— Et la saine odeur de vertu qui l'entoure, disait la Menthe.

— Quoi de plus touchant? disait l'Ancolie.

— Quoi de plus doux? disait la Mauve.

— Quoi de plus achevé? disait la Nature entière. »

La voyant s'éloigner, la Mousse, qui tapissait l'entrée du bois, disait avec regret : « Ne s'arrêtera-t-elle donc point aujourd'hui au pied de ces beaux arbres? »

L'Ombre elle-même, s'allongeant au-dessus de sa tête, fit un effort pour la retenir.

Mais la jeune femme, obéissant à son dessein, fit quelques pas du côté de l'enfant et l'appela. Sa voix, douce et sonore comme un chant, devait mettre fin à ces propos. Cependant : «Je voudrais chanter comme parlent les femmes, » dit encore, mais tout bas, le Rossignol à la Fauvette.

IV

A l'appel aimé de sa mère, la petite fille accourut. Elle avait dans sa route rejoint la jeune fille, qui la ramena en la tenant par la main pour modérer sa course, et toutes trois s'avancèrent d'un même cœur et les bras ouverts au-devant d'un homme dans la force de l'âge qu'on venait d'apercevoir au tournant du bois. Il donnait la main à un beau petit garçon rose et blond, qui le quitta pour courir en avant et pouvoir embrasser le premier et sa mère et ses sœurs.

Ce ne fut qu'une voix de tous côtés quand on vit cette belle famille réunie.

« Et les hommes osent se plaindre! » disait tout ce qui contemplait le bonheur de celui-ci.

V

« Mes sœurs, dit l'Immortelle, je me suis tue pour ne point attrister le doux spectacle que vous avez sous les yeux. Mais n'accusez point les hommes ; j'ai vu pleurer les plus heureux.

— Prenez garde, ma sœur, dit la Violette blanche, la compagne de celle qu'avait cueillie la jeune fille, vous êtes bien près de la jolie demoiselle et bien près de tout ce bonheur. Si le pauvre père allait vous entendre, s'il allait vous voir et vous comprendre...

— Hélas ! dit l'Immortelle, hélas ! mes sœurs, plaignez ce père, plaignez cette mère infortunée, mais plaignez-moi aussi. Que ne suis-je comme vous une fleur du temps présent ! Pourquoi, née au milieu de vous, suis-je la FLEUR DE L'AUTRE VIE ? »

FIN.

TABLE.

PREMIÈRE PARTIE.

CONTES ET RÉCITS.

	Pages
LES QUATRE CRI-CRIS DE LA BOULANGÈRE....	1
LES AVENTURES D'UNE POUPÉE ET D'UN SOLDAT DE PLOMB.............................	6
HISTOIRE D'UN PETIT BERGER ET D'UNE VIEILLE CARPE................................	12
LA RÉVOLTE DES FLEURS	23
UN ANNIVERSAIRE A LONDRES.	33
LA PEUR DES TÉNÈBRES ET LA PEUR D'ÊTRE SEUL	60
LES PETITS RUISSEAUX ET LES PETITS ENFANTS.	65
LES RICHES ET LES PAUVRES.............	67

	Pages.
Le mendiant et l'enfant．．．．．．．．．．．．．．	68
Une promenade sur le Cœcilienberg ．．．．．．	72
Si les parents ont des défauts．．．．．．．．．	88
Le respect．．．．．．．．．．．．．．．．．．．．．．．．	121
Il faut aimer la vie．．．．．．．．．．．．．．．．．．	144
La tombe du forgeron ．．．．．．．．．．．．．．．	190
Les déguisements de l'amour-propre．．．．．	198

DEUXIÈME PARTIE.

CONSEILS ET LEÇONS PRATIQUES DE LA VIE.

Les aptitudes．．．．．．．．．．．．．．．．．．．．．．	207
Le point de départ．．．．．．．．．．．．．．．．．．	213
Le commencement．．．．．．．．．．．．．．．．．．．	217
Ce qui est difficile．．．．．．．．．．．．．．．．．．	221
La paresse a toujours tort．．．．．．．．．．．	225
Le meilleur ami．．．．．．．．．．．．．．．．．．．．	238
Tout n'est jamais perdu．．．．．．．．．．．．．．	241
La solidarité dès le collége．．．．．．．．．．．	245
Le premier．．．．．．．．．．．．．．．．．．．．．．．．	251

Table. 417

	Pages.
LE DERNIER................................	258
LE CHOIX DES LECTURES..................	277
LES PREMIÈRES ARMES DE L'ESPRIT........	286
IL FAUT ÊTRE TRÈS-BON....................	290
IL FAUT ÊTRE AIMABLE....................	299
IL FAUT ÊTRE TRÈS-PROPRE	301
LE SOIN	310
LES PETITS DÉFAUTS......................	311
LES PETITES VERTUS......................	318
LES DÉFAUTS DES AUTRES..................	324
DU TROP D'APLOMB ET DU TROP DE TIMIDITÉ..	332
DE LA MOQUERIE ET DE L'ESPRIT DE LA MOQUERIE	343
LA SUSCEPTIBILITÉ........................	347
DE LA ROIDEUR............................	354
LE BON BOURRU	357
LA COLÈRE................................	359
LA BOUDERIE	363
LA RANCUNE..............................	372
LA TRAHISON	374
CE QUI EST INDISPENSABLE	375
LA PUISSANCE DU BIEN....................	379
LA PROBITÉ..............................	382

	Pages.
Il ne faut pas parler tous a la fois......	384
Si le silence est d'or................	385
Ce que c'est que la crainte dans l'amour..	387
Un architecte......................	390
Voyage a bord du navire l'illusion......	396
Les deux sœurs....................	404
Les joies de l'homme...............	408

2479 — PARIS. IMPRIMERIE LALOUX Fils et GUILLOT
rue des Canettes, 7

Prix — Étrennes — Bibliothèques populaires — etc.

BIBLIOTHÈQUE IN-18

3 Fr.   **4 Fr.**
Broché   Cartonné

D'ÉDUCATION & DE RÉCRÉATION

VOLUMES IN-18

Brochés, 3 fr. — Cartonnés toile, tranches dorées, 4 fr.

AMPÈRE (A.-M.)......	*Journal et correspondance...	1 v.
ANDERSEN........	Nouveaux Contes suédois...	1 v.
BERTRAND (J.)......	*Les Fondateurs de l'astronomie	1 v.
BIART (Lucien).....	**Avent. d'un jeune naturaliste.	1 v.
—	**Entre frères et sœurs......	1 v.
BLANDY (S.)........	**Le Petit roi...........	1 v.
BOISSONNAS (Mme B.)..	*Une famille pendant la guerre 1870-71 (ouv. cour.).....	1 v.
BRACHET (A.)......	**Grammaire historique (préface de LITTRÉ) (ouv. cour.)..	1 v.
BRÉHAT (de).......	*Aventures d'un petit Parisien.	1 v.
CANDÈZE (Dr)......	Aventures d'un Grillon....	1 v.
CARLEN (Émilie).....	Un brillant Mariage......	1 v.
CHAZEL (Prosper)....	Le Chalet des Sapins.....	1 v.
CHERVILLE (de).....	*Histoire d'un trop bon Chien.	1 v.
CLÉMENT (Ch.)......	**Michel-Ange, Raphaël, etc..	1 v.
DESNOYERS (Louis)...	Jean-Paul Choppart......	1 v.
DURAND (Hip.)......	Les grands Prosateurs....	1 v.
—	Les grands Poëtes.......	1 v.
ERCKMANN-CHATRIAN.	Le Fou Yégof ou l'Invasion..	1 v.
—	Madame Thérèse.......	1 v.
—	*Histoire d'un Paysan (COMPL.)	4 v.
FATH (G.).........	Un drôle de Voyage.....	1 v.
FOUCOU..........	Histoire du travail......	1 v.
GÉNIN...........	La Famille Martin.......	1 v.
GRAMONT (Comte de)..	Les Vers français et leur prosodie............	1 v.
GRATIOLET (P.).....	*De la physionomie......	1 v.
GRIMARD.........	Histoire d'une goutte de sève.	1 v.
—	Le Jardin d'acclimatation...	1 v.
HIPPEAU (Mme)......	*Cours d'économie domestique.	1 v.
HUGO (Victor)......	*Les Enfants (LE LIVRE DES MÈRES)............	1 v.
IMMERMANN.......	La Blonde Lisbeth.......	1 v.
LAPRADE (V. de)....	*Le Livre d'un père......	1 v.

ENFANCE, JEUNESSE — LIBRAIRIE SPÉCIALE 23

Lavallée (Th.).....	Histoire de la Turquie.....	2 v.
Legouvé (E.)......	Les Pères et les Enfants au XIXe siècle (Enfance et Adolescence)	1 v.
—	Les Pères et les Enfants au XIXe siècle (La Jeunesse)..	1 v.
—	*Conférences parisiennes....	1 v.
—	Nos Filles et nos Fils......	1 v.
—	*L'Art de la Lecture........	1 v.
Lockroy (Mme).....	Contes à mes Nièces.......	1 v.
Macaulay.........	*Histoire et Critique........	1 v.
Macé (Jean).......	*Histoire d'une Bouchée de pain.	1 v.
—	Les Serviteurs de l'estomac..	1 v.
—	Contes du Petit Château....	1 v.
—	*Arithmétique du Grand-Papa.	1 v.
Malot (Hector).....	Romain Kalbris..........	1 v.
Maury (commandant).	*Géographie physique.......	1 v.
—	*Le Monde où nous vivons...	1 v.
Muller (Eugène)....	**Jeunesse des Hommes célèbres	1 v.
—	**Morale en action par l'histoire	1 v.
Ordinaire.........	Dictionnaire de mythologie...	1 v.
—	Rhétorique nouvelle.......	1 v.
Ratisbonne (Louis)..	Comédie enfantine (ouv. cour.).	1 v.
Reclus (Elisée).....	*Histoire d'un Ruisseau.....	1 v.
Renard...........	*Le Fond de la Mer........	1 v.
Roulin (F.)........	*Histoire naturelle.........	1 v.
Sandeau (Jules)....	**La Roche aux Mouettes....	1 v.
Sayous...........	Conseils à une mère sur l'éducation littéraire........	1 v.
—	*Principes de littérature.....	1 v.
Simonin..........	Histoire de la Terre.......	1 v.
Stahl (P.-J.).......	*Contes et récits de Morale familière (ouvr. couronné)..	1 v.
—	**Histoire d'un Ane et de deux jeunes Filles (ouvr. cour.).	1 v.
—	La famille Chester........	1 v.
—	*Les Patins d'argent (ouv. cour.)	1 v.
—	**Mon 1er Voyage en mer, d'après une traduction de Thoulet.	1 v.
—	*Les Histoires de mon parrain.	1 v.
—	**Maroussia (ouv. cour.).....	1 v.
Stahl et de Wailly.	Scènes de la vie des enfants en Amérique.	
—	*Les Vacances de Riquet et Madeleine...........	1 v.
—	Mary Bell, William et Lafaine.	1 v.
Stahl et Muller...	*Le nouveau Robinson suisse.	1 v.
Susane (général)....	Histoire de la Cavalerie....	3 v.
Thiers...........	*Histoire de Law.........	1 v.

J. HETZEL ET Cie, 18, RUE JACOB

VALLERY RADOT (René)	*Journal d'un Volontaire d'un an (*ouvr. couronné*)	1 v.
	Aventures du capitaine Hatteras :	
	—* Les Anglais au pôle Nord	1 v.
	—* Le Désert de Glace	1 v.
	Les Enfants du capitaine Grant :	
	—* L'Amérique du Sud	1 v.
	—* L'Australie	1 v.
	—* L'Océan Pacifique	1 v.
	** Aventures de 3 Russes et de 3 Anglais	1 v.
	* Cinq semaines en ballon (*ouvr. cour.*)	1 v.
	De la Terre à la Lune (*ouvr. cour.*)	1 v.
	Autour de la Lune (*ouvr. cour.*)	1 v.
	** Découverte de la Terre	2 v.
	* Le Pays des Fourrures	2 v.
	* Le Tour du Monde en 80 jours	1 v.
	* Vingt mille lieues sous les Mers (*ouvr. cour.*)	2 v.
	* Voyage au centre de la Terre (*ouvr. cour.*)	1 v.
	** Une Ville flottante	1 v.
	* Le docteur Ox	1 v.
	* Le Chancellor	1 v.
	L'Ile Mystérieuse :	
	—* Les Naufragés de l'air	1 v.
	—* L'Abandonné	1 v.
	—* Le Secret de l'île	1 v.
	* Michel Strogoff	2 v.
	Les Indes-Noires	1 v.
	Hector Servadac	2 v.
	** Un Capitaine de 15 ans	2 v.
	Les Cinq Cents Millions de la Bégum	1 v.
	Les Tribulations d'un Chinois en Chine	1 v.
	Les grands Navigateurs du XVIIIe siècle	2 v.
ZURCHER ET MARGOLLÉ	* Les Tempêtes	1 v.
—	** Histoire de la Navigation	1 v.
—	* Le Monde sous-marin	1 v.

(left margin:) VERNE (Jules). — VOYAGES EXTRAORDINAIRES COURONNÉS PAR L'ACADÉMIE FRANÇAISE.

SÉRIE DES VOLUMES IN-18, AVEC OU SANS GRAVURES

BROCHÉS, 3 fr. 50. — CARTONNÉS, TR. DORÉES, 4 fr. 50

(Suite de la Collection *Éducation et Récréation*.)

ANQUEZ	** Histoire de France	1 v.
AUDOYNAUD	Entretiens familiers sur la Cosmographie	1 v.
BERTRAND (Alex.)	* Lettres sur les révol. du globe	1 v.
BOISSONNAS (B.)	* Un Vaincu	1 v.
FARADAY (M.)	* Histoire d'une Chandelle	1 v.
FRANKLIN (J.)	Vie des Animaux	6 v.

ENFANCE, JEUNESSE. — LIBRAIRIE SPÉCIALE 25

Hirtz (Mlle)	Méthode de coupe et de confection pour les vêtements de femmes et d'enfants. 154 gr.	1 v.
Lavallée (Th.)	Les Frontières de la France (Ouvrage couronné)	1 v.
Mayne-Reid	*William le Mousse	1 v.
—	Les Jeunes Esclaves	1 v.
—	**Le Désert d'eau	1 v.
—	*Les Chasseurs de Girafes	1 v.
—	Les Naufragés de l'île de Bornéo	1 v.
—	La Sœur perdue	1 v.
—	**Les Planteurs de la Jamaïque	1 v.
—	*Les deux Filles du Squatter	1 v.
—	Les Jeunes voyageurs	1 v.
—	**Les Robinsons de Terre ferme	1 v.
—	Les Chasseurs de Chevelures	1 v.
Mickiewics (Adam)	Histoire de la Pologne	1 v.
Mortimer d'Ocagne	*Les grandes Ecoles civiles et militaires de France. — Historique. — Programmes d'admission. — Régime intérieur. — Sortie, carrière ouverte	1 v.
Nodier (Ch.)	Contes choisis	2 v.
Parville (de)	Un Habitant de la planète Mars	1 v.
Silva (de)	Le Livre de Maurice	1 v.
Susane (général)	Histoire de l'Artillerie	1 v.
Tyndall	**Dans les Montagnes	1 v.

SÉRIE IN-18. — PRIX DIVERS

(Suite de la Collection *Éducation et Récréation*.)

Block (Maurice)	*Petit Manuel d'économie prat.	1 fr.
A. Brachet	Dictionnaire étymologique de la langue franç. (ouv. cour.)	8 fr.
Chennevières (de)	Aventures du petit roi saint Louis devant Bellesme	5 fr.
Clavé (J.)	Principes d'économie pol.	2 fr.
Dubail	*Géogr. de l'Alsace-Lorraine	1 fr.
Grimard (Ed.)	*La Botanique à la campagne	5 fr.
Legouvé (E.)	*Petit Traité de la lecture	1 fr.
Macé (Jean)	Théâtre du Petit Château	2 fr.
—	Arithmétique du Grand-Papa (édit. pop.)	1 fr.
Souviron	Dict. des termes techniques	6 fr.

www.ingramcontent.com/pod-product-compliance
Lightning Source LLC
Chambersburg PA
CBHW050903230426
43666CB00010B/2007